군동백새지과 체리지 조각

관동대지진과 식민지 조선

초판 1쇄 발행 2020년 4월 24일

지은이	성주현
펴낸이	윤관백
펴낸곳	도서출판 선인

등 록	제5-77호(1998.11.4)
주 소	서울시 마포구 마포대로 4길 (아현동 324-1) 곶마루 B/D 1층
전 화	02) 718-6252 / 6257
팩 스	02) 718-6253
E-mail	sunin72@chol.com

정가 27,000원
ISBN 979-11-6068-368-4 93910

· 잘못된 책은 바꿔 드립니다.
· www.suninbook.com

이 저서는 2015년 정부(교육부)의 재원으로 한국연구재단의 지원을 받아
수행된 연구임(NRF-2015S1A6A4A01011956)

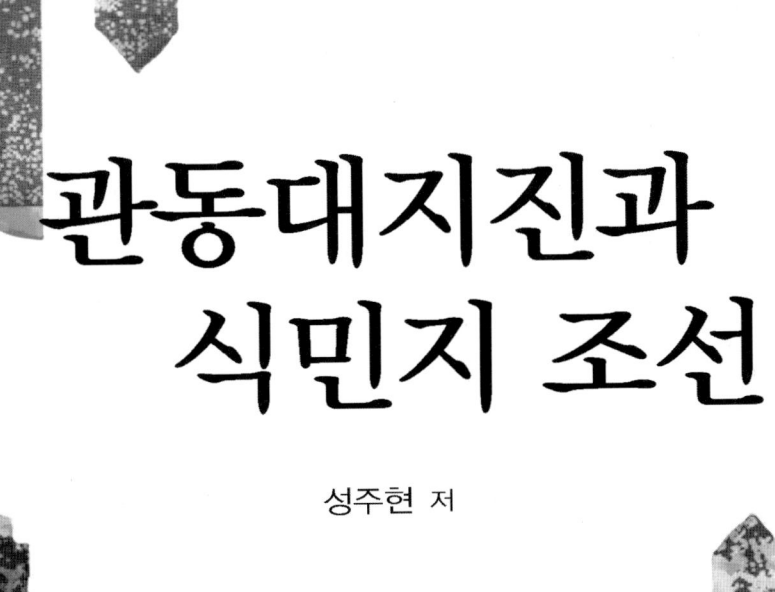

관동대지진과 식민지 조선

성주현 저

머리말

 관동대지진이 일어난 지도 벌써 100주년을 앞두고 있다. 2013년 관동대지진 90주년을 맞아 사회적으로 반짝 관심을 가졌지만 1년이 지난 2014년부터 점차 잊힌 역사가 되어 기억의 저편으로 점점 멀어져갔다. 이렇게 잊혀 가는 역사가 된 것은 관동대지진이 일본에서 일어난 일본의 역사로 인식하고 있기 때문이다. 관동대지진에 대한 연구도 이러한 인식 때문에 국내에서는 관심을 끌지 못하였다. 그런 점에서 관동대지진의 연구는 재일사학자에 의해 먼저 시작되었다. 그리고 연구의 핵심적인 주제는 '재일조선인 학살'이었다. 그런데 이와 같은 연구는 식민지 조선과 관동대지진을 올바르게 이해하는 데 적지 않은 한계를 가져올 수밖에 없다. 나아가 한국근대사에서 전혀 다루어지지 않는 역사가 될 가능성도 배제할 수 없다. 실제적으로 고등학교 한국사 교과서에서 관동대지진에 대해서 폭넓게 다루지 못하는 한계를 지적하지 않을 수 없다. 본 연구는 이러한 과제를 안고 진행되었다.
 본 연구서는 2015년 한국연구재단에서 지원하는 저술출판지원사업에 선정되면서 본격적으로 시도되었다. 필자가 본 연구를 시작할 단계에서는

'관동대지진 재일조선인 학살'에 대해 문외한이었다. 그렇다고 관동대지진 재일조선인 학살에 대해 전혀 모르고 있는 상태는 아니었다. 본 연구에 관심을 가지게 된 것은 2011년 한국학중앙연구원의 '재일한인 디아스포라 100년'이라는 학술연구 용역이 선정되고 재일한인의 역사와 문화를 연구하면서 보다 많은 관심을 갖게 되었고 학술연구로 이어졌다. 앞서 언급한 바와 같이 관동대지진 재일조선인 학살과 관련된 연구는 주로 학살당한 재일조선인의 수가 대부분이었다. 또한 연구의 공간이 '일본'이었다는 점이 아쉬웠다. 좀 더 새롭게 접근해 볼 수 있는 방안이 없을까 하다가 관동대지진 당시 식민지 조선에서의 동향은 어떠하였을까 하는 생각이 미치게 되었다. 평소 신문을 통해 식민지의 동향을 파악하던 필자는 관동대지진 당시 신문 보도에 대해 보다 관심을 집중하였고, 나름대로 주제를 설정해 보았다. 이를 계기로 한국연구재단에 지원하였고 다행스럽게 선정되었다. 덕분에 관동대지진에 대해 많은 공부를 하게 되었고, 오늘 연구서를 출간하게 되었다.

관동대지진 당시 식민지 조선은 엄격하게 언론이 통제되어 불행하게도 재일조선인 학살에 대해 사회적 문제로 드러나지 못하였다. 때문에 3·1운동과 같은 대규모의 민족운동으로 이어지지 못하였다. 역설적으로 말하면 제국일본의 식민통치가 그만큼 탄압 일변도였다는 것을 반증하기도 한다. 관동대지진 당시 식민지 조선은 제국일본에 있는 가족 친지의 안부가 가장 핫 이슈였으며, 재일조선인의 생사 여부를 조사하는 한편 대한민국 임시정부에서 재일조선인 학살을 조사하였다. 그리고 이를 『독립신문』에 게재하였는데, 무려 6,661명이라는 학살되었다. 이는 광기의 살인이었으며 제노사이드였다. 이에 비해 국내에서는 '동포 위무'라는 구제활동을 활발하게 전개하였다.

본 연구서의 주제인 관동대지진 당시 식민지 조선의 동향과 대응에 대해 보다 심층적으로 분석에 매진하였어야 하지만, 시간이 지남에 따라 처음의 연구 자세가 점차 흐트러졌을 뿐만 아니라 시간적으로도 많이 허락되지 않았다. 때문에 아쉬운 부분이 적지 않다. 세부 주제에 따라서는 다소 내용이 중첩되기도 하고, 부자연스러운 점도 없지 않다. 다만 관련 연구의 시작이라는 점에서 위안을 삼을까 한다. '시작이 반'이라는 말이 있다. 본 연구서는 아직 부족한 점이 많다. 이 부족한 부분은 1백 주년을 맞는 2023년에는 보다 풍부한 서사를 담고자 한다.

이제 4년 후면 관동대지진 재일조선인 학살 100주년을 맞게 된다. 그동안 재일조선인 학살이 우리의 역사였음에도 사실상 제외되었던 점에 대해서는 반성을 해야 하지 않을까 한다. 재일연구자의 연구주제로만 한정하기에는 너무 안타까운 역사이다. 그동안 한국연구재단을 비롯하여 관련 학술 지원기관에 토대연구를 지원하였지만 크게 관심을 갖지 못하였다. 1백 년을 준비하면서 그동안 관동대지진 재일조선인 학살에 꾸준히 관심을 가지고 지난 아픔의 역사를 조명하는 모든 분들께도 감사를 드린다. 1백 년을 앞두고 당시 희생당한 분들에게 조그만 위안이라도 되었으면 하는 마음이다.

끝으로 본 연구서를 출판하는 데 많은 도움을 주신 분들에게 지면으로 감사의 인사를 대신 드리고자 한다. 그리고 출판을 맡아준 도서출판 선인의 가족에게도 감사의 인사를 드린다.

2020년 4월 초 연구실에서 삼가 글을 쓰다

차례

· 머리말 / 5

제1장 서론 ··· 13

제1절 선행 연구에 대한 검토 / 13
제2절 연구주제와 내용 / 23

제2장 관동대지진과 식민지 조선의 언론 ················ 31

제1절 『매일신보』와 관동대지진 / 31
   1. 관동대지진의 보도와 내용 / 31
   2. 재일조선인에 대한 보도 / 39
제2절 『동아일보』·『조선일보』와 관동대지진 / 50
   1. 관동대지진에 대한 보도와 인식 / 50
   2. 관동대지진의 기억과 전승 / 63

제3절 『독립신문』과 관동대지진 / 69

    1. 관동대지진과 일본에 대한 인식 / 69

    2. 관동대지진의 피해 상황 보도 / 76

    3. 재일조선인 학살에 대한 대응 / 82

제4절 관동대지진과 식민지 조선 언론 사설의 분석 / 102

    1. 관동대지진과 『매일신보』 사설 / 102

    2. 관동대지진과 『동아일보』 사설 / 111

    3. 관동대지진과 『조선일보』 사설 / 120

제3장 관동대지진과 식민지배 정책 ·················· 131

제1절 관동대지진과 재일조선인의 귀향 / 131

    1. 관동대지진과 재일조선인 동향 / 131

    2. 관동대지진과 재일조선인의 귀향과 도항 / 155

제2절 관동대지진과 조선총독부의 민심 동향 파악 / 170

    1. 조선총독부의 민심 동향 파악 / 170

    2. 언론을 통한 민심 회유 / 187

    3. 관동대지진과 식민지배정책의 변화 / 200

제3절 관동대지진과 국외 한인사회의 동향 / 204

　1. 중국 관내와 만주지역 한인사회의 대응과 동향 / 204

　2. 일본지역 한인사회의 대응과 동향 / 212

　3. 미주지역 한인사회의 대응과 동향 / 225

　4. 유럽 한인유학생의 대응과 동향 / 238

제4장 관동대지진과 의연금 모금 ······ 247

제1절 『매일신보』를 통해 본 의연금 모금 / 247

제2절 중앙의 구제 조직과 의연금 모금 / 256

　1. 경성과 인천지역의 의연금 모금 / 256

　2. '조선인구제회'와 '의연금조성회' 조직과 활동 / 263

제3절 지방의 구제 조직과 의연금 모금 / 267

　1. 중소 지방의 구제회 조직 / 267

　2. 지방 의연금 모금 활동과 특성 / 275

제5장 결론 ······ 285

· 참고문헌 / 295
· 찾아보기 / 299

제1장
서 론

제1장

서론

제1절 선행 연구에 대한 검토

　1923년 9월 1일 일본 도쿄(東京)를 중심으로 일어난 메그니튜드 7.9의 관동대지진(關東大地震)[1]은 190만 명의 피해자, 그리고 10만 5천여 명의 사망 또는 행방불명된 대재앙이었다. 당시까지만 해도 일본에서는 가장 규모가 큰 지진의 하나였다. 이에 따라 일본 내에서는 적지 않은 민심이 동요하였다. 이와 같은 분위기에서 특히 데모크라시가 성숙해가는 시기에 일어난 관동대지진은 일본의 정치 상황도 바꾸어 놓았다. 관동대지진으로 일본 사회에서는 파시즘 사상이 대두되는 조짐이 나타나기 시작하였다. 즉 관동대지진이 발생함과 거의 동시에 계엄령이 선포되자 군부가 정치의 전면에 나서게 되었다. 이와 더불어 식민지 조선인에 대해 '불령선인(不逞鮮人)'[2]이라는 유언비어가 경시청 삐라에 의해 유포되어 재일

---

[1] 관동대지진은 1923년 9월 1일 일본 관동(關東) 일대에서 일어난 지진으로, 일본에서는 '간토대진재(關東大震災)'라고 부른다. 본고에서는 국내의 일반적인 표현인 관동대지진으로 표기하고자 한다.

조선인 학살이 자행되었다.[3]

　일반적으로 일본의 관동지역은 수도인 도쿄(東京)를 중심으로 한 광범위한 주변 지역을 가리키며, 관동대지진 당시 재일조선인 학살 사건이 발생한 중심지는 도쿄, 요코하마(橫濱), 치바(千葉), 사이타마(埼玉), 군마(群馬), 이바라키(茨城) 등으로 알려져 있다. 이 지역에서 일본의 군·경·민이 대지진이라는 자연재해를 이용해 자행한 재일조선인 학살은 일본역사에 있어서 뿐만 아니라 세계역사에 있어서 최악의 인위적 인재였고 '제노사이드'였다고 할 수 있을 것이다. 그럼에도 불구하고 오늘에 이르기까지 이 사건은 한국 정부의 관심 밖에 있고, 한국학계의 본격적인 관련 연구 역시 이제 비로소 그 걸음이 시작된 것으로 보인다.[4]

　관동대지진이 일어난 1923년은 일본과 식민지 조선은 분리할 수 없는 시기였으며, 관동대지진을 통해 문화통치를 보다 심화시켜 나가는 시기였

· · · · ·

[2] '불령선인'은 제국일본이 일제강점기 식민지통치에 반대하는 조선인을 불온하고 불량한 인물로 지칭한 용어이다. 일본어로는 '후테이센진(不逞鮮人)'이라고 하였는데, '후테이(不逞)'는 멋대로 행동함, 도의에 따르지 않음 등의 의미를 가지고 있다. '센진(鮮人)'이란 용어는 조선인을 의미하는 조센진의 약어로서 경멸적인 차별용어로 사용되었다. 한편 제국일본은 독립운동가를 비롯해 일제에 대항하는 사람들은 모조리 불령선인이라 칭했으며, 한 번 낙인이 찍히면 철저한 감시와 관리 아래 생활해야 하였다. 특히 1923년 관동대지진 때에는 당시 불령선인들이 날뛰고 우물에 독약을 타서 일본인을 살해하였다고 유언비어를 퍼뜨려 수백 명의 중국인과 함께 수천 명의 조선인이 학살당하였다.

[3] 관동대지진 당시 '조선인 학살'에 대한 연구성과는 다음과 같다.
강덕상, 「1923년 관동대지진(關東大地震) 대학살 진상」, 『역사비평』 45, 역사문제연구소, 1998; 강덕상, 「관동대지진 조선인 학살을 보는 새로운 시각: 일본 측의 '3대 테러사건' 사관의 오류」, 『역사비평』 47, 역사문제연구소, 1999; 야마다 쇼지, 『관동대지진 조선인 학살에 대한 일본국가와 민중의 책임』, 논형, 2008; 강덕상·야마다 쇼지, 『관동대지진과 조선인 학살』, 동북아역사재단, 2013 등이 대표적이다.

[4] 국내의 관동대지진에 관한 연구는 아직 일천하다고 할 수 있다. 국내의 연구로는 노주은, 「관동대지진과 일본의 재일조선인 정책: 일본 정부와 조선총독부의 '진재처리' 과정을 중심으로」, 연세대학교 대학원 석사학위논문, 2007; 홍선표 「관동대지진 때 한인 학살에 대한 歐美 한인세력의 대응」, 『동북아역사논총』 43, 동북아역사재단, 2014이 있다. 더욱이 식민지 조선에서의 대응과 동향에 대한 분석은 아직 미지한 편이다.

다. 이와 같은 상황에서 식민지 조선에서는 식민지 모국인 일본에 있는 유학생과 노동자 등 재일조선인을 위한 구제활동을 전개하였다. 그런데 조선총독부는 이 구제활동을 일선융화를 내세워 지배정책으로 활용하고자 하였다. 한편 식민지 조선에서는 관동대지진 이후에도 재일조선인 학살을 잊지 않고 기억하고자 하였다. 나아가 민족운동의 일환으로 이를 전승하고자 하였다. 그동안 관동대지진 재일조선인 학살에 관한 연구 성과는 상당한 수준에 이르렀는데, 이를 살펴보면 다음과 같다.

첫째는 관동대지진 당시 일본인에 의해 학살된 재일조선인 숫자에 대한 연구이다. 1923년 관동대지진 재일조선인 학살 사건은 일본 정부의 유언비어에 일본인이 이를 빌미로 재일조선인을 학살한 사건이다. 관동지역 가운데 도쿄도(東京都), 치바현(千葉縣), 사이타마현(埼玉縣), 이바라키현(茨城縣), 도치기현(栃木縣), 군마현(群馬縣), 가나가와현(神奈川縣) 등에서 일본 민중과 군대, 그리고 경찰에 의해 자행된 재일조선인 학살은 현재까지도 명확히 규명되지 않고 있다.5) 학살 사건 발생 직후 일본 내에서의 관련 조사는 몇몇 사례를 통해 이루어진 바는 있지만, 당시 시대적 상황 속에서 자유롭지 못하였다는 한계가 있다. 이는 일본 정부가 재일조선인 학살 사건 자체를 은폐시키려 했기 때문이었다.6)

1923년 관동대지진 당시 재일조선인 학살에 관한 일반 연구의 시작은 1950년대 후반 이후로 확인할 수 있다. 이후 1960년대 재일조선인 연구자들에 의해 비로소 '조선인 학살'이라고 불렸다. 여기에는 일본인 연구자의

-----

5) 강효숙, 「관동대진재 당시 피학살 조선인과 가해자에 대한 일고찰」, 『관동대지진과 조선인 학살사건』, 동북아역사재단, 2013, 참조. 지금까지는 실증적인 연구가 제한적이었다. 여러 이유 가운데 우선 거론할 수 있는 것이 일본 정부의 식민지 과거사 은폐와 한국 정부의 무성의함을 들 수 있다.
6) 山田昭次, 『關東大震災時と朝鮮人虐殺とその後: 虐殺の國家責任と民衆責任』, 創史社, 2011, 98~102쪽.

연구도 적지 않은 영향을 미쳤다.[7] 이 분야의 연구는 우선 강덕상을 들 수 있다.[8] 그는 1963년 일본에서 일련의 논문을 발표한 바 있으며, 당시 학계의 주목을 받았다.[9] 뿐만 아니라 그의 연구 성과는 『학살의 기억, 관동대지진』이란 제목으로 2005년 국내에서 번역 소개되었다.[10]

이와 함께 재일조선인 학살과 관련된 연구는 야마다 쇼지(山田昭次), 다나카 마사다카(田中正敬) 등에 의해 꾸준히 이어지고 있다. 야마다 쇼지는 강덕상과 함께 조선인 학살의 진상을 규명하는 연구자로 1970년 중반부터 한국과 중국 문제에 관심을 가지면서 이후 꾸준하게 관동대지진 당시 재일조선인 학살과 관련된 연구를 해오고 있다. 그는 재일조선인 학살 문제를 연구하는 한편 이를 일본인에게 널리 알려 반성과 참회를 할 수 있도록 끊임없이 노력해 왔다.[11]

최근 가장 왕성한 현지 조사를 선도하고 있는 연구자는 다나카 마사다카이다. 그는 관동대지진 재일조선인 학살에 대한 연구의 질적 수준 제고와 특히 국제 사회에서 재일조선인 학살이 갖고 있는 역사성을 밝히는 데 적극적으로 나서고 있다. 무엇보다도 일본 정부의 학살 과정에 대한 대처

•••••
[7] 하니 고로(羽仁五郞)의 논문과 도자와 니사부로(戶沢仁三郞), 후지시마 우나이(藤島宇內)가 1923년 관동대지진 관련 대담에서 사용하면서 이후 정착되었다.
[8] 강덕상, 「1923년 관동대지진(關東大地震) 대학살 진상」, 『역사비평』 45, 역사문제연구소, 1998; 강덕상, 「관동대지진 조선인 학살을 보는 새로운 시각: 일본 측의 '3대 테러사건' 사관의 오류」, 『역사비평』 47, 역사문제연구소, 1999 등이 있다.
[9] 姜德相, 「つくりだされた流言: 關東大震災における朝鮮人虐殺について」, 『歷史評論』 157, 歷史科學協會, 1963; 姜德相, 「大震災下の朝鮮人被害者數の調查」, 『勞働運動史研究』 37, 關西大學文學部有坂硏究室, 1963; 姜德相·琴秉洞 編, 『關東大震災と朝鮮人〈現代史資料6〉』, みすず書房, 1963 등이 있다.
[10] 姜德相, 『關東大震災·虐殺の記憶』, 靑丘文化社, 2003; 강덕상 지음, 김동수, 박수철 옮김, 『학살의 기억, 관동대지진』, 역사비평사, 2005.
[11] 山田昭次 저, 이진희 역, 『관동대지진 조선인 학살에 대한 일본 국가와 민중의 책임』, 서울, 논형, 2008; 강덕상·야마다 쇼지, 『관동대지진과 조선인 학살』, 동북아역사재단, 2013 등이 대표적이다.

를 사실적으로 접근하고 있다. 이와 더불어 식민지 조선에서의 동향에 대해서도 주목하고 있다.12) 그렇지만 무엇보다도 일본 내에서 재일조선인 학살을 규명하고 추모하는 시민단체의 활동에도 적극적으로 참여하고 있으며, 이를 정리하고 있다.13) 뿐만 아니라 일본에서 관동대지진 재일조선인 학살과 관련된 연구 현황을 꾸준히 정리하고 있다.14)

관동대지진 재일조선인 학살과 관련하여 일본보다는 늦었지만 국내에서도 1980년대부터 연구가 본격적으로 진행되었다. 이는 일본 연구자의 영향을 받은 것으로 보인다. 국내 초기의 연구는 신재홍에 의해 진행되었으며,15) 이후 국내의 연구자들16)과 일본지역 연구자들이 부분적으로 일본 내 연구 성과를 활용하여 꾸준히 연구를 진행해 오고 있다.17) 아울러 일본

・・・・・
12) 田中正敬, 「関東大震災はいかに伝えられたか」, 『歴史地理教育』 657, 2003. 8 등이 있다.
13) 다나카 마사타카, 「일본 내 관동대지진 때의 학살사건 진상 규명 운동의 현황」, 『한일민족문제연구』 33, 한일민족문제학회, 2017.
14) 다나카 마사타카, 「관동대지진 조선인 학살 연구의 과제와 전망: 일본에서의 연구를 중심으로」, 『동북아역사논총』 48, 동북아역사재단, 2015.
15) 신재홍, 「관동대지진과 한국인 대학살」, 『사학연구』 38, 한국사학회, 1984.
16) 이진희, 「관동대지진을 추도함: 일본제국의 '불령선인'과 추도의 정치학」, 『아세아연구』 131, 고려대학교 아세아문제연구소, 2008; 박경하, 「1930년대 한 조선 청년의 구직 및 일상생활에 대한 일고찰: '晉判鈺日記'(1918~1947)를 중심으로」, 『역사민속학』 31, 한국역사민속학회, 2009 등이 있다.
17) 이연, 「관동대지진과 언론통제: 조선인 학살사건과 보도통제를 중심으로」, 『한국언론학보』 27, 한국언론학회, 1992; 김인덕, 「재일운동사 속의 1923년 조선인 학살」, 『순국』 32, 대한민국순국선열유족회, 1993; 노주은, 「관동대지진과 조선총독부의 재일조선인 정책: 총독부의 '震災處理' 과정을 중심으로」, 『한일민족문제연구』 12, 한일민족문제학회, 2007; 노주은, 「관동대지진 조선인 학살 연구의 성과와 과제: 관동대지진 85주년에 즈음하여」, 『학림』 29, 연세대학교 사학연구회, 2008; 이형식, 「중간내각 시대(1922.6-1924.7)의 조선총독부」, 『동양사연구』 113, 동양사학회, 2010; 김인덕, 「재일조선인과 관동대지진에 대한 연구 및 서술 경향」, 『한일역사쟁점논집: 일본 역사교과서 대응 논리』, 동북아역사재단, 2010; 노주은, 「동아시아 근대사의 '공백': 관동대지진 시기 조선인 학살 연구」, 『역사비평』 104, 역사비평사, 2013; 강덕상 외 지음, 『관동대지진과 조선인 학살』, 동북아역사재단, 2013 등이 있다.

문학 연구자들에 의해서도 적지 않은 연구 성과가 이루어지고 있다.[18] 이와 함께 90주년 등 계기성을 맞아 각종 학술회의 등이 한국과 일본, 중국에서 활발하게 개최되었다.[19] 이러한 기존의 선행연구는 '학살자의 수', '학살의 실태'를 규명하기 위해 노력해 왔다. 그리고 북한에서도 관련 연구가 시도된 바 있다.[20]

둘째는 관동대지진 당시 재일조선인 학살의 주요 원인에 관한 연구이다. 이와 관련하여 가장 주목받은 것은 강덕상의 연구이다. 그는 1923년 관동대지진 관련 연구사의 가장 주목되는 쟁점 중 하나인 재일조선인에 대한 유언비어 발생원인을 구체적으로 분석하였다. 이 쟁점은 강덕상과 금병동

- - - - -

[18] 김지연, 「「도쿄재난화신」 속의 일본, 일본인 그리고 조선」, 『일본학보』 108, 한국일본학회, 2016; 양동국, 「다케히사 유메지와 한국: 사상성을 중심으로」, 『아시아문화연구』 39, 가천대학교 아시아문화연구소, 2015; 이지형, 「마사무네 하쿠초(正宗白鳥) '살인을 저질렀지만(人を殺したが)'의 풍경: 살인의 추억 그리고 관동대지진」, 『일본문화연구』 10, 한국일본문화학회, 2004; 이지형, 「관동대지진과 시마자키 도손(島崎藤村): '아들에게 보내는 편지'(子に送る手紙)를 중심으로」, 『일본문화연구』 13, 한국일본문화학회, 2005; 성해준, 「日帝期 한국 신문을 통해 본 大杉榮」, 『일본문화연구』 24, 한국일본문화학회, 2007; 조경숙, 「아쿠타가와 류노스케와 관동대지진」, 『일본학보』 77, 한국일본학회, 2008; 김흥식, 「관동대지진과 한국문학」, 『한국현대문학연구』 29, 한국현대문학회, 2009; 김지연, 「다케히사 유메지와 관동대지진 그리고 조선: 회화와 사상성」, 『아시아문화연구』 21, 가천대학교 아시아문화연구소, 2011; 도미야마 이치로(富山一郎), 「계엄령에 대하여: 관동대지진을 상기한다는 것」, 『일본비평』 7, 서울대 일본연구소, 2012; 황호덕, 「재난과 이웃, 관동대지진에서 후쿠시마까지: 식민지와 수용소, 김동환의 서사시 '국경의 밤'과 '승천하는 청춘'을 단서로」, 『일본비평』 7, 서울대 일본연구소, 2012 등이 있다.

[19] 관동대지진 90주년을 기해 재일조선인 학살 규명을 위한 학술발표회는 동북아역사재단에서 2013년 8월 22일과 23일 양일간 「관동대지진과 조선인 학살사건」이라는 주제로 개최한 바 있으며, 일본에서도 관동대진재90주년기념행사실행위원회에서 『關東大震災記憶の繼承: 歷史・地域・運動から現在を問う』(日本經濟評論社, 2014)를 발행하였다. 그리고 독립기념관 주최로 관동대지진 95주년인 2018년 8월 24일 「해방 후 일본 관동대지진 한・중 양국인 학살에 대한 진상규명활동과 그 전망」이라는 주제로 국제학술심포지움을 개최하였으며, 중국 닝보대학(寧波大學)에서도 2019년 10월 11일과 12일 양일간 「다시각하의 동아세아 근대사 연구」라는 주제로 한중일 3국이 참여하는 국제심포지엄을 개최하였다.

[20] 리종현, 「관동대지진 때 일본군국주의자들이 감행한 조선사람들에 대한 야수적 학살만행」, 『력사과학』, 1983.

이 간행한 자료집 『관동대진재와 조선인』에서 시작되었다. 강덕상은 이 자료집 해제에서 재일조선인 학살의 원인이 되었든 '유언비어'에 대해 관으로부터 시작되었음을 밝히고 있다.[21] 이에 비해 마쓰오 다카요시(松尾尊兌)는 유언비어가 민간인들 사이에서 자연적으로 발생하였다고 반론하기도 하였다.[22] 이러한 쟁점에 대해 강덕상과 금병동은 『관동대진재와 조선인』에서 일본 정부의 책임을 강조하였고, 강덕상은 일본 정부의 의도된 날조를 구체적으로 규명하였다. 공문서를 통한 관헌의 전파 확인은 아직 미완의 숙제로 남아 있기는 하나 조직적인 관헌의 행적 집행 과정을 추적해보면, 논리적인 추론이 결코 무리는 아니라고 판단된다.

이와 관련하여 재일조선인 학살의 원인을 일본 근대국가 주권의 형성 과정의 일환으로 분석한 바 있다. 소니아 량(Ryang Sonia, 梁順)은 일본이라는 근대국가 출현과 국가주의의 형성에서 재일조선인에 대한 배타성을 불가분의 관계로 상정하면서 재일조선인 학살이 이루어졌다고 보았다.[23] 이진희는 재일조선인 학살을 제국의 차원으로 확장시켜 논의를 진행시키고 있다. 그는 조작된 폭력이 제국 통치의 일환으로 그 대상을 조선인에게서 찾아 실행에 옮겼다는 것이다.[24] 그렇지만 앞에서 살펴본 바와 같이 관동대지진 재일조선인 학살에 대한 진상을 규명하기 위한 연구가 꾸준히 이루어지고 있지만 이를 부정하려는 연구도 꾸준히 진행되고 있다. 이와 관

- - - - -

21) 姜德相・琴秉洞 編, 『關東大震災と朝鮮人(現代史資料6)』, みすず書房, 1963.
22) 松尾尊兌, 「關東大震災下の朝鮮人暴動流言に關する二・三の問題」, 『朝鮮研究』 33, 日本朝鮮研究所, 1964.
23) ソニア・リャン, 中西恭子 譯, 『コリアン・デイアスポラ: 在日朝鮮人とアイデンテイテイ』, 明石書店, 2005.
24) JIN-HEE LEE, "Instability of Empire: Earthquake, Rumor, and the Massacre of Koreans in Japanese Empire", University of Illinois Ph.D.Dissertation, 2004: 이진희, 「관동대지진을 추도함: 일본제국의 '불령선인'과 추도의 정치학」, 『아세아연구』 131, 2008. 3 등이 있다.

련된 연구는 주로 일본의 우익들에 의해 진행되고 있다.[25]

셋째는 관동대지진 당시 재일조선인 학살 사건으로 알려진 일종의 '불법 테러'의 하나로 보는 연구이다. 이 연구 역시 주로 일본에서 전개되었으며 연구자들의 논쟁이 첨예화되기도 하였다. 이 논쟁은 관동대지진 40주년인 1963년에 시작되었다. 시오다 쇼베에(塩田庄兵衛)와 이마이 세이이치(今井清一)가 재일조선인 학살을 '가메이도사건(亀戸事件)',[26] '아마카스사건(甘粕事件)'[27]과 함께 나열함으로써 불법탄압 사건으로 보고자 하였다.[28] 이에 대해 강덕상은 전면적으로 문제를 제기하였다. 그는 재일조선인 학살 사건과 두 사건을 함께 다루는 것은 사건의 본질을 호도하는 것으로 비판하였다.

넷째는 관동대지진 재일조선인 학살에 대한 국내외 동향에 관한 연구이다. 이 연구는 관동대지진 이후 식민지 조선과 국외에서의 반응과 동향을 분석한 것으로 주로 국내에서 진행되었다. 우선 식민지 조선의 반응은 성

---

[25] 工藤美代子, 『関東大震災「朝鮮人虐殺」の真実』, 産經新聞出版, 2009; 加藤康男, 『関東大震災「朝鮮人虐殺」はなかった!』, WAC BUNKO, 2014 등이 있다. 加藤康男의 연구에 대한 반론으로 加藤直樹, 『TRICK 트릭「朝鮮人虐殺」をなかったことにしたい人たち』, 2019가 있다. 加藤直樹는 교양서로 『九月、東京の路上で: 1923年関東大震災ジェノサイドの残響』, 間宮緑, 2018를 발행한 바 있다.

[26] '가메이도사건(亀戸事件)'은 1923년 관동대지진 당시 사설 무장 단체 자경단(自警團)이 도쿄 일대에서 사회주의자들을 색출, 학살한 사건이다. 이 과정에서 아나키스트 성향의 일본인들도 희생당했는데, 대표적으로 오스기 사카에(大杉榮)를 들 수 있다

[27] '아마카스사건(甘粕事件)'은 관동대지진 당시 1923년 9월 16일, 아나키스트인 오스기 사카에(大杉栄)와 작가이자 내연녀인 이토 노에(伊藤野枝), 오스기(大杉)의 조카인 타치바나 무네카즈(橘宗一) 등 3명을 헌병대(憲兵隊) 특고과(特高課)로 연행하였으며, 후에 헌병대사령부(憲兵隊司令部)에서 헌병 대위 아마카스 마사히코(甘粕正彦) 등에 의해 살해된 후, 사체를 우물에 유기한 사건이다. 피해자의 이름을 따서 '오스기사건(大杉事件)'이라고도 한다. '아마카스사건'에 대해서는 당시 국내에 『동아일보』에서도 재판 과정을 비교적 크게 다루었다.

[28] 塩田庄兵衛, 「関東大震災と亀戸事件」, 『歷史評論』 158, 1963; 今井清一, 「大震災下の諸事件の位置づけ」, 『勞働運動史研究』 37, 1963 등이 있다.

주현을 비롯하여 김강산, 그리고 일본의 니시무라 나오토(西村直登) 등의 연구가 있다.[29] 국외에서의 반응으로는 홍선표와 김인덕의 연구가 있다. 홍선표는 미국의 한인 단체와 독일 한인 유학생의 활동을, 김인덕은 일본에서의 다양한 세력을 중점적으로 추적하였다.[30] 그리고 관동대지진 당시 제국일본의 협력단체인 상애회의 활동을 분석한 구라모치 순이치(倉持順一)의 연구가 있다.[31] 이외에도 관동대지진 이후 제국일본의 재일조선인 대책에 대한 연구도 있다.[32]

다섯째는 관동대지진 당시 학살된 재일조선인의 지역별 연구 경향이다. 일본의 관동지역 중 도쿄도(東京都), 치바현(千葉縣), 사이타마현(埼玉縣), 이바라키현(茨城縣), 도치기현(枥木縣), 군마현(群馬縣), 가나가와현(神奈川縣)을 중심으로 일본 민중과 군·경찰에 의해 자행된 재일조선인 학살은 아직도 명확히 규명되었다고 볼 수 없다. 주요 재일조선인 학살의 현장으로 도쿄도(東京都)에서는 요츠기바시(四ッ木橋), 나라시노(習志野), 혼죠(本庄) 구경찰서(舊警察署), 치바현의 후나바시(船橋) 호텐(法典)역 앞, 나기노하라(なぎの原), 군마의 구마가야(熊ケ谷)의 사찰 등을 들 수 있다. 이

- - - - -

[29] 장세윤, 「관동대지진 때 한인 학살에 대한 『독립신문』의 보도와 그 영향」, 『사림』 46, 2013. 8; 성주현, 「식민지 조선에서 관동대지진의 기억과 전승」, 『동북아역사논총』 48, 동북아역사재단, 2015; 김강산, 「관동대학살에 대한 조선인들의 인식과 대응: 사건 이후 조선에서 결성된 단체를 중심으로」, 『사림』 60, 수선사학회, 2017; 西村直登, 「関東大震災下における朝鮮人の帰還」, 『社会科学』 47(1), 同志社大学 人文科学研究所, 2017; 청암대학교 재일코리안연구소 편, 「관동대지진 직후 재일조선인 정책: 식민지 조선 언론을 중심으로」, 『재일코리안에 대한 인식과 담론』, 선인, 2018 등이 있다.
[30] 홍선표, 「관동대지진 때 한인학살에 대한 歐美 한인세력의 대응」, 『동북아역사논총』 43, 동북아역사재단, 2014; 김인덕, 「관동대지진 조선인 학살과 일본 내 운동세력의 동향: 1920년대 재일조선인 운동세력과 일본 사회운동세력을 중심으로」, 『동북아역사논총』 49, 동북아역사재단, 2015.
[31] 倉持順一, 「相愛會の活動と在日朝鮮人管理」, 『法政大學大學院紀要』 53, 2004.
[32] 조경희, 「관동대지진 전후 제국일본의 조선인 대책과 사회사업 사상: '내선융화' 사업을 중심으로」, 『대구사학』 128, 대구사학회, 2017.

마이 세이치(今井淸一)의 요코하마(橫濱) 지역에 대한 관동대지진 관련 연구가 주목된다.[33] 치바의 경우 히라가타 치에코(平形千惠子)의 실천적인 운동과 후나바시(船橋)에서의 재일조선인 학살에 대한 실제적인 연구 성과가 생산되었다.[34] 이들 연구는 현지 조사에 이정표적인 성과라고 생각된다. 아울러 현장에 근거한 후쿠다(福田)에 대한 지역 조사도 주목된다.[35] 최근에는 사이타마현 가타야나기촌(片柳村)의 지역 조사도 새롭게 밝혀진 바 있다.[36] 이외에도 인권 문제 차원의 연구와 관련해서 새로운 연구의 지평이 열리고도 있다.[37]

끝으로 관동대지진 재일조선인 학살 자료집이다. 이 자료집은 크게 문헌과 구술로 구분할 수 있다. 우선 문헌자료집은 강덕상과 금병동에 의해 집대성되었으며,[38] 구술자료집은 다양하게 채집되었지만 금병동의 자료집과 니시자키 마사오(西崎雅夫)의 연구 성과가 대표적이다.[39]

그동안 관동대지진의 연구는 앞에서도 언급하였듯이 '재일조선인 학살'

- - - - -

[33] 今井淸一, 『橫濱の關東大震災』, 有隣堂, 2007.

[34] 平形千惠子, 「船橋における關東大震災時の朝鮮人虐殺事件」, 『歷史敎育子協議會 第65回 大阪分會』, 2013. 8.2-4, 참조.

[35] 辻野弥生, 『福田村事件:関東大震災知られざる悲劇』(ふるさと文庫), 崙書房出版, 2013.

[36] 關原正裕, 「關東大震災時の朝鮮人虐殺事件, 片柳村の事件と常泉寺の墓碑」, 一橋大學 碩士學位論文, 2016.

[37] 이진희, 「인권을 생각하는 창구로서 재일코리안의 역사와 공간: 관동대진재의 추도비, 조선학교, 아다치구를 방문하고」, 『季刊Sai』 48, 2003년 가을.

[38] 姜德相・琴秉洞 編, 『關東大震災と朝鮮人(現代史資料6)』, みすず書房, 1963; 琴秉洞 編・解題, 『關東大震災朝鮮人虐殺問題關係史料2: 朝鮮人虐殺關連官廳史料』, 綠蔭書房, 1991; 琴秉洞, 『關東大震災朝鮮人虐殺問題關係史料3: 朝鮮人虐殺に關する知識人の反應(1),(2)』, 綠蔭書房, 1996; 琴秉洞 編・解說, 『関東大震災朝鮮人虐殺問題関係史料4: 朝鮮人虐殺に関する植民地朝鮮の對應』, 綠蔭書房, 1996.

[39] 琴秉洞 編・解說, 『關東大震災朝鮮人虐殺問題關係史料1: 朝鮮人虐殺關連兒童証言史料』, 綠蔭書房, 1989; 西崎雅夫, 『関東大震災朝鮮人虐殺の記錄: 東京地區別1100の証言』, 現代書館, 2016.

에 초점을 맞추어 진행되었다. 주로 일본에서 자행되었던 재일조선인 학살의 배경, 관여 기관 및 단체, 재일조선인 학살자 수 등이 그 내용이었다. 이처럼 선행 연구는 최근의 일부 연구를 제외하고는 대부분 관동대지진이 당시 식민지 조선과는 무관한 것으로 받아들일 수 있다. 그렇지만 1923년 관동대지진은 식민지 모국 일본뿐만 아니라 식민지 조선에도 적지 않은 영향을 미쳤다.

제2절 연구주제와 내용

본 연구는 그동안 진행되었던 '재일조선인 학살'이라는 관동대지진 연구에 대한 외연의 확장하는 데 목적이 있다. 이는 관동대지진 당시 식민지 조선에서의 동향에 대해서는 관심을 갖지 못한 것이 현실이기 때문이다. 관동대지진은 비록 식민지 모국 일본에서 일어났지만 식민지 조선에 적지 않은 영향을 끼쳤다. 그럼에도 식민지 조선에서의 동향에 대해서는 제대로 연구가 이루어지지 못하였다. 앞서 언급하였듯이 관동대지진과 관련된 연구는 '재일조선인 학살'만 강조되고 있다. 이는 그동안 연구 성과의 결실이기도 하다.

그렇지만 이러한 연구는 지리적으로 볼 때 식민지 조선의 영역을 벗어난 연구라는 한계를 지니고 있다. 식민지 조선에서는 조선인 학살로 인해 3·1운동과 같은 민중시위가 다시 일어날 것을 예방하기 위해 민심을 파악하는 한편 피해자 구제활동도 인류애라는 명목으로 일선융화라는 논리를 적절하게 이용하고자 하였다. 이와는 달리 식민지 조선의 입장에서는 이를 활용하여 민족세력의 통합 내지 연합을 이루고자 하였다.

이러한 점에서 관동대지진은 '재일조선인 학살'이라는 한계를 극복하고 식민지배정책의 유연화를 통해 기만적인 문화통치를 강화하고자 하였음을 대한 객관적이고도 전문적인 학문적·학술적 연구가 필요하다고 할 수 있다. 여기에 본 연구를 수행하고자 하는 목적이 있다. 즉 일차 자료를 확대하여 새로운 논의를 제기하고, 관동대지진의 연구 범위를 '제국일본'이라는 지리적 영역을 확대하고, 식민지 조선에서의 대응과 동향을 유기적으로 연결시켜 일제강점기의 지배정책을 종합적으로 이해한다는 데에서 찾을 수 있다.

이에 따라 본 연구는 세 부분으로 나누어 진행하였다.

첫 번째는 식민지 조선에서 관동대지진에 관한 일차 자료를 확대하여 새로운 논의를 제기한다는 데에 있다. 여기서 일차 자료는 조선총독부의 관동대지진에 대한 동향 파악,『매일신보』·『동아일보』·『조선일보』에 보도된 관동대지진 관련 자료, 그리고 일본에서 식민지 조선인과 관련된 자료 등을 의미한다. 이런 자료들은 그동안 선행 연구에서 제대로 반영되지 못하고 있다. 그렇지만 이런 자료들은 일제의 지배 정책과 관동대지진에 대한 식민지 조선에서의 대응과 동향을 좀 더 구체적으로 파악할 수 있다는 점에서 매우 중요하다고 할 수 있다.

두 번째는 선행 연구와 달리 본 연구는 식민지 조선에서의 대응과 동향을 통해 새로운 연구의 지평을 확대하고자 한다. 기존의 연구는 대부분 관동대지진의 현장에서 학살당한 재일조선인을 연구주제로 하여 일본이라는 지리적 영역이라는 범위를 벗어나지 못하였지만, 식민지 조선에서 대응과 동향을 거시적인 안목으로 관동대지진을 조망한다는 데에 있다.

세 번째는 관동대지진 당시 재일조선인 학살은 조선인과 일본인 두 민족의 감정의 골을 깊게 만들었다. 이러한 상황에서 조선총독부의 민심 파악과 회유, 친일인사의 관동대지진에 대한 인식, 그리고 언론의 보도 경향과 변화, 구제활동, 기억과 전승을 통해 일제의 식민지배라는 큰 틀 속에서 이해하고자 하는 데 있다.

관동대지진이 일어난 지도 벌써 100주년을 앞두고 있다. 2013년 관동대지진 90주년을 맞아 사회적으로 반짝 관심을 가졌지만 1년이 지난 2014년부터 점차 잊힌 역사가 되어 기억의 저편으로 점점 멀어져갔다. 이렇게 잊혀 가는 역사가 된 것은 관동대지진이 일본에서 일어난 일본의 역사로 인식하고 있기 때문이다. 관동대지진에 대한 연구도 이러한 인식 때문에 국내에서는 관심을 끌지 못하였다. 그런 점에서 관동대지진의 연구는 재일사학자에 의해 먼저 시작되었다. 그리고 연구의 핵심적인 주제는 '재일조선인 학살'이었다. 그런데 이와 같은 연구는 식민지 조선과 관동대지진을 올바르게 이해하는 데 적지 않은 한계를 가져올 수밖에 없다. 나아가 한국근대사에서 전혀 다루어지지 않는 역사가 될 가능성도 배제할 수 없다. 실제적으로 고등학교 한국사 교과서에서 관동대지진에 대해서 폭넓게 다루지 못하는 한계를 지적하지 않을 수 없다. 이러한 본 연구의 내용은 다음과 같이 구성하고자 한다.

첫째는 관동대지진에 대한 언론 보도의 경향이다. 식민지 조선에는 조선총독부 기관지로 국한문판『매일신보』, 당시 민족언론이라고 할 수 있는『동아일보』와『조선일보』가 있었다. 이들 신문은 기본적으로 그 성향이 서로 달랐기 때문에 관동대지진의 보도 경향 역시 차이가 날 수밖에 없었다. 이에 착목하여 이들 신문의 보도 경향의 추이를 비교 분석하고자 한다. 뿐만 아니라 비록 식민지 조선에서 발행되지는 않았지만 국내외 민족운동에 영향을 미쳤던 대한민국임시정부 기관지『독립신문』에서는 관동대지진을 어떻게 다루었는지도 아울러 살펴보고자 한다. 그리고 가능하면 식민지 조선에서 발행되었던 신문의 사설의 내용도 비교 분석해보고자 한다.

둘째는 관동대지진과 식민지배정책과의 관계성을 살펴보고자 한다. 1923년 9월 1일 도쿄를 비롯하여 일본 관동지역 일대에 관동대지진이 발생하자 조선총독부에도 그 소식을 전달되었다.40) 그렇지만 조선총독부는 3·1운동이 일어난 지 불과 4년밖에 되지 않은 상황에서 무엇보다도 '조선인 폭동설'에 대해 민감하게 반응하였다. 이는 '문화통치'로 비교적 안정화되어가는 상황에서 민족적 감정을 자극할 우려를 피하고 싶었던 것이다. 때문에 조선총독부는 일본에서 귀화하는 재일조선인을 영접하거나 문안하는 등 위무하는 조치를 취하였다. 뿐만 아니라 관동대지진으로 피해를 입은 피해자를 독자적으로 조사하여 유족들에게 1인당 1백 엔의 조의금을 지급하는 한편 지방관으로 하여금 유가족을 위무하도록 하였다.41)

조선총독부는 여기서 그치지 않고 민심의 동향으로 파악하는 데 주력하였다. 이에 조선총독부는 당시 친일인사뿐만 아니라 민족주의계열, 공산주의계열을 포함하여 각종 사회단체, 나아가 일반 민중의 동향까지도 파악하고자 하였다. 또한 경성을 비롯하여 주요 도시, 지방에 이르기까지 민정시찰이라는 명분으로 식민지 조선인의 관동대지진에 대한 인식을 '민심의 경향'으로 수시로 조사하고 보고하였다. 이러한 조사와 민정사찰은 3·1운동 이후 전개된 문화통치와 밀접하게 관련을 가질 수밖에 없다. 이밖에도 관동대지진 이후 귀국한 유학생을 비롯하여 노동자 등을 사회적으로 분리시키려는 공작도 추진하였다. 이러한 점은 관동대지진 당시 도쿄 등 일본에서 자행되었던 조선인 학살의 목격담이 일반사회로 확산되는 것을 막기 위한 것이다. 이에 따라 재일조선인 학살을 유언비어라고 하여 철저하게 단속하기까지 하였다. 이는 관동대지진 이후 지배정책에까지 변화를 주었

- - - - -

40) 조선총독부에 관동대지진 소식이 전달된 것은 1923년 9월 1일 오후 6시 30분경 조선호텔 연회장이었다. 그러나 통신이 두절되어 더 이상 소식이 전달되지 않았다가 9월 3일 신문보도를 통해 자세하게 알게 되었다고 한다(九山鶴吉, 『五十年ところどころ』, 講談社, 1934; 허광무, 『일본제국주의 구빈정책사 연구』, 선인, 2011, 208쪽).
41) 강덕상, 『關東大震災』, 中公新書, 1975, 153쪽; 허광무, 『일본제국주의 구빈정책사 연구』, 선인, 2011, 211쪽.

다. 이에 대해 분석적으로 추적해보고자 한다.

셋째는 관동대지진 발생 직후 식민지 조선에서 전개되었던 구제활동을 추적해보고자 한다. 관동대지진이 일어난 시기 국내의 상황은 서선지역 즉 관서지역에 대규모의 수해가 발생하여 사회 전반에서 이재민 구제활동이 본격적으로 이루어지고 있었다. 이러한 상황에서 국내의 상황은 관동대지진 발생으로 엎친 데 덮친 격으로 혼란이 가중되었다. 초기의 서선지역 수해에 대한 구제활동도 점차 관동대지진에 대해서 관심을 갖게 되었고, 전국적으로 구제회가 조직되면서 본격적인 구제활동이 전개되었다. 구제활동은 인류애라는 명분으로 관 주도로 전개되었지만 여전히 두 민족 간의 갈등의 요소들이 내재되어 있었다. 일본인과 식민지 조선인의 모금액과 방법에 대한 차이가 적지 않았으며, 관 주도의 의연금 모금은 자발성보다는 강제성이 강하였기 때문에 대한 반발도 없지 않았다. 그러나 이와 같은 관 주도 외에도 청년단체들을 중심으로 한 자발성에 의거한 구제활동도 적지 않았다. 이는 구제활동을 통해 '일선융화'를 내세우는 관주도의 구제활동과 같은 민족으로서의 동포애를 강조하는 사회단체의 자발적 구제활동을 분석하고 지배정책과의 연관성을 살펴보고자 한다.

넷째는 관동대지진이 식민지시기 어떻게 기억이 되고 전승되었는지를 살펴보고자 한다. 관동대지진은 1923년 재앙으로 끝난 것이 아니라 해마다 기억되고 전승되었다. 재일조선인 학살은 해마다 추모 관련 행사를 통해 기억되고 전승되었다. 이러한 기억과 전승은 국내뿐만 아니라 국외 교민사회에서도 적극적으로 전개되었다. 이는 식민지 조선에서 일본의 식민정책에 대한 저항이기도 하였다. 우선 관동대지진 1주년을 맞는 1924년 9월 1일 인천노동총동맹은 추도식을 거행한 바 있으며, 이러한 추모행사는 사회단체와 청년단체를 중심으로 전개되어 민족의식을 고취시키는 데도 적지 않은 영향을 미쳤다. 언론에서도 관동대지진에 대한 기억을 되살리기도 하였다. 『동아일보』는 1924년 9월 1일자 신문에 당시 보도하였던 기사를 사진으로 게재한 바 있다. 뿐만 아니라 일본에서 활동하고 있는 재일조선인 사회의 기억과 전승을 아울러 살펴보고자 한다.

제2장
관동대지진과 식민지 조선의 언론

제2장
관동대지진과 식민지 조선의 언론

제1절 『매일신보』와 관동대지진

1. 관동대지진의 보도와 내용

『매일신보』는 1906년 9월 당시 통감이었던 이토 히로부미(伊藤博文)가 "對韓 보호정책의 정신을 내외에 선양하고 일선융화의 대의를 창도할 것"을 내세우며 통감부의 기관지로 창간된 『경성일보』1)의 연장선상에서 발간한 조선총독부 기관지였다. 『매일신보』의 연원은 1904년 7월 영국인 베델과 양기탁에 의해 발행된 『대한매일신보』이다. 이토는 조선을 식민지화하는 데 있어서 무엇보다도 언론의 역할에 각별히 관심을 보였는데, 이는 민족주의 성향이 강한 『대한매일신보』를 견제할 필요성을 느꼈기 때문이었다.2)

─────

1) 『경성일보』는 『한성신보』와 『대동일보』를 합병하여 창간되었다가 일제강점 후 조선총독부의 일본어판 기관지가 되었다.
2) 수요역사연구회 편, 『식민지 조선과 매일신보, 1910년대』, 신서원, 2002, 11쪽.

통감부는 1905년 5월 1일『대한매일신보』발행인 베델이 사망하자 그 후임 만함을 회유함에 따라, 그는 1910년 6월 9일 신문사를 이장훈3)에게 넘겼다. 베델과 함께『대한매일신보』에 참여했던 양기탁도 신문 발행에 더 이상 참여하지 않음으로써『대한매일신보』는 민족지로서의 위상을 상실하게 되었다. 1910년 8월 29일 조선총독부는『대한매일신보』를 인수하여『매일신보』로 제호를 변경하고 총독부 기관지로 만들었다.4) 이에 따라『매일신보』는 "총독과 총독부의 본위로 그 시정목적을 달성하기 위한 노력할 것"5)이라고 하여, 총독부의 기관지로서의 성격을 분명히 하였다. 이러한 경향은『경성일보』사장 도쿠도미(德富蘇峯)가 매일신보사 직원에게 한 훈시 내용을 통해서도 확인되고 있다.

> 『매일신보』가 신문지로서 존재하는 이유는 우리가 천황폐하의 인애 하심과 일본인 一視同仁 하심을 받들어 한국에 선전함에 있고 (중략)
> 『매일신보』는『경성일보』와 제휴하고 항상 그 보조를 동일하게 할 것6)

이에 의하면『매일신보』는『경성일보』와 보조를 맞추어 '일본 천황의 일시동인을 식민지 조선에 선전'하는 즉 식민통치의 안정화를 도모하고자 하

-----

3) 이장훈(李章薰)은 1907년 1월『대한매일신보』에 입사했으며 1908년 5월 '시사평론' 담당자로 선임되었다. 1909년 11월『한성신보』로 이직하였지만 다시『대한매일신보』로 복귀하였다. 1910년 6월 14일 영국인 만함(萬咸, Alfred W. Marnham)으로부터『대한매일신보』판권을 사들였으며, 1910년 8월 28일까지 발행인 겸 편집인을 역임하였다. 일제강점 직후인 1910년 8월 30일부터 1910년 10월 21일까지 조선총독부 기관지『매일신보』발행인 겸 편집인을 역임하였다(친일반민족행위진상규명위원회,『친일반민족행위진상규명 보고서 Ⅳ-13』, 2009. 865~875쪽).
4)『매일신보』는『대한매일신보』를 인수하여 창간되었지만 지령은 그대로 이어받아 국한문판은 1,462호, 한글판은 393호로 발행되었으며, 1945년 8월 패망할 때까지 발행되었다.
5) 김진두,「1910년대 매일신보의 성격에 관한 연구」, 중앙대학교 박사학위논문, 1995. 27~28쪽.
6) 김규환,『일제의 대한언론 선전정책』, 이우출판사, 1979. 136~137쪽.

는 것을 분명하게 밝히고 있다. 이에 따라 『매일신보』는 관동대지진이 일어나자 일제와 총독부의 입장에서 보도를 하였다.

1923년 9월 1일 관동대지진이 일본 도쿄 일대에서 일어났지만 식민지 조선에 보도된 것은 9월 3일이었다. 그렇지만 하루 전날인 9월 2일 일본에 대지진이 일어났다는 것을 단신으로 보도한 바 있다. 기사의 내용은 다음과 같다.

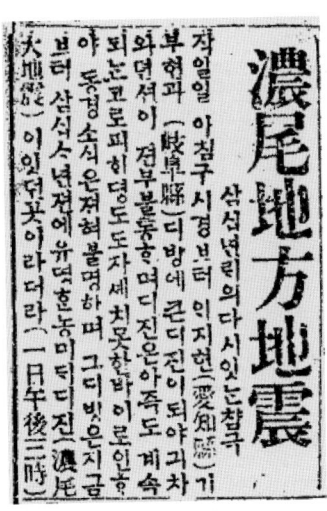

〈1923년 9월 2일자 첫 지진 기사〉

濃尾地方 地震
삼십 년 래의 다시 있는 참극
작 일일 아침 구시경부터 애지현(愛知縣) 기부현(崎阜縣) 지방에 큰 지진이 되어 기차와 전선이 전부 불통하며, 지진은 아직도 계속되는 고로 피해 정도도 자세치 못한 바, 이로 인하여 동경 소식은 전혀 불명하며 지방은 지금부터 삼십사년 전에 유명한 농미대지진(濃尾大地震)이 있었던 곳이라더라.[7]

▪▪▪▪▪
7) 『매일신보』 1923년 9월 2일자.

지진의 첫 기사는 간토(關東)지방이 아니라 노우비(濃尾)지방[8]에서 일어난 것으로 보도하였다. 이는 기사에서 밝힌 바와 같이 '전선이 불통'되었기 때문에 관동대지진의 소식이 제대로 전달되지 못하였다.

그러나 9월 3일에는 9월 1일의 관동대지진의 참상을 그대로 보도하였다. 이날 『매일신보』에 보도된 관동대지진 기사는 〈표 1〉과 같다.

〈표 1〉『매일신보』 1923년 9월 3일자에 보도된 관동대지진 기사

일자	지면	기사 제목	주요 내용	비고
9.3	1	天變地災의 荐至	東京 橫濱의 대지진	사설
	2	오호 未曾有의 大火財政 影響의 不少	지진으로 인한 화재, 대응 방안 제시 조선 재계에 영향이 적음	住井 三井物産支店長 談 有賀 殖銀頭取 談
	3	海嘯, 地震, 火災가 一時에 襲來/개벽 이래 초유의 慘事 참극	東京 일대 지진 상황	톱기사
		濃尾지방의 强震	진원지는 불명	오보 기사
		초토화된 東京 전 시가	공원으로 피난민 참혹	
		사상자 무려 수만 명	橫濱 방면 대피해	
		高樓巨閣이 火海中에	全市 48개소에 발화	
		熱海부근 피해	해일로 가옥 파괴	
		일설은 信濃川	지진의 진원지 新濃川	
		兩 陛下 御安寧	엽산에서 피서 중	
		長野지방 강진	인심이 흉흉	
		橫須賀市 大火	화재 피해가 극심	
		輕井澤의 참사	화물차 전복	
		東京市 全滅乎	경시청, 제국극장 등 全燒	
		猛火가 궁성에 延燒	궁성으로 화재 이동	
		통신기관 전멸	名古屋 동쪽 지방 소식 끊겨	
		八嶽山에서 대분화	長野縣 八嶽山에서 분화	
		山本伯 변사설	총리대신 山本 압사설	
		진원지는 富士山乎	富士山을 중심으로 지진 발생	
		甲府市는 전멸	갑부와 橫濱 두 도시 전멸	

・・・・・

[8] 노우비 지역은 기후현 노비 평양 일대로 1891년 10월 28일 당시 일본 역사상 최대의 지진이 일어난 곳이다.

사회주의자 검속	경시청에서 주요 사회주의자 검속	
死者 無數	深川 일대 전멸	
宮城에 火光不絶	궁성은 아직도 타는 중	
十二階가 倒壞	화재로 인하여 淺草 12층 건물 무너져	
일본과 이태리는 세계 지진국의 수위	피해는 이탈리아가 심하고, 회수는 일본이 많아	
橫濱市 대화재/炎上된 九重帝居의 平日偉觀	지진으로 큰 화재, 대부분 불에 타/궁성의 화재 상황 등의 일상	
攝政殿下 안녕	賢所에서 안전	
死者 천 명	伊豆온천에서 해소로 1천 명 사망	
大宮工場 붕괴	橫濱 군함 공장 무너져	
箱根溫泉 전멸	맹렬한 화재로 피해	
二千名 女工 즉사	富士紡績 공장에서	
沼津에도 가인	소진 일대 여진으로 열차 불통	
강진과 폭풍우	東京에 폭풍우 계속	
大阪에서 구조선	쌀과 소금 싣고 橫濱港으로	
열차 추락	철교에서 기차 떨어져	
東京 궁성, 경시청과 제국극장, 해상빌딩, 삼월오복점, 천초 12층	東京의 주요 시설 사진	피해를 입지 않은 사진
지진이 생긴 각 지방	지진이 일어난 지역 지도	사진

〈표 1〉에 의하면, '사망자', '초토화', '화재', '인심 흉흉', '건물 붕괴', '전멸', '즉사' 등 관동대지진의 피해 상황을 사진과 지도를 곁들여 신속하게 보도하고 있다. 그러면서도 관동대지진의 진원지에 대해서는 구체적으로 다루지 못하고 있다.

이와 같은 참상의 보도는 같은 날 『동아일보』의 보도와는 많은 차이를 보이고 있다. 『동아일보』는 '전멸', '화염', '불통', '계엄령', '혼잡', '추락', '매몰' '분화' '행방불명' 등 일반적인 내용을 보도하고 있다. 『동아일보』는 사망자에 대한 보도를 구체적으로 다루지 않았지만 『매일신보』는 '사상자 무려 수만 명', '2천 명 여공 卽死', '死者 千名', '死者 無數' 등 관동대지진으로 인한 사망자가 많았다는 점을 강조하였다. 피해 사진의 경우도 『동아일보』는 "전멸의 보도가 있는 동경 시가(일교 부근에서 본 광경)"[9]이라는 1컷을 소개하고 있는 데 비해『매일신보』는 "동경 궁성", "경시청과 제국극장", "해상빌딩", "삼월오복점", "천초십이층" 등 붕괴되지 않은 건물 사진을 게재하였다. 그리고 "지진이 생각되는 각 지방"이라는 지도를 게재하였다. 이처럼『매일신보』는 일본의 피해와 참상을 중심으로 최대한 보도를 하고 있다.

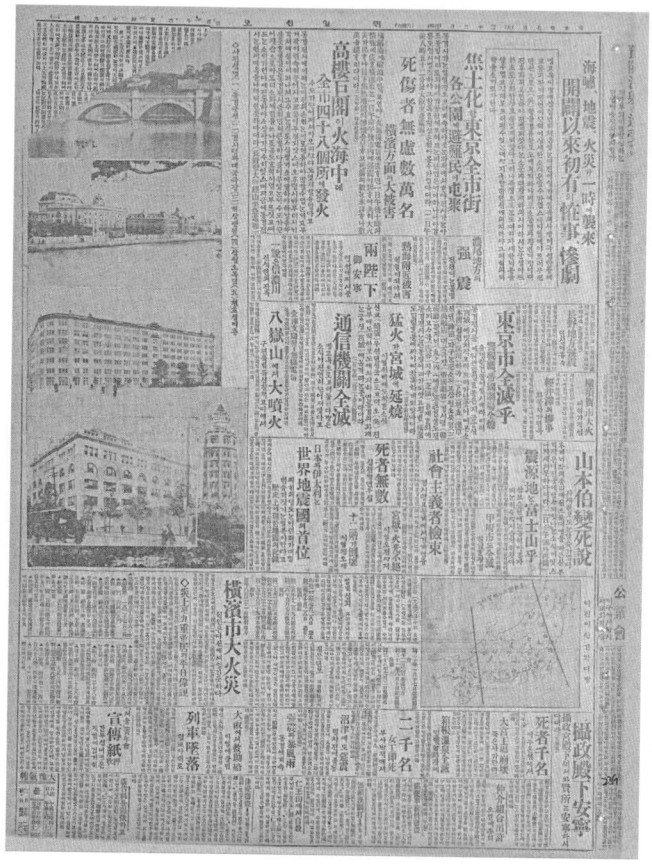

〈관동대지진을 처음으로 게재한『매일신보』1923년 9월 3일자 신문 기사〉

- - - - -
9) 이 사진도 관동대지진으로 피해를 당한 모습이 아니라 관동대지진 이전의 사진이다.

한편 『동아일보』는 '계엄령 포고'에 대해 보도하고 있지만 『매일신보』는 이와 관련된 기사가 전혀 보이지 않고 있다. 또한 『동아일보』는 재일조선인에 대한 염려를 기사화 했지만 『매일신보』는 이 역시 전혀 관심을 보이지 않고 있다. 『매일신보』의 관동대지진을 첫 보도한 9월 3일 기사의 내용은 일본의 피해와 참상을 중점적으로 다루었음을 알 수 있다.

이와 같은 내용은 9월 4일자에 보도에도 그대로 보이고 있다. 즉 '上野공원에 산적한 屍體', '환자 5백 명 燒死', '餓死한 瀕한 90만 市民', '娼妓 6백 燒死' 등의 인적 피해와 '일본은행 전소', '각 대학 소실 도괴' 등 물적 피해에 대해서도 자세하게 보도하고 있다. 이후에도 『매일신보』는 인적 물적 피해를 상세하게 보도하고 있는데, 주요 기사는 〈표 2〉와 같다.

〈표 2〉『매일신보』에 나타난 관동대지진의 인적 물적 피해 상황

구분	일자	기사제목
인적 피해	9.5	全燒 30萬戶 死傷者 12만 5천, 兩國橋에서 六千名 溺死, 여학생 三百名 校舍에서 壓死, 피난민 1만 명 공지에서 燒死, 직공 六百名 慘死, 일시 數千名 추락 慘死
	9.6	船中에서 燒死, 열차 海中에 추락 승객 2백 溺死, 外人死者 2백 명, 부녀들의 자살 頻頻, 소학생 2백 명 압사, 橫濱 사망 10만 명
	9.7	死者 4천 명 발견, 2백 50인의 생사불명,
	9.8	東京 시내의 판명된 시체 3만 4천, 橫濱 재판소의 40명 판관이 慘死
	9.9	피난민 5만여, 수용 시체 5만, 死者 2천
	9.11	收容屍 6만 5천, 橫濱의 사자 3만 명, 火葬者 5만 5천, 失家兒 1천 명
	9.12	시체 누계 6만 4천
물적 피해	9.5	해군항공기 유실, 平塚 火藥庫 폭발
	9.6	早大 慶應 燒失, 소실 35萬 戶
	9.7	도괴, 소실된 중요 건물 東京의 總燒失 25萬戶, 東京 丸之內의 불타는 광경(사진)
	9.8	비행기에서 본 東京 대화재(사진), 지진으로 도괴된 沼津市 淺間神社(사진)
	9.9	東京대진재 화보(사진 3장),
	9.10	대진재 화보(사진 2장)
	9.12	東都 大慘害 화보(사진 1장)

〈표 2〉에 의하면 관동대지진의 인적 피해는 도쿄의 경우 사망자만 6만

5천 명, 사상자는 12만 5천 명에 달하였으며, 물적 피해는 35만 호에 이르렀다. 또한 물적 피해와 관련해서는 화보를 통해 시각적으로 참상을 알리고자 하였다. 이처럼 『매일신보』는 관동대지진이 발생한 이후 10여 일을 주로 참담한 피해 상황을 주로 보도하였다.

〈『매일신보』 1923년 9월 9일자에 게재된 관동대지진 화보. 피해의 참상을 잘 보여주고 있다〉

이와 같은 피해 상황을 많이 보도한 것은 3·1운동으로 고양된 독립의 의지를 약화시키려는 한편 관동대지진으로 제국일본이 최대한 피해자라는 입장을 강조하려는 의미가 담겨져 있는 것으로 추정된다.

이와 더불어 일본 황실과 내각의 동향에 대해서도 관심을 가지고 보도하고 있다. 관동대지진이 발생하자 야마모토(山本) '총리대신 변사설'과 '섭정(攝政) 전하 안녕'10)을 비롯하여 "천황, 황후 양 폐하 葉山御用邸에 강녕히 계시는 중이다, 섭정궁 전하, 왕세자 전하께서도 모두 안녕하시다고",11) "왕세자, 비 전하 日光에 寧居"12) 등 신속하면서도 사진과 함께 일반 기사보다 큰 활자로 보도하고 있다. 이와 관련된 9월 4일자의 기사 내용은 다음과 같다.

10) 「산본 백작 변사설」, 『매일신보』 1923년 9월 3일자.
11) 『매일신보』 1923년 9월 4일자.
12) 『매일신보』 1923년 9월 6일자.

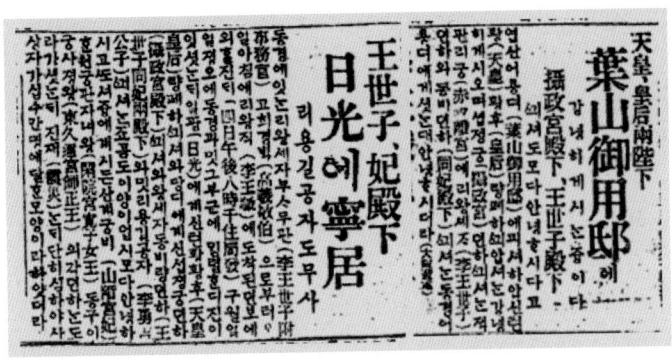

〈일본 왕실의 동향 관련 기사(9월 4일과 9월 6일)〉

엽산어용저(葉山御用邸)에 피서하옵신 천황(天皇) 황후(皇后) 양 폐하께옵서는 강녕히 계시오며, 섭정궁(攝政宮) 전하께서는 적판리궁(赤阪離宮)에 이왕세자(李王世子) 전하와 동비전하(同妃殿下)께서는 동경 어용저에 계셨는데 안녕하시다더라.

이 기사에 의하면, 일본 왕가도 안녕하지만, 식민지 조선의 왕세자와 비도 무사하게 지내고 있다고 같이 보도하고 있다. 이처럼 천황가와 식민지 조선의 왕가도 무사하다는 것은 중요하게 기사화한 것은 '식민지배에 흔들림이 없음'을 강조한 측면이 있다고 보여 진다.

2. 재일조선인에 대한 보도

관동대지진은 식민지 모국인 일본에서 발생하였지만 그 피해 상황에 대해서는 식민지 조선에서도 초미의 관심사였다. 관동대지진이 발생하자『동아일보』는 피해와 참상도 중요하지만 지진이 발생한 지역의 재일조선인에 대한 피해를 우려하였다.13) 이에 비해『매일신보』는 9월 5일자에서야 재일조선인에 대한 첫 기사를 보도하였다. 그 내용은 다음과 같다.

이번 동경을 중심으로 하고 일어난 지진의 참혹한 재앙은 듣는 자로 하여금 간담을 서늘케 한다. 지난 2일 하루에 동경에서만 불에 타버린 건물의 수효가 궁성으로 비롯하여 각 관공서, 은행, 회사 등을 합하여 20만 호가 넘는다 하고 죽은 자가 수만 명에 달한다고 하니 이것만 들어도 그 참혹한 정도가 얼마나 심한 것을 족히 추측할 것이다. 그리하여 이직도 지진이 그치지 아니하고 처처에서 계속된다 하며, 동경과 횡빈과 횡수하 등 유수한 도회는 모두 전멸이 되어 부르짖고 떠드는 소리가 사방에서 일어나서 완연히 현세의 지옥을 나타내었다 하니 통신기관이 완전치 못하여 자세한 정보는 알 수 없으나 이 뒤로는 또 어떠한 재앙이 거듭될런지 예측하기 어렵다. 그런 중에 자기의 자녀나 족속을 두고 머릴 조선에 앉아서 근심하는 사람의 마음이야 어찌 일선인의 구별이 있으리오 만은 그중에도 특히 조선 사람들은 그곳의 형편의 어두운 고로 가슴이 아프고 속을 태우는 정도가 그만치 더 간절한 모양이다. 여름방학에 오래간만에 고국에 돌아왔다가 다시 개학기가 임박하여 건너건지 불과 며칠에 이러한 기별을 듣는 부모와 가족의 마음은 더욱이 간절할 것이다. 2일 아침에 신문의 호외를 보고 놀란 그들은 혹은 직접으로 혹은 전화로 동경의 소식을 탐문하며 가까운 지방에서는 반신료를 첨부한 편지가 연속해온다. 아직도 재해로 인하여 통신이 민활치 못함으로 자세한 형편을 알 수 없은 즉 소식을 듣는대로 지면에 보도하고 편지로도 답을 하려니와 각 방면에서 도달하는 소식을 종합해 보아도 아직까지는 조선 사람에게 대한 말은 없은 즉 이것이 도리어 안전하다는 것을 의미하는 다행한 일인지도 알 수가 없다.[14]

관동대지진이 발생한 직후 일본 정부는 계엄령이 발포되었고, 재일조선인의 학살이 자행되는 가운데, 『매일신보』는 일본에 거주하는 조선인의 안위를 염려하기보다는 "조선 사람에게 대한 말은 없은 즉 이것이 도리어 안

- - - - -
[13] 「염려되는 조선인의 소식」, 『동아일보』 1923년 9월 3일자.
[14] 「동경진재 중에 있는 자녀 족속의 안부를 생각하는 조선사람들」, 『매일신보』 1923년 9월 5일자.

전"이라고 하여, 일본인의 참상은 큰 것에 비해 '재일조선인은 안전'하다는 것을 강조하는 듯한 뉘앙스를 주고 있다.

그런데 이와 같은 뉘앙스의 보도는 재일조선인 학살을 왜곡하고 있다. 관동대지진이 일어난 9월 1일부터 6일에 걸쳐 관동지방의 여러 지역에서 군대, 경찰, 자경단에 의해 재일조선인 학살이 자행되었다. 당시 재일조선인 학살은 관헌에 의해 유포된 조선인 폭동설[15]에 의해 군인, 경찰, 자경단 등에서 일어났다. 이처럼 불확실한 유언비어를 『매일신보』는 사실인 것처럼 왜곡하여 보도하고 있다.

> 6일 오전 10시 반에 내무성(內務省) 경보국장(警保局長)으로부터 경무국장(警務局長)에 도착한 전보에 의하면, 동경(東京) 부근의 대진재에 대하여 그곳에 있는 불량조선인들이 무슨 폭행을 하는 듯한 풍설이 있으나, 일반의 조선인들은 극히 선량하여 그 같은 행동은 절대로 없음으로 이에 대하여 정부(政府)와 및 공공단체 등에서는 되도록 주도한 보호방법을 강구하여 피난구제에 진력하는 중이다. 처음 재난이 일어나던 당시에 약간의 불량조선인들의 행동에 대하여 민중과 감정의 충돌이 있어 쟁론이 있었으나 극히 경미하였는데, 혹 이와 같은 사실을 침소봉대로 고대하는 일이 있는듯하다 하였더라.[16]

이 기사는 일본 내무성에서 조선총독부에 보낸 전보인데, 관동대지진 당시 재일조선인의 폭동은 풍설이라고 하고 있지만 실제적으로 불량조선인들에 의한 폭동이 실제로 일어난 것처럼 사실적으로 보도하고 있다. 그리

---

15) 관동대지진 당시 조선인 폭동설은 관동대지진이 일어난 9월 1일 저녁부터 경찰관들이 재일조선인이 방화하였다거나 살인하였다는 유언비어를 퍼뜨리기 시작하고, 다음날 9월 2일에는 군인들이 적극적으로 퍼뜨리면서 확산되었다(야마다 쇼지, 「일본 민중은 관동대지진 당시 조선인 학살사건의 역사적 의미를 어떻게 받아들이고, 오늘날 일본의 정치적 사상적 상황에 어떻게 대처할 것인가」, 『관동대지진과 조선인 학살』, 동북아역사재단, 2013, 52쪽).
16) 「일반 조선인들은 극히 선량하였다」, 『매일신보』 1923년 9월 7일자.

고 재일조선인 학살을 '지극히 경미한 충돌'로 의미를 축소하고 있으며, 이러한 경미한 사건을 침소봉대하여 확대되었음을 강조하고 있다.

그렇지만 재일조선인 폭동은 풍설이 아니라 사실화시키고자 하는 것은 전혀 변하지 않았다. 후쿠다(福田) 계엄사령관의 말을 인용한 『매일신보』는 「강도, 능욕, 방화를 기획 불량 조선인들의 폭동은 如斯」라는 기사를 통해 다음과 같이 사실적으로 보도하고 있다.

> 이번의 재해에 당하여 불량 조선인의 폭동에 대하여 여러 가지로 현 전되었는 바, 진재 당초 삼삼오오의 불량조선인이 폭동한 것은 사실이니 즉 횡빈(橫濱) 부근에서 일부의 조선인은 강도(强盜) 강간(强姦) 방화(放火)를 계획하였던 듯하며, 동경 지구정 정류장(東京 芝區町 停留場) 부근에서 삼영제과소(森永製菓所)에 방화하고 한 자를 발견한 것과, 또 구정호(龜井戶) 경찰서에서 지난 5일 또 조선인 여섯 명과 또 이를 선동한 내지인의 사회주의자(社會主義者)를 구속하였는데, 명령에 굴복치 아니하여 폭행을 할 뿐만 아니라 다른 구금자를 꾀여서 불온한 행동을 한 일이 있으나, 군대와 경찰관의 힘으로 불량조선인 일파의 폭동은 전연히 침정되었고, 동경 횡빈의 질서는 회복되어 인심은 전연히 안정되었더라.[17]

즉 강도, 강간, 방화 등 재일조선인 폭동은 실제 계획되었고, 삼영제과소 등 일부에서는 방화가 있었음을 암시하고 있다. 이와 같은 기사는 한 번에 그치지 않고 반복하여 보도함으로써 조선인의 폭동설을 실제 일어났음을 뒷받침하고 있다.[18] 뿐만 아니라 마치 재일조선인 때문에 질서가 회복되

・・・・・

[17] 「강도, 능욕 방화를 기획 불량조선인의 폭동설은 如斯」, 『매일신보』 1923년 9월 10일자.
[18] 「과장된 사실이 不尠」, 『매일신보』 1923년 9월 12일자. 그 내용은 다음과 같다.
 "진재 이래 불량조선인의 발호에 취하여서는 여러 가지 풍설이 전하였으나 사건은 극히 소수이나 예를 들면 황빈(橫濱)의 은행에서 일단의 불량조선인이 강간(强姦), 방화(放火)를 계획하였고, 또한 전정정류장(田町停留場) 부근에서 한 사람의 조선인이 쓰레기통과 및

지 않고 있다고 보았다. 그로 인해 재일조선인 폭동은 경찰과 군대의 힘으로 진정시켰다는 점을 강조하였는데, 이는 오히려 경찰과 군대가 재일조선인을 학살하는 데 관여하였음을 드러내고 있다. 그렇지만 이러한 보도는 이미 일본에서 조선인의 폭동설은 유언비어라고 하였음에도 불구하고 식민지 조선에서는 이를 왜곡 보도를 한 것이라고 할 수 있다.

이와 같은 상황에서 『매일신보』는 재일조선인의 안전과 귀환을 집중적으로 보도하고 있다. 재일조선인의 안전에 대한 첫 보도는 9월 7일이었다. 단신으로 보도된 이 기사는 "조선총독부와 대만총독부 출장소가 조선인과 대만인 이재민에게 대하여 극력 구호 중"이라고 하여 1단 기사로 처리하였다.[19] 이 기사는 관동대지진으로 인한 일본 또는 일본인의 피해 상황 보도보다 무려 4일이나 늦은 것으로, 『매일신보』가 재일조선인에 대한 관심을 가지고 있지 않음을 반증해 주고 있다.[20] 그렇지만 이후 재일조선인이 안전하게 구호를 받고 있다는 기사를 보도하고 있는데, 이를 정리하면 아래 〈표 3〉과 같다.

• • • • •
삼영제과공장(森永製菓工場)에 방화하고자 하는 경관이 발견하였다, 또한 지난 5일 귀정호(龜井戶) 경찰서에서 6명의 조선인과 및 이 사람들을 선동한 일단의 과격주의자(過激主義者)를 구인하였으며, 저들은 경찰관을 무시하고 난폭한 행동을 하여 불온한 말을 하여 민중을 선동하려 하였으나 군대(軍隊), 경찰(警察), 재향군인회(在鄕軍人會)와 및 청년단(靑年團)들의 엄중한 감시에 의하여서 한 폭행은 지금에 이르러 전혀 그런 적이 없었으며, 조선인에 대한 풍설은 일반으로 사실을 과장하여 전하는 듯하도다. 특히 사회의 안녕질서를 파괴하고 곤란한 사태를 야기하려 하는 가증한 과격주의자로 인하여 일층 과장된 사실도 불전하도다. 감시를 지속할 필요가 있음은 물론이나 그러나 일반의 민중은 무형한 풍설에 고혹치 아니하도록 주의하여 의심되는 바, 얻는 자는 군대 경찰 등에 맡기어 처치케 하고 사적 단체가 직접으로 신문 제재하며 또는 사사 형벌을 하지 아니하도록 거듭 주의하기를 바라노라."

19) 「조선인을 극력 구호」, 『매일신보』 1923년 9월 7일자.
20) 『동아일보』의 경우 관동대지진을 첫 보도한 1923년 9월 3일자부터 재일조선인의 안부를 우려하고 있다.

〈표 3〉 재일조선인 안전과 관련된 기사

일자	기사 제목	주요 내용
9.8	조선인 만오천 명 習志野 병사에 수용 중	활지옥에 벗어났다는 듣는 중 제일 반가운 새소식, 죽음의 큰일에서 벗어나 習志野 병영에 수용되어 구호 중
9.11	조선인 8백 명 불미한 행동을 방지코자	조선인과 지나인들 사이에 언어의 불통으로 불미한 사건이 발생하여 미연에 방지하고, 그들을 보호하기 위해 8일까지 習志野 임시수용소에 조선인 8백 명, 지나인 1천 8백 명 수용
9.12	유학생은 극력 보호	경찰서에 일본 유학생의 주소를 파악하도록 통첩, 이를 통해 현지에서 조사하고 보호에 진력한다는 마루야마(丸山) 경무국장의 담화
9.12	유학생은 대부분 안전, 노동자 4천 5백도 보호	화재에 쫓기는 노동자 3천 명 보호, 경찰에서도 5백여 명 보호, 그밖에 일본인 독지가, 관청에서 보호, 독학부 長白寮의 유학생은 안전하게 지내고 있다는 총독부 동경출장소장의 전보
9.13	재류조선인은 평온상태	習志野에 수용도 조선인을 지하 박사가 위문에 일동이 감사를 표하였으며, 상애회에서 사회봉사를 한다는 와다(和田) 재무국장의 전보
9.13	조선인에 일층 동정	수용된 조선인에게 구호물자를 전달하였으며, 직업이 없는 조선인에게 직업 알선, 이에 대해 감명
9.14	조선인의 보호 주도	재일조선인의 보호는 총독부 출장소에서 경무국과 경시청과 연락하여 잘 보호하고 있으며, 노동자 700명을 目黑경마장, 1500명은 경찰서와 기타 큰 건물에 수용, 학생들은 山手 방면에서 숙박하는 등 모두 무사
9.15	愛子, 愛弟의 안부 소식을	東京 시내 재일조선인들은 관헌의 주도로 안전하게 보내고 있다는 경무국장의 담화(3면 톱기사)
9.15	동양협회에 9백 명	유학생 9백여 명을 동양협회 독학부에 수용, 부식 등 지원
9.15	目黑경마장에도 수용	재일조선인 580명 수용 중
9.19	조선인 구호문제로 총독 이하 협의	총독부 출장소를 중의원 내에 임시사무소를 설치하고 齋藤 총독, 재무국장, 외사과장, 담당과장 등이 재일조선인 구호 등에 대해 회의를 개최
9.19	식료품을 공급 중	유언비어가 內鮮相에 미치는 영향이 적지 않으며, 재일조선인 구호에 만전을 기한다는 齋藤 총독의 담화
9.21	조선 이재민을 보호하는 광경	崎玉縣 深谷소방대의 활동 사진
9.22	21명 동포 소식 판명	경성부청에 도착한 행불, 무사의 소식
9.23	진재지방 조선 동포의 소식(제1보)	총독부에서 조사한 지역별 재일조선인 안부 소식

9.25	진재지방 조선 동포의 소식(제2회)	총독부에서 조사한 지역별 재일조선인 안부 소식
	습지야 조선인수용소에서 3740명의 동포를	매일신보 東京특파원 김의용이 취재한 習志野 병영에 수용된 재일조선인의 생활 르뽀
9.26	진재지방 조선 동포의 소식(제3보)	총독부에서 조사한 지역별 재일조선인 안부 소식
	금후의 유학생 문제	타버린 학교가 복구될 때까지는 귀국해 있는 것이 좋다
9.27	진재지방 조선 동포의 소식(제4보)	총독부에서 조사한 지역별 재일조선인 안부 소식
9.28	진재지방 조선 동포의 소식(제5보)	총독부에서 조사한 지역별 재일조선인 안부 소식
10.1	화난 중에 人兒를 구조한 조선 부인의 미거	東京특파원 김의용이 취재한 習志野수용소에서 조선인 부인이 어린아이를 구조하였다는 미담
	진재지방 조선 동포의 소식(제6보)	총독부에서 조사한 지역별 재일조선인 안부 소식
10.3	재동경 조선 동포 소식(제7보)	총독부에서 조사한 지역별 재일조선인 안부 소식
10.4	재동경 조선 동포 소식(제8보)	총독부에서 조사한 지역별 재일조선인 안부 소식
10.5	조선인 안부 조사(제9보)	총독부에서 조사한 지역별 재일조선인 안부 소식
10.6	조선인 안부 조사(제10보)	총독부에서 조사한 지역별 재일조선인 안부 소식
10.7	조선인 안부 조사(제11보)	총독부에서 조사한 지역별 재일조선인 안부 소식
10.8	조선인 안부 조사(제12보)	총독부에서 조사한 지역별 재일조선인 안부 소식
10.9	이재동포의 근황은	習志野 구호소에 조선인 1690명이 생활, 의복 부식 등 나누어 주었으며 편안하게 지낸다
10.14	조선인 안부 조사(제15보)	총독부에서 조사한 지역별 재일조선인 안부 소식

〈표 3〉에 의하면 유학생과 노동자 등 재일조선인은 안전하게 잘 지내고 있다는 점을 부각시키고 있다. 관동대지진 초기에는 재일조선인들의 안전을 위해 부득이 나라시노(習志野) 병영과 메구로(目黑) 경마장에 수용할 수밖에 없었다는 점도 강조하고 있다. 즉 '조선인과 언어의 불통으로 불미한 사건이 발생하여 미연에 방지하고, 그들을 보호'하기 위한 조치로 임시 수용소를 만들었고, 그곳에서 안전하게 보호를 받고 있다는 것이 보도의 내용이었다. 특히 9월 15일자 신문에는 「애자, 애제의 안부 소식을」 기사로 '재일조선인이 무사하다'는 것을 톱기사로 다루고 있어, 『매일신보』가

재일조선인에 대한 관심을 가지고 있음을 시사하고 있다.

그러나 무엇보다도 핵심을 벗어난 것은 재일조선인을 학살한 자경단이 재일조선인 구호활동을 하고 있다는 왜곡된 보도였다.

> 동경(東京)과 피해를 당한 각구와 인접 정촌에서는 자경단(自警團)이라는 것을 조직하여 가지고 치안(治安) 유지에 노력 중인 바, 성적이 매우 양호함으로 근위(近衛) 제일사단과 계엄사령부(戒嚴司令部), 내무성(內務省), 경시청(警視廳) 등에서는 이를 계기로 각 곳에 영구적 조직으로 자경단을 설치코자 협의회를 열었는데, 그 조직은 재향군인회를 중심으로 청년단과 소방수와 기타 십팔세 이상의 남자로 단원을 삼아가지고 내무성에서 통솔하리라는데, 경계의 목적뿐만 아니라 위생과 풍기취체까지 자경단에게 맡기리라더라.[21]

자경단은 재일조선인 학살 과정에서 가장 핵심적 역할을 담당하였지만, 자경단은 오히려 질서유지와 구호단체로 묘사하였다. 자경단은 일반적으로 일정한 지역 내의 민간인들이 도둑이나 화재 등을 스스로 지키기 위해 일종의 경비 조직이었지만, 관동대지진 당시 조직된 자경단은 조선인 폭동설이라는 유언비어에 대응하기 위해 일본 민중들이 자발적으로 만든 것이다. 그렇지만 이들 자경단은 재일조선인을 학살하는 핵심으로 부상하였다.

뿐만 아니라 총독부는 재일조선인을 위해 만전을 기하고 있다는 것도 중요한 기사로 다루었다. 조선총독부는 일본 중의원에 임시사무소를 설치하고 사이토 총독을 비롯하여 와다(和田) 재무국장, 소노다(園田) 외사과장, 하야시(林) 주재과장, 구니토모(國友) 경무과장 등과 함께 재일조선인 문제를 해결하기 위한 협의를 하는 점도 톱기사로 다루고 있다.[22] 이후 조

---

[21] 「자경단 조직 확장」, 『매일신보』 1923년 9월 19일자.
[22] 「조선인 구호문제로 총독 이하 협의」, 『매일신보』 1923년 9월 19일자.

선총독부는 생존한 재일조선인을 조사하여 보도케 하였다. 「재동경 조선 동포 소식」 또는 「조선인 안부 조사」라는 제하의 조선인 명단을 발표하였다. 이를 『매일신보』는 9월 23일부터 10월 14일까지 15차례 게재하였다.23)

이러한 가운데서도 『매일신보』 특파원 김의용은 재일조선인의 미담 기사를 발굴하여 재일조선인이 일본인과 잘 지내고 있다는 것을 단면을 보여주고 있다. 그 내용을 다음과 같다.

> 나는(本記者) 지난 십구일 습지야 조선인 수용소를 위문하였을 때에 어떤 수용실 안에 삼십 넘은 부인이 난지 두 달된 아이를 안고 젖을 먹이는 것을 보았다. 그 사연을 물은즉 구월 일일 지진 하기 바로 전에 동경시 본소구(東京市 本所區) 있던 잔디 밭 위에 그 부인의 딸 되는 열한 살 먹은 계집아이가 놀던 중 어떤 이십오륙세된 부인이 아이를 끌어안고 와서 잠깐 맡아달라고 함으로 그 아이를 끌어안고 있을 때에 큰 지진이 생겨 돌연간에 동경 전시가가 뒤집혔다 하였다. 그 아이를 끌어안고 있던 채로 저기 어머니에게 돌아왔다. 그러므로 그 아이 임자는 어디 있는지 알 수 없고 아이 붙안은 채로 이곳에 왔다고 하다. 그 부인은 정춘옥(鄭春玉, 三三)이요 자기 남편은 북해도로부터 이곳에 왔는데 이번 지진 경찰서에 들어가 있다 하며 자기 딸 지요는 일본에 와서 낳았는데 조선말은 조금도 모르더라. 이 부인의 아름다운 행실을 수용소 전판이 탄상(歎賞)이라더라.24)

이 기사는 재일조선인이 지진이라는 위기상황에서 어린아이를 구하였다는 미담이었지만, 한편으로는 일선융화의 모습을 잘 그려내고 있다. 또한 김의용은 나라시노(習志野)에 있는 재일조선인 임시수용소를 찾아 '동포위

---

23) 재일조선인 생존자 명단은 지역별로 발표하였으며, 『매일신보』는 10월 14일자에 '제15보'라고 하였지만 '제13보'와 '제14보'는 확인되지 않고 있다.
24) 「화난 중에 인아를 구조한 조선부인의 미거」, 『매일신보』 1923년 10월 1일자.

문'이라는 명분으로 취재한 후 "식량이 풍부하여 수용인이 배곯는 일은 없는 모양"이라고 하는 등 안전하게 지내고 있다고 보도하기도 하였다.[25]

이와 관련하여 『매일신보』는 귀환 재일조선인에 대한 보도도 매우 중요하게 게재하였다. 관동대지진이 일어나자 재일조선인은 이중고에 시달렸다. 하나는 조선인 학살에서 벗어나는 것이고 다른 하나는 귀환이었다. 관동대지진으로 무질서한 상황에서 자경단 등으로부터 목숨을 구하였다 하더라고 고국으로 돌아온다는 것은 쉬운 일은 아니었다.

이와 같은 상황에서 9월 5일 유학생 이주성과 한승연이 처음으로 귀국하였다. 이들 두 사람의 귀환 체험담은 「황폐한 東都의 四隣에는 燒死의 악취만 觸鼻, 무너진 집 밑에 사람의 손발과 개천 가운데 신체의 산을 이룬 신문 보도 이상의 대참상」이라는 제목 아래 '관동대지진으로 겪은 비참한 상황만 중점적으로 기사로 취급하였다. 이주상이 위험한 가운데 구사일생으로 살아서 귀환하였지만 이에 대한 것보다는 "곳곳에는 많은 사람들의 불에 타죽는 냄새가 코를 찔러 그윽히 인간의 지옥을 보는 듯", "개천 가운데는 피난코자 뛰어 들어간 사람 위에 사람이 또 몇 겹씩 덮히고 눌리고 하여 시체로 큰 산을 이루었는데" 등 일본이 입은 피해를 더 집중적으로 발췌하여 기사로 다루었다.[26]

이러한 것은 『동아일보』의 같은 내용 기사와 비교하면 현저하게 다르다는 점을 알 수 있다. 즉 『동아일보』는 「만화의 력으로 동경에서 고국에 귀환한 이학생의 실지 모험담」이라는 제목 하에 '동경의 참상을 눈으로 본대로 말하다가 동포의 소식을 물은즉 말을 못하고 한숨'이라고 하여 재일조선인의 참상에 하고 싶은 말도 하지 못하고 눈물만 흘렸다고 하였다. 특히

- - - - -

[25] 「習志野 조선인 수용소에서 삼천칠십사명의 동포」, 『매일신보』 1923년 9월 26일자.
[26] 『매일신보』 1923년 9월 7일자.

재일조선인의 소식은 바로 그가 목격한 재일조선인의 학살로 인한 참상의 소식이었지만 "그에 대해서는 용서하여 주기를 바란다"는[27] 말만 하고 눈물을 흘린 이주성이었다. 이는 관동대지진에 대한 『매일신보』와 『동아일보』 두 신문 보도의 입장이 상당한 차이가 있음을 알 수 있다.

〈부산항에 귀환한 재일조선인의 모습(『매일신보』 1923년 9월 11일)〉

이후에도 『매일신보』는 재일조선인의 귀환에 관해 꾸준히 보도하였다. 재일조선인 귀환은 관동대지진이 발생한 도쿄 일대뿐만 아니라 고베(神戶) 등 간사이(關西) 지방에서도 귀환하는 재일조선인이 적지 않았다. 9월 10일 부산항에 2백여 명이 귀환[28]한 것을 비롯하여 유학생의 귀환 동향을 비교적 많이 보도하였다.[29] 그렇지만 이들 보도는 특파원 등 자체적 취재

- - - - -

27) 『동아일보』 1923년 9월 7일자.
28) 「부산에 도착한 동포 2백 명」, 『매일신보』 1923년 9월 11일자.

보다는 조선총독부에서 제공한 자료를 기사로 취급하였다는 한계를 보이고 있다. 이처럼 『매일신보』는 재일조선인에 대한 안전보다는 식민지 모국 일본의 피해 참상을 보도함으로써 동정을 유발하려는 의도가 있다고 판단된다.

제2절 『동아일보』·『조선일보』와 관동대지진

1. 관동대지진에 대한 보도와 인식

1923년 9월 1일 도쿄에서 일어난 관동대지진이 국내에 알려진 것은 지진이 난 직후로 보인다. 이날 12시경에 발생한 관동대지진의 상황은 곧바로 조선총독부로 전해진 것으로 보이고, 언론사인 『동아일보』에도 오후에 그 상황이 전해졌다.30) 종로경찰서에서 작성한 「경내정황 보고의 건」에 의하면, 9월 2일 이상협 편집국장은 관동대지진에 따른 유학생의 안부를 염려하고 이를 기사화하기로 하였다는 정보를 입수하였다.31) 이는 조선총독부 외에도 각 언론사에 관동대지진으로 인한 일본의 상황이 전해졌음을 알 수 있다.

- - - - -

29) 「무사 귀향」,『매일신보』 1923년 9월 12일자;「무사 귀환한 학생」,『매일신보』 1923년 9월 14일자;「귀환자 14명」,『매일신보』 1923년 9월 15일자;「귀환 학생 8명」,『매일신보』 1923년 9월 16일자;「又復 4명 생환」,『매일신보』 1923년 9월 18일자;「귀환자 又 9명」,『매일신보』 1923년 9월 19일자 등이 있다.
30) 당시 『동아일보』 편집국장 이상협은 관동대지진의 상황을 당일 오후에 전달받았다고 회고한 바 있다.
31) 「京內情況報告ノ件」, 京鍾警高秘 제10066호, 京城鐘路警察署長, 1923년 9월 2일자. 종로경찰서는 다음날 9월 3일에도 관동대지진에 대한 정보를 수집하였다.

이에 따라 다음날 9월 3일 『동아일보』와 『조선일보』는 호외를 발행하는 등 관동대지진의 기사를 대서특필하였다. 물론 조선총독부 기관지 『매일신보』도 같은 날 신속하게 관동대지진의 상황을 보도하였다.32) 이로써 식민지 조선에서도 관동대지진의 상황이 알려지기 시작하였다. '일본 유사이래 초유의 대지진'으로 알려진 관동대지진 기사는 '오사카 또는 각지에서 신문사에 도착한 전보를 종합'하여 기사화되었다. 1923년 9월 3일 『동아일보』와 『조선일보』에 첫 보도된 관동대지진 주요 기사는 〈표 4〉와 같다.

〈표 4〉 『동아일보』와 『조선일보』에 보도된 관동대지진 첫 보도 기사

신문	동아일보	조선일보
기사 제목	「東海道 各地 大地震, 震源地는 桑名 方面인가」 「別報에 의하면 信濃川 前海」 「東京市街의 全滅, 火焰 宮城에 延燒되어 危險中」 「水道 沽渴로 袖手傍觀」 「橫濱 全市 火炎 衝天」 「山本伯 暗殺說, 事實與否는 未詳」 「社會主義者를 大警戒中」 「秩父連山 噴火」 「鐵橋全部 墜落」 「宮城은 尙燃燒中」 「山北隧道 崩壞」 「攝政殿下 行在所 不明」 「八岳 火山 噴火」 「東京市의 安全 殘存地 동경역 부근뿐」 「燒失된 日本建築, 제국대학 소실」 「熱海下田 伊東方面 慘害」 「東京 京城間의 通信系統 빙빙 돌아서 간신히 온다」 「甲府地方 火災, 사상자 다수할 듯」 「東京全市에 戒嚴令」	「日本 有史 以來 初有의 大地震, 東京 全市街는 火焰 중에 埋沒되어 있고 各處에 死亡者와 全燒 家屋이 不知其數」 「四十八處에 火焰이 衝天」 「全市街가 燼灰化」 「宮城은 軍隊가 包圍 戒嚴」 「宮城의 火因은 三越」 「破壞家屋이 一千二百」 「品川 全滅」 「公園 蝟集 피난민들이」 「東京에 新聞社 全滅」 「攝政宮殿下 避難不明」 「東京 全市에 戒嚴令」 「山本伯 暗殺說」 「社會主義者를 警戒」 「橫濱市는 全滅乎」 「大阪도 强震」 「熱海는 海溢」 「救護船 出發」 「列車 墜落」 「無秩序 狀態로 變化, 조선 사람들과 기타 주의자들이」

• • • • •

32) 『매일신보』의 관동대지진에 대한 보도에 대해서는 제2장 제1절을 참조할 것.

기사 제목	「淺草에서 일어난 火焰 猛烈한 南風에 불려 삽시간에 여섯 구를 살렸다. 죽은 사람 수만에 달하여서 시체는 길에 깔린 형편이다」 「2일 오전 3시경 東京 火災 消息, 지구 하나만 남고 모두 전소」 「橫須賀에도 火災」 「舞鶴 東京間의 無線電信도 不通」 「各 線 鐵道 不通」, 「東京 新聞 全滅」 「淺間山鳴動 上田市가 결단 났다.」 「大阪서 救助船 횡빈을 향함」 「橫濱灣頭에 沈沒船이 多數」 「大阪地方도 猛烈」, 「日本은 本來 地震國」 「念慮되는 朝鮮人의 消息」	「東京 大阪間 列車 埋沒」 「東京驛은 四五 建物뿐」 「大阪 三市場 全部 休業」 「震源地는 桑名方面」 「米價와 柱式에 影響」

〈표 4〉에서 보듯이 『동아일보』와 『조선일보』 두 신문은 3면 전체를 관동대지진에 대해 비교적 상세하게 보도하였다. 관동대지진의 첫 보도는 참상 그대로였다. 무엇보다도 '무질서'와 '계엄령 선포' 사실을 신속하게 보도하였다. 계엄령 기사의 내용은 다음과 같다.

> 지옥(地獄) 같은 동경 전시(東京全市)에는 방금 계엄령(戒嚴令)이 포고되어 어떠한 사람을 물론하고 한 걸음도 들어놓을 수 없고 식량품(食糧品)을 휴대한 자만 입경케 하는 중인데, 해상(海上) 빌딩이 무너진 까닭으로 행위불명된 자가 일만 명 이상에 달하였는데[33]

> 동경 전시에는 계엄령이 내렸으므로 누구든지 촌보를 못나가게 하고 식료품을 휴대치 아니한 사람은 입경치 못하게 하며, 해상(海上) 빌딩은 파괴되어 행위불명된 자가 만 명이라더라.[34]

- - - - -
[33] 『동아일보』 1923년 9월 3일자.
[34] 『조선일보』 1923년 9월 3일자.

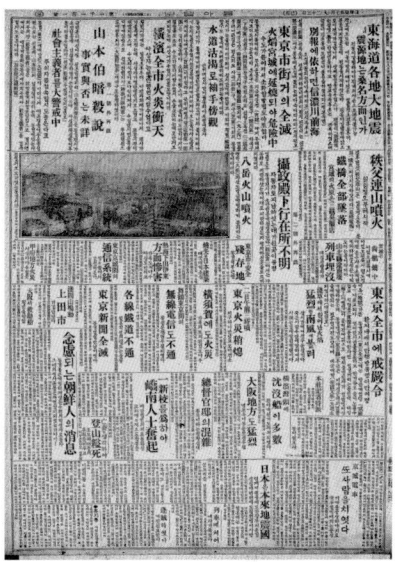

〈관동대지진을 첫 보도한 1923년 9월 3일자
『조선일보』〉　〈관동대지진을 보도한 1923년 9월 3일자
『동아일보』〉

위의 기사에 의하면, 도쿄 시내 전역에 계엄령이 포고되었으며, 도쿄 시내에 아무도 들어올 수 없지만 식료품을 가진 자는 가능하다고 하였다. 이 두 기사를 비교해 부면 대부분 동일한 내용임을 알 수 있다. 이는 당국에서 제공한 보도 자료를 활용하였음을 확인할 수 있다. 이는 언론에 대한 통제가 있었음을 유추하는 단서이기도 하다.

이러한 보도지침 때문이었는지 『조선일보』는 9월 3일 발행한 '호외 제6호'는 '當局의 忌諱'로 압수되었다.35) 이처럼 신문 압수는 언론통제가 상당히 심하였음을 알 수 있다. 그럼에도 불구하고 관동대지진은 "實로 空前한 慘劇"36)이라 할 정도로 대재앙이라고 평가하였다. 뿐만 아니라 도쿄 일대

・・・・・

35) 『조선일보』 1923년 9월 5일자.

제2장 관동대지진과 식민지 조선의 언론　53

의 화재 등 지진으로 인한 피해구역을 洞 단위 별로 게재하기도 하였다.37) 그러나 9월 10일이 지나면서 도쿄 일대의 질서가 점차 회복되어가고 복구에 주력하고 있다는 점을 강조하면서 보도하였다.38)

이후에도 『동아일보』와 『조선일보』은 관동대지진에 대한 보도는 현장의 사실을 보도하기 위해 나름대로 노력하였다. 이는 두 신문사가 특파원을 관동대지진 현장에 직접 파견하였기 때문이었다. 그렇지만 관동대지진의 현장 보도는 조선총독부의 언론통제로 제대로 전달되지 못하였다.39)

두 신문은 관동대지진으로 인한 일본의 피해를 적지 않게 보도하였지만 무엇보다도 도쿄 일대에 있는 조선인의 '생사여부'에도 관심을 보이고 있다. 관동대지진 발생 초기에는 주로 관동대지진의 피해 상황에 대한 보도가 대부분을 차지하였다. 그러나 시간이 지남에 따라 일본의 피해보다는 재일조선인의 동향에 대해 보다 심층적으로 보도하고자 하였다. 관동대지진이 발생한 도쿄 일대는 적지 않은 유학생과 노동자 등 조선인들이 생활하고 있었다. 이러한 관계로 『동아일보』가 가장 먼저 재일조선인의 소식을 게재하였다. 「염려되는 조선인의 소식」이라는 기사를 통해 유학생과 노동자의 '생사존몰' 등 안위를 염려하였는데, 기사 내용은 다음과 같다.

> 일본의 큰 지진! 동경의 큰불! 그 같은 참상을 겪게 된 조선 사람의 동경 유학생의 안위는 과연 어떠한가. 다행히 방학 중이므로 유학생의 대부분은 이미 고향에 돌아와 그저 두류 중이라 불행 중에 다행이라 하겠으나 방학이 되어도 시정에 끌려서 동경에 남아 있는 학생들과 노동

· · · · ·

36) 『동아일보』 1923년 9월 4일자.
37) 「東京燒失區域 全市의 約 半數 燒失」, 『동아일보』 1923년 9월 7일자.
38) 「東京 秩序 恢復」, 『동아일보』 1923년 9월 10일자.
39) 관동대지진 당시 조선총독부의 언론통제에 대해서는 이연, 『일제강점기 조선언론통제사』, 박영사, 2013, 308~328쪽 참조.

에 골몰하여 고향에는 돌아올 뜻을 못 둔 고학생들의 수가 거의 일천여 명에 이른다고 하니 그들의 생사는 아직까지 조사할 길이 끊어져 있는 것이다. 고학생이 제일 많은데 심천구(深川區), 천초구(淺草區)가 전멸이라 하니 구사일생을 얻게 된 동포가 몇 사람이나 되겠는가. 애호하는 자질을 가세가 빈한한 탓으로 외지에 고학을 보내고 방학이 되나 맛보지 못하여 가뜩이나 애끓는 부모의 애는 마디마디 끓는 일 것이다. 그 외에도 동경 부근에는 조선 사람으로서 노동에 종사하는 사람이 매우 많아서 그 인명 수가 실로 학생 이상의 다수인 바, 그네들은 하기방학도 없이 그곳에 머물러 있을 터인즉 그네의 생사존몰은 실로 멀리 앉아 있는 우리들의 애끓는 문제라 하겠다.40)

『동아일보』의 재일조선인에 대한 첫 기사는 관동대지진이 일어난 9월이 하기방학 기간으로 많은 유학생들이 귀국하였지만, 여전히 적지 않은 유학생이 지진의 현장에 머물고 있다고 보았다. 이들은 대부분 경제적으로 어려운 고학생들이었다. 또한 노동자 역시 상당한 관동대지진의 피해가 많은 요코하마(橫濱) 등지에 머물고 있었기 때문에 이들에 대한 '생사존몰'이 가장 우려되는 문제로 인식하였다. 이러한 인식은 당시 『동아일보』 편집국장 이상협의 회고에서도 잘 나타나 있다.

> 九月一日 突然 東京에 큰 地震이 이러나서 關東 一帶―東京 橫濱 鎌倉는 말할 것 업고 그 附近全部가―實로 삽시간에 焦土로 化하엿다는 飛報가 서울에 떠러지기는 그날 午后이엇다. (중략) 그때 우리 心理를 支配한 것은 東京 天地가 불속에 들엇스니 거기 잇은 白衣同胞의 生死는 엇지 되엇슬고. 全朝鮮 各地로부터 드러간 數萬의 留學生들은 엇지 되고 父母妻子를 내버리고 勞働으로 드러간 고단한 勞働者의 運命은 엇지 되엇는고 함이다.41)

─────
40) 『동아일보』 1923년 9월 3일자.
41) 이상협, 「名記者 그 時節 回想(2), 東京大震災 때 特派」, 『삼천리』 6-9, 1934.9, 79~80쪽.

이상협은 관동대지진이 발생하자 식민지 모국 일본보다는 '백의동포', '유학생', '노동자'의 운명을 염려하였다. 때문에 앞서 언급한 바와 같이 『동아일보』에서 가장 먼저 재일조선인 관련 기사를 게재하였던 것이다. 『조선일보』도 9월 4일 「우리 친족은 안부 여하」라는 기사에서 유학생과 노동자 등 동포의 안부를 염려하였다.[42]

이와 같이 재일조선인의 안부를 염려하던 중 가장 먼저 귀국한 원산 출신 도요대학(東洋大學)에 재학 중인 이주성(李周盛)과 평남 강서 출신 메이지대학(明治大學)의 한승인(韓昇寅) 두 유학생의 무사 귀환한 모험담과 현지의 이야기를 현실감 있게 보도하였다.[43] 이후 부산항을 통해 생환하는 재일조선인에 기사도 적지 않게 소개되었다.[44] 『동아일보』는 자체적으로 조사한 재일조선인의 '安否調査'를 9월 23일부터 게재하였다.[45]

관동대지진 초기 현장감 있던 보도는 점차 시간이 지남에 따라 혼란하던 도쿄 일대가 안정되어 가고 있으며, 재일조선인도 안전하다는 보도가 주류를 이루고 있다.[46] 이러한 보도의 상황에서도 재일조선인 학살에 대

・・・・・

[42] 『조선일보』의 기사 내용은 다음과 같다.
"일본 동경과 횡빈 지방에 큰 지진과 화재가 일어나서 얼마간 혼돈세계가 되어 몇 십만 명의 생명이 불 속에 장사지내는 참상이 생기었다는 전보가 넘쳐 다 셀 사이도 없이 도착하며 각 보관에서 호외 매답하는 요령 소리가 경성 천지를 진동함에 귀한 자제를 보내어 유학시키는 부모들과 가족이 가서 노동하고 있는 친지들은 자기의 자제나 친척이 혹시 어찌 되었는지 소식을 몰라서 심히 궁금히 여기며 타는 마음을 어찌 ○○ 몸으로 어찌 하면 소문이라도 들을까 하여 각 보관을 방문하고 소식들을 방편을 얻기도 하며 탐지하여 달라는 의의로 하는 심경은 과연 민망하기가 이를 데 없다 하라."
[43] 「萬死의 力으로 東京에서 古國에 歸還한 二學生의 實地冒險談」, 『조선일보』 1923년 9월 7일자.
[44] 「釜山埠頭는 歸國同胞로 混雜」, 『동아일보』 1923년 9월 11일자.
[45] 「震災地方 在留同胞의 第1回 安否調査 到着」, 『동아일보』 1923년 9월 22일자. 『동아일보』의 '재류동포 안부조사'는 조선인 생사에 무관심했던 조선총독부도 적극적으로 나서도록 하였다. 이후 조선총독부의 '재류동포 안부조사'를 두 신문사에 제공하였고, 두 신문사는 이를 보도하였다.

한 기사는 전혀 보도되지 않았다. 여기에는 조선총독부의 언론통제가 크게 영향을 미쳤다. 이에 대해 『조선일보』는 「금회 동경진재에 대한 당국의 언론취체」라는 사설을 통해 이를 비판하기도 하였다.[47]

관동대지진 첫 보도 이후 『동아일보』와 『조선일보』는 사설을 통해 관동대지진에 대한 입장을 밝히고 있다. 두 신문의 사설 제목은 〈표 5〉와 같다.

〈표 5〉 관동대지진에 대한 『동아일보』와 『조선일보』의 사설

날짜	동아일보	조선일보
9.4	일본의 재난, 일대 참극	신문 일부분 훼손으로 미확인
9.5	오호 인재, 조선인아 거듭나자	
9.6	조난 동포를 懷함, 동포여 구제하러 일어나자	조선은 人災 日本은 火災
9.8	동경 災變과 인심, 반성할 기회	東京 橫濱의 全滅狀態와 今後의 경제계의 觀測
9.9		今回 東京震災에 대한 當局의 言論取締
9.10	東京地方 罹災同胞救濟會 發起, 救急의 의연 모집	歸哉歸哉어다. 同胞同胞여 生乎아 死乎아?
9.11	일본 재정의 前途, 복구사업은 如何	罹災한 在外同胞를 구제하라. 在內同胞의 同情을 促함
9.12	삭제	미확인
9.13	조선에 緊急 勅令의 시행, 解釋上 疑義	
9.14	東京 복구책의 전도, 일본의 시련 기회	震災 後의 日本, 現內閣의 覺醒期
9.15		流言蜚語의 근본적 관찰
9.16	사회운동에 대한 관찰, 考慮處	震災 先後策에 대한 觀測
9.20	日本 震災와 東洋의 政局, 중국의 동정은 무엇을 의미	
9.21	일본 있던 조선인의 송환, 繊口치 못할 문제(일부 삭제)	
9.22	일본 경제계와 인심의 安固, 復興사업의 前提	

• • • • •

46) 「동경 유학생은 대부분이 안전」, 『동아일보』 1923년 9월 12일자; 「재동경 동포는 안전」, 『조선일보』 1923년 9월 15일자; 「조선인을 보호한다고 일본인의 반응이 격심하여」, 『조선일보』 1923년 9월 16일자; 「신전구 재유학생 약 6백 명 전부 생명은 안전하다」, 『동아일보』 1923년 9월 19일자; 「조선인의 폭행은 점루」, 『조선일보』 1923년 9월 24일자.

47) 『조선일보』 1923년 9월 9일자.

9.23		目下 조선인의 생활상태를 考慮하라
9.24		日本人들아. 自重하라
9.25		銀行業者들에게
9.26		일본의 진해 後 조선 경제계
9.27	東京 罹災朝鮮人의 處置에 대하여, 속히 해방을 望함	
9.29	急激한 暗流, 大杉氏 慘殺에 대하여	民을 震怒케 함은 곧 皇天을 震怒케 함이니라
9.30		震災 後日, 中露의 關係, 天然的 均等 形勢
10.2		總督府 豫算計劃의 大變革에 대하여
10.4		僑日同胞에게, 辛酸한 淚로 써 그 死한 者를 弔하고 生한 者를 慰함
10.6	齋藤 總督에게, 眞相의 발표를 望함	
10.11	시대착오의 희비극, 大杉의 死와 甘柑의 淚(일부 삭제)	
10.26		急激한 恐慌에 包圍되어 破滅코자 하는 經濟, 現下 우리의 生活現像에서 鑑하여
10.28	民族愛, 人類愛는 民族愛에 始하다	日本 震災 當時의 死亡한 同胞를 追悼함
11.3	大難에 處하는 道理, 舍己의 努力과 團結	
11.5		銀行業者들에게

두 신문의 사설 논조는 천재지변에 대한 피해에서 동포의 구제, 그리고 민족성의 개조에까지 다양하게 대변하고 있다. 무엇보다도 비록 천재지변이지만 관동대지진을 통해 민족적 감정을 초월하여 조선 민족의 새로운 변화를 촉구하기도 하였다.

> (전략) 남은 不可抗의 天災나 當하여 民族的 損失을 當하였건만은 우리는 그러한 天災도 地變도 없이 왜 이 慘變을 當하였느냐? (중략) 대관절 吾族의 政治的 經濟的 文化的 모든 生活이 무슨 天災로 이토록 慘酷한 全滅을 當한고? 그 慘酷함이 어찌 東京의 全滅, 橫濱의 全滅에 比하랴. 진실로 全朝鮮의 全滅이다!
> 嗚呼 人災다! 사람이 없는 災이며 옳지 못한 사람이 있는 災이다. 自作運動을 할만한 사람은 없고 무너트릴 사람은 있는 災다. 民立大學運動 自由運動을 할만한 사람은 없고 무너트릴 사람은 있는 災다! (하략)[48]

즉 『동아일보』는 일본은 '사후 미증유의 天災'로 도쿄와 요코하마가 전멸되었지만, 식민지 조선은 분열과 대립이라는 人災로 전멸하였다고 자탄하였다. 3·1운동 이후 전개되었던 민립대학설립운동, 조선물산장려운동 등과 같은 사회운동이 조선 사회를 변화시켰다기보다는 오히려 분열과 대립으로 자멸하였다고 비판하였다. 일본이 관동대지진으로 인한 천재를 겪으면서 새로운 사회를 건설하려는 것처럼 조선도 "虛僞와 慚惰와 詭譎과 猜忌와 怯愉의 모든 醜한 털을 벗어버리고 眞實과 勤勉과 誠實과 相愛와 勇氣의 흰옷 속에 거듭나는 慘憺한 災變의 遺墟에 新生命을 建設하자!"라고 하여, 조선 민족의 새로운 변화를 촉구하였다.

한편 관동대지진 당시 재일조선인 학살과 관련된 기사는 지진 발생 1개월 반이 지난 10월 15일에 이르러서야 『동아일보』에 처음으로 보도되었다. 재일조선인 학살은 9월 2일 계엄령이 내린 이후인 9월 4일을 전후해서 시작되었다. 이 사실이 식민지 조선에 알려진 것은 9월 6일 천도교당에서 개최한 재경유학생대회였다.[49] 이날 대회는 일본 경찰의 철저한 통제로 지정자 외에는 참석할 수 없을 정도로 삼엄하였다.[50] 때문에 대회에서는 첫째 기부금을 모금하는 한편 정창욱(鄭昌旭)·김낙영(金洛泳)·강훈(姜勳) 등 3명을 관동대지진이 일어난 현장에 파견하기로 할 것, 둘째 연락사무소를 개벽사에 두고 한위건(韓偉建)·임정호(任政鎬)·김창진(金昌珍)·홍승로(洪承魯)·이옥(李鈺) 등을 상무위원으로 선임하여 유학생에 관한 사무를 처리하기로 하였다.[51] 이날 대회에서 재일조선인 학살에 대한 구체적

· · · · ·
48) 『동아일보』 1923년 9월 5일자.
49) 김인덕 외, 『1920년대 이후 일본·동남아시아지역 민족운동』, 한국독립운동사편찬위원회, 2008, 38쪽.
50) 「유학생대회는 금일」, 『동아일보』 1923년 9월 6일자.
51) 「위선 특파원을 일본유학생대회에서 특파원 7일 밤 출발」, 『동아일보』 1923년 9월 8일자.

인 정보는 제시되지 못한 것으로 추정된다.52)

그렇지만 다음날 9월 7일 재일조선인의 생사를 확인하기 위한 재류동포친족회가 조직된 것53)으로 보아 재일조선인 학살에 대한 사실은 어느 정도 전해진 것으로 보인다. 왜냐하면 재류동포친족회의 역시 유학생 학부모 이외에는 회의장이 입장할 수 없을 정도로 엄격하게 통제되었다.54) 친족회 역시 연락사무소를 역시 개벽사에 두기로 하였으며, 생사 확인을 위한 특파원과 연락 업무를 담당할 상무위원을 선임하였다.55) 재경유학생대회와 재류동포친족회가 임시연락사무소를 개벽사에 같이 두기로 한 것은 재일조선인의 동향에 대해 공동으로 대처한 것으로 풀이할 수 있다.

이처럼 재일조선인의 생사유무와 학살에 대해 관심이 고조되자 후쿠다(福田) 계엄군사령관은 일부 배일조선인의 폭동이 있었으나 진정되었고, 도쿄와 요코하마 일대의 질서는 회복되고 인심도 안정되었다고 발표하였다. 그런데 이 발표에 의하면 "요코하마 부근에 일부 조선인은 강도와 강간과 방화를 계획한 일이 있었으며, 도쿄 시바구(芝區) 다마치(田町) 정류장에서도 삼영제과소에 방화하려는 자가 있었고, 또 가메이도(龜井戶) 경찰서에서도 지나간 5일에 조선인 6명과 일본 사회주의자를 검속하려 할 때 그들은 폭행을 할뿐만 아니라 다른 구속자까지 선동하여 불온한 행동을 한 일이 있었다"라고 한 바,56) 이미 재일조선인 학살이 있었다는 것을 간접적으로 시인하고 있음을 알 수 있다.

- - - - -

52) 만약 알려졌다 하더라도 언론통제로 인하여 보도되지 못할 수 있었다.
53) 「재류동포친족회 금일 오전 10시 종로청년회관에서」, 『동아일보』 1923년 9월 7일자.
54) 일본 경찰은 모인 사람의 주소와 성명을 일일이 확인하였고, 노동자의 부모조차 입장할 수 없게 철저하게 회의를 봉쇄하였다.
55) 「간섭하에 열린 재류동포친족회」, 『동아일보』 1923년 9월 9일자.
56) 「재류동포에 관한 계엄사령관의 발표」, 『동아일보』 1923년 9월 10일자.

뿐만 아니라 마루야마(丸山) 경무국장도 재일조선인 학살을 '일본 사람의 조선 사람에 대한 감정이 극도에 달한 바 서로 충돌이 되기 쉽다', '조선 사람의 폭동' 때문인 발생하였다고 하는 입장을 표명하였다.57) 그리고 관동계엄사령부는 "一, 조선인에게 대하여 그의 성질 선악을 불구하고 무법의 대우를 하는 일은 삼가는 동시에 그들도 우리 동포임을 잊지 말라. 二, 모든 조선인이 악모(惡謨)를 계획한다는 것은 오해인 바, 이런 풍설에 의지하여 폭행을 더하고 스스로 죄인이 되지 말라"58)고 하고 경고문을 도쿄 시내에 배포한 바 있는데, 이는 이미 재일조선인 학살이 적지 않았음을 증명해 주고 있다. 이러한 상황에서 볼 때 재일조선인 학살은 이미 널리 진행되었음을 알 수 있다. 그럼에도 불구하고 재일조선인 학살에 대한 사실을 제대로 보도하지 못한 것은 제국일본의 철저한 언론통제 때문이었다.

관동대지진 당시 재일조선인 학살과 관련된 국내의 보도는 대체로 10월 중순 이후였다. 『동아일보』는 10월 15일, 17일, 18일, 20일, 22일, 23일, 24일자 신문에 대대적으로 보도하였다.59) 그러나 기사 중에서도 'ㅇㅇㅇ학살사건'이라고 하여 '재일조선인 학살'을 구체적으로 밝히지 못하고 있

- - - - -
57) 「조선인 도항 제한과 구산 경무국장의 발표」, 『조선일보』 1923년 9월 9일자.
58) 「계엄사령의 경고」, 『조선일보』 1923년 9월 10일자.
59) 「동경 시내 외에 중대 사건이 속출한다」, 『동아일보』 1923년 10월 13일자; 「유치 중의 공부를 자경단이 학살」, 『동아일보』 1923년 10월 14일자; 「기옥현 자경단이 남녀 백여 명을 학살」, 『동아일보』 1923년 10월 15일자; 「진재 후의 대소란을 궐기한 유언의 출처가 판명」, 『동아일보』 1923년 10월 17일자; 「자경단의 살해인 수 사오백 명 이상」, 『동아일보』 1923년 10월 17일자; 「群馬의 학살범 34명」, 『동아일보』 1923년 10월 18일자; 「流言의 목적은 강도 약탈 神人共怒할 窮凶極惡」, 『동아일보』 1923년 10월 18일자; 「埼玉縣에 학살이 극심함은 현의 통달문이 그 원인」, 『동아일보』 1923년 9월 20일자; 「橫濱에 횡행하던 약탈 자경단원」, 『동아일보』 1923년 10월 20일자; 「유언의 출처와 각지 학살 상황」, 『동아일보』 1923년 10월 21일자; 「ㅇㅇㅇ학살사건 경관도 관계호」, 『동아일보』 1923년 10월 22일자; 「살인 자경단원 113명 검거」, 『동아일보』 1923년 10월 24일자; 「기옥현의 학살사건」, 『동아일보』 1923년 10월 30일자. 관동대지진 당시 학살된 재일조선인에 대한 국내의 언론 보도에 대해서는 추후 별도의 연구 과제로 남기고자 한다.

다.⁶⁰⁾ 관련 기사의 내용은 다음과 같다.

> 횡빈시(橫濱市) 중촌정 굴할청년회(中村 堀割靑年會) 회원 모가 십삼일 ○○○사건에 고나하여 소관 수(壽) 경찰서에 자수하였음으로 즉시 횡빈지방재판소의 판검사가 출장하여 심문을 한 결과 다수한 연루자가 있는 모양이므로 즉시 신내천현 경찰부에서는 활동을 개시하였으며 그와 동시에 헌병대로 또한 시내 각처에 있는 자경단과 청년단을 엄밀 조사 중인데, 조서의 진행을 좇아 이번 ○○○학살사건에는 다만 청년회원뿐만 아니라 경찰관 중에도 참섭한 사실이 있는 모양인 듯하여 각 경찰 당국자는 불안 중에 날을 보낸다더라.⁶¹⁾

위의 인용문에서 보듯이, 재일조선인 학살은 '○○○학살'이라고 하여 자경단과 청년단 외에도 경찰관까지 관여하였다는 점을 보여주고 있다. 이에 비해 중국인 학살과 관련된 기사는 이를 보다 구체적으로 다루고 있다. 즉 중국인 학살은 9월 2일 오후 9시 일본인 3백여 명이 중국인 하숙소로 몰려와 174명을 일시에 타살하였다는 증언을 보도하였다.⁶²⁾

이처럼 중국인 학살은 보도되었지만 조선인 학살은 구체적으로 다루지 못하였다. 이는 앞서 언급한 바와 같이 언론통제 때문이었다. 재일조선인

•••••

60) 관동대지진과 관련하여 '조선인 학살'이라는 용어로 기사화된 것은『동아일보』1923년 12월 16일자「조선인 학살 사건」이라는 기사였다. 이 기사는 山本 수상이 중의원에서 답변한 것을 게재하였다. 기사의 내용은 다음과 같다.
"吾等은 朝鮮人虐殺事件에 對하여도 沈默할 수 없다. 政府는 何故로 此 事件을 論議하는 新聞 雜誌에 制裁를 加하는가. 宜當 吾人은 外國에 對하여 感謝하기 前에 此等 不顧에 橫死한 朝鮮人에 對하여 謝意를 表할 必要가 있다"고 質問하였음에 對하여 山本 首相은 "언제든지 他日에 對答하게 되겠지요."라고 答辯을 回避하였다더라."
이후『동아일보』1924년 2월 23일자「조선인학살사건으로 영국 노동당 선언서 발표」와 1924년 3월 18일자「조선인학살의 추도회를 해산」이라는 기사가 더 있다.
61)『동아일보』1923년 10월 22일자.
62)「170여 인을 일시 타살, 상해로 돌아온 중국인의 한 말」,『동아일보』1923년 10월 22일자.

학살은 자경단, 청년단뿐만 아니라 경찰까지도 가담하였지만, 다만 재일조선인 학살에 가담했던 자경단원 검거 소식으로 이를 대체되었다. 이로 볼 때 조선총독부는 재일조선인 학살에 대해서는 철저하게 보도를 통제하였음을 알 수 있다.

2. 관동대지진의 기억과 전승

2013년은 관동대지진이 일어난 지 90주년이 되는 해이다. 90주년을 맞아 동북아역사재단에서는 국제학술대회를 개최한 바 있다. 이는 단순한 학술대회라고 할 수 있지만 다른 한편으로는 관동대지진에 대한 기억이고 전승이라고 할 수 있다. 이처럼 1923년 9월 1일에 일어난 관동대지진은 당시의 사건으로만 끝나는 것이 아니라 오늘날까지 기억되고 전승되고 있다. 본절에서는 일제강점기 관동대지진의 기억과 전승에 대해 살펴보고자 한다.

관동대지진 1주년을 맞는 제국일본은 1924년 9월 1일 도쿄는 '가무와 음곡 정지를 결의하는 한편 시내의 전차도 1분간 정차하는 등 추모 분위기에서 조용하게 지냈다.(63) 이에 호응하여 도쿄의 예기조합은 이날 아예 휴업을 결정하기도 하였다.(64) 이러한 도쿄의 추모 분위기에 도쿄에 거주하는 옥순철(玉順喆)은 "당시 우리 兄弟들의 情況이 어떠하였음을 默想하면 追獻이 常新하며 그 酷酷한 行動의 ○能이 眼前에 依舊하다. 近日에는 日人이 反省하며 同精하는 체하며 테인데, 이것은 오히려 우리를 戰慄케 하며 ○○를 집게 한다. 日人의 此는 地獄의 死이니, 運命의 死이어니와 兄弟들

------

(63) 「진재 기념일. 歌舞 音曲 정지 결의」, 『조선일보』 1924년 8월 3일자.
(64) 「대지진의 기념일에 예기조합이 휴업한다」, 『조선일보』 1924년 8월 4일자.

의 犧牲은 무엇이랴 하랴. 우리도 當日을 回顧하고 한껏 孤魂을 慰撫할 뿐 아니라 劣敗者의 悲哀를 痛切히 느낄 뿐이다"65)라고 하여, 관동대지진 당시 희생된 재일조선인을 위한 추모 행사를 잊지 말고 추진할 것을 주장한 바 있다.

식민지 조선에서의 관동대지진 1주년 첫 추도회는 함남 북청에서 있었다. 재일본청우간담회는 관동대지진에 참사한 청우를 위해 1주년을 1개월 앞둔 1924년 8월 2일 북청청년회관에서 진행된 추도회를 개최하였는 바, 7, 8백여 명이 참가할 정도로 성황을 이루었다.66) 이는 비록 지역에서 개최한 추도회였지만 적지 않은 지역민이 참여하였다는 점은 관동대지진 당시 학살 내지 희생된 조선인에 대한 '비분강개'한 심정이 그만큼 컸음을 확인할 수 있다.

관동대지진 1주년을 맞는 추도회는 인천노동총동맹회에서 준비하였는데, 그 내용은 다음과 같다.

> 인천노동총동맹회에서는 작년 9월 중에 일본 동경 지방에서 일어난 지진으로 수많은 생령의 참혹한 죽엄이 있었음을 느끼어 금년 9월 1일을 가리어 그때 그들의 죽엄을 추도하고자 그날 밤 8시부터 산수정 공회당에서 추도식을 비참하게 거행할 터이라는데, 당일은 응당 남달리 죽은 자의 동족으로 있어서 그만큼 더욱 비분강개가 가슴을 치는 추도문 낭독도 많을 터이라고.67) 또한 인천에서는 1주년을 기해 이날 오전 11시 50분에 각 사원과 종교단체가 조종을 울려 추도의 의미를 새겼다.68)

- - - - -

65) 옥순철, 「9월 1일 기념을 듣고」, 『동아일보』 1924년 8월 13일자.
66) 「청우추도회」, 『조선일보』 1924년 8월 7일자.
67) 「인천의 9월 1일 기념」, 『동아일보』 1924년 8월 25일자; 「동경 진재시 참사동포의 추도회」, 『조선일보』 1924년 8월 23일자.
68) 「진재 기념일에 인천에서는 弔鍾」, 『조선일보』 1924년 8월 28일자.

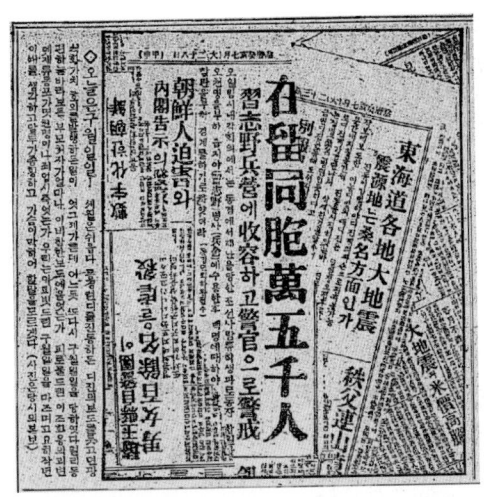

〈『동아일보』 1924년 9월 1일자에 게재된 기사〉

즉 인천노동총동맹회는 관동대지진 1주년인 9월 1일에 재일조선인 희생자에 대한 비분강개의 추도식을 하기로 했던 것이다. 이외에도 인천에서는 교회와 사찰 등 종교단체도 조종을 울려 추모의 의미를 기렸다. 조선불교 중앙종무원와 불교대회에서도 9월 1일 관동대지진 1주년 추도회를 개최하였다.[69]

『동아일보』도 9월 1일자 신문에 관동대지진 당시 학살된 동포를 잊지 말자는 전단식 기사를 게재했는데, 그 내용은 다음과 같다.

> 오늘은 9월 1일! 세월은 쉽다. 동경 천지를 진동하던 지진의 보도를 듣고 전광석화 같이 호외를 발행하던 일이 엊그제 같은데, 어느덧 또다시 9월 1일을 당하였다. 멀리 동편 하늘 바라보는 부모 처자가 얼마나 이 비참한 보도에 울었는가. 피로 물들인 이 조화옹의 괴변에 재류동포

- - - - -
[69] 「진재 참사자 일주년 추도회」, 『조선일보』 1924년 8월 29일자; 「불교대회 주최. 진재 사망자 추도회」, 『조선일보』 1924년 8월 30일자.

가 몇 천 명이나 죄 없이 죽었는가. 우리는 이 핏빛 드린 9월 1일을 맞으며 고요히 작년 이때를 생각하고 암투가 종횡하고 가슴이 막히어 할 말을 모르겠다.[70]

『동아일보』는 관동대지진 1주년을 맞아 지난해 도쿄에서 무고하게 희생되거나 학살된 재일조선인 희생자를 잊지 말 것을 당부하였다.

〈신흥청년동맹과 서울청년회가 주최한 관동대지진 조난동포 추모회 광경
(『시대일보』 1924년 9월 15일)〉

관동대지진으로 억울하게 희생된 동포 즉 재일조선인을 추모하고 이를 기리는 내용의 선전문이 서울 시내에 부착되기도 하였다. 『조선일보』에 따르면, "오는 9월 1일은 일본 동경에서 진재가 발생한 날로서 일본인도 많이 죽었지만 애매한 동포는 그간에 과연 얼마나 비참한 죽엄을 이루었으랴. 이것은 조선 동포로서 잠시를 잊지 못할 이날인즉 이 날을 맞는 조선 동포

• • • • •

70) 『동아일보』 1924년 9월 1일자.

는 슬픈 눈물로 비참한 혼령이 된 그들을 추도하고 동시에 이 날을 기념하자"는 내용의 전단지가 8월 28일 오전 훈련원 전봇대에 전단이 부착되었다고 보도하였다.[71]

또한 관동대지진에서 희생된 개인에 대한 추도식이 거행되기도 하였다. 고흥 출신으로 도쿄 유학 중이던 송기일은 관동대지진에서 희생되었는데, 이날을 기해 고흥청년회와 고흥학원의 주최로 추도식을 갖기도 하였다.[72]

이외에도 부산진구락부는 9월 2일 '동경진재시참사동포추도회'를,[73] 신흥청년동맹과 서울청년회는 9월 13일 천도교 중앙대교당에서 '일본진재조난동포추도회'를,[74] 전주청년회는 9월 10일 전주공회당에서 '일본 관동진재에서 참혹하게 사망한 우리 동포의 영혼을 위안키 위한 추도회'를,[75] 보성군 벌교 기독면려청년회는 9월 16일 예배당에서 '일본 관동주 진재시 참사동포를 위한 추도회'[76]를 개최하는 등 청년단체 및 종교단체에서 추모행사를 가진 바 있다. 그리고 진주에서는 노동공제회관에서, 순창에서는 천도교당에서, 김천에서는 경천사에서 각각 관동대지진 당시 희생된 재일조선인을 위한 추도회를 개최하는 등 지역에서도 희생된 동포의 넋을 기렸다.[77] 신흥청년동맹과 서울청년회는 추도회를 갖는 의의를 다음과 같이 밝히고 있다.

・・・・・

[71] 「九月一日을 紀念하자」, 『조선일보』 1924년 8월 30일자.
[72] 「宋君의 追悼式」, 『조선일보』 1924년 8월 29일자.
[73] 「구일 추도회」, 『시대일보』 1924년 9월 6일자.
[74] 「진재 조난동포 추도회」, 『조선일보』 1924년 9월 12일자; 「진재 참사 동포, 기념추도, 금일 하오 3시, 천도교당에서」, 『시대일보』 1924년 9월 13일자; 『동아일보』 1924년 9월 13일자; 「경성의 추도회」, 『시대일보』 1923년 9월 15일자.
[75] 「전주에 추도회」, 『조선일보』 1924년 9월 14일자; 「참사동포 추도」, 『동아일보』 1924년 9월 14일자.
[76] 「진재시 참사동포 보성에서 추도」, 『조선일보』 1924년 9월 23일자.
[77] 「각지에 진재동포 추도」, 『조선일보』 1924년 9월 5일자.

> 작년 관동(關東) 진재 당시에 멀리 이역 객창에서 형설의 공을 이루려다가 무참히 생명을 잃어버린 동포가 누천에 이르었음은 우리가 아직껏 새로이 기억하는 일이며 더구나 아직껏 그 액월 구월이 가지 아니한 오늘에 있어서 지난 구월 일일을 동기로 작년 이달이 즈음에 동경에서 발생한 온갖 참극을 일일이 눈물로 추억하게 되어 본국에 있는 그들의 친지가족들은 물론이어니와 일반으로 우리 조선 사람들은 다 같이 그 당시에 조난한 우리 형제를 위하여 울지 않을 수 없으며 슬퍼하지 않을 수 없다.[78]

그렇다고 추도회가 모두 원만하게 진행되지는 않았다. 군산청년회는 1924년 9월 1일 추도회를 진행하던 도중 추도문이 내용 중 불온한 내용이 있다고 압수당한 바 있다.[79] 청진청년회도 1주년을 맞아 '관동대지진 당시 피살동포추도회'를 개최한 바 있는데, 추도문이 불온하다고 추도회를 해산시키는 한편 사회자 남윤구(南潤九)와 추도문을 낭독한 정석도(鄭石道)를 검속한 후 취조하기도 하였다.[80] 이들은 9월 말경에야 방면되었다.[81]

관동대지진 1주년을 맞는 1924년에는 앞서 살펴본 바와 같이 추모 행사가 적지 않았지만 2주년을 맞는 1925년에는 한 건이 추모행사도 없었다. 3주년을 맞는 1926년에는 "작일이 구월 일일이다. 사년전 일본 관동지방에서 세계적 대지진이 나던 날이다. 누억의 재산과 수만의 생령이 없어진 날이다. 그리고 우리 동포도 참화를 당하였던 날이다"라고 하여 회고한 글[82] 한 편이 게재되었다.

・・・・・・

[78] 「참사동포 추도회」, 『동아일보』 1924년 9월 12일자.
[79] 「추도회문도 압수」, 『조선일보』 1924년 9월 6일자.
[80] 「진재동포 추도회의 사회자를 검속」, 『조선일보』 1924년 9월 8일자; 「진재 참사동포 추도회 석상에서 2명을 검거」, 『시대일보』 1924년 9월 8일자.
[81] 「추도회에서 검거된 양씨는 방면될 듯」, 『조선일보』 1924년 9월 30일자.
[82] 「4년전 9월 1일」, 『동아일보』 1926년 9월 2일자.

이후 잊혔던 관동대지진의 기억은 해방 후가 되어서야 전승되었다. 재일본조선인연맹과 반일운동자구원회는 관동대지진 23주년을 맞는 1946년 9월 2일 기독교청년회관에서 해방 후 첫 추도회인 '일본관동진재피학살동포추도회'를 거행하였다. 이날 추도회는 배철의 사회로 허헌의 개회사, 장건상 등의 추도문 낭독이 있었다.[83]

이처럼 국내에서는 관동대지진의 기억이 제대로 전승되지 못하였지만 일본에서는 꾸준히 기억과 전승되었다. 해마다 도쿄에서 가진 관동대지진 희생동포 추도회는 기독교청년회관에서 거행되었다.[84] 그러나 1937년 중일전쟁 이후 전시체제기가 형성되면서 추도회마저도 제대로 진행되지 못했던 것으로 추정된다.[85]

제3절 『독립신문』과 관동대지진

1. 관동대지진과 일본에 대한 인식

1923년 9월 1일 발생한 관동대지진 소식은 식민지 조선뿐만 아니라 중국 상해에서 활동하고 있는 대한민국 임시정부에도 전해졌다. 임시정부는 기관지 『독립신문』을 통해 독립운동 진영뿐만 아니라 국내에도 그 소식을 전하고자 하였다. 『독립신문』은 식민지 모국인 일본에 "개벽 이래 초유의

- - - - -

[83] 「아, 罪 없는 우리 同胞를 虐殺 怨恨 깊은 關東震災昨日基靑館에서」, 『동아일보』 1946년 9월 3일자; 「학살당한 동포 추도」, 『국민보』 1946년 10월 30일자.
[84] 「震災當時 橫死한 同胞慰靈式擧行」, 『동아일보』 1932년 9월 5일자; 「關東震災同胞追悼會 東京基靑에서」, 『동아일보』 1934년 9월 5일자.
[85] 1937년 중일전쟁 이후인 1939년에는 일본 관 주도로 추도회가 진행되었다.

慘事 참극"이라고 할 정도로 대지진이 일어났지만, 일본에 대해 여전히 '적국'이라고 표현하였다. 이는 언론 통제를 받고 있는 식민지 조선과는 달리 독립운동을 이끌어가는 상황에서 보다 강경하게 투쟁하고자 하는 의미가 담겨져 있다.

『독립신문』은 식민지 조선에서와 같이 일간으로 발행되지 못하였다. 부정기적으로 발행되었는데, 관동대지진 발생 이후 9월 4일자 '호외', 9월 19일자 164호, 10월 13일자 165호, 11월 10일자 166호, 12월 5일자 167호 등에서 관련 기사를 보도하였다. 『독립신문』의 관동대지진 관련 기사는 초기에는 관동대지진의 피해 상황을 전달하고자 하였지만 점차 재일조선인의 피해와 학살에 초점을 맞추어 보도하였다. 그리고 중요한 것은 일본을 '적국'이라는 의미를 분명하게 밝히고 있다는 점이다. 『독립신문』에 보도된 관동대지진 관련 기사를 정리하면 〈표 6〉과 같다.

〈표 6〉『독립신문』에 게재된 관동대지진 관련 기사

날짜	기사 제목	주요 내용	비고
9.4	東京을 中心으로 한 敵國內의 大震災: 地震·暴風·海嘯·大火가 竝起하여 全市가 焦土로 化함	일본 동경 일대의 피해 소식을 전하는 한편, 한인들의 조직적 무장봉기, 200여 명 한인 일단이 八王寺 진입설 등을 무비판적으로 보도함	호외
9.19	敵地 災變에 대하여	피해 소식을 전함	1면 사설
	敵地의 大地震 大火災	首都와 名港이 全滅되어 可驚할 인명과 재산의 손해 사상자 50만 손해액 50억	2면
	在留同胞의 동정	일본 측의 유언비어를 가감 없이 수용하여 일부 한인들의 무장투쟁 사실을 보도하고, 일부 한인들의 피살 사실을 보도	2면
	我 임시정부에서 敵 정부 항의 제출: 災中韓人 학살에 대하여	천재지변의 화를 韓人에 전가, 軍營에 囚禁된 한인 1만 5천 명, 한인 慘殺 등 항의, 1만 5천 한인 석방, 생사자 조사 공포, 韓人虐殺 亂徒의 엄중 징벌 등 요구	3면

10.13	적의 죄악	軍에서 동포 11,100인 별도수용 후 宇田川 河畔에서 기관총으로 사살, 慘絕屠殺된 자 6,7千人	1면 톱
	일본 震災와 余의 辛苦(吳竹): 지진 始初의 광경	화재 당시의 광경, 收容餘裕地 탐방, 방화혐의로 被捉, 被捉同胞의 慘景	1면
	上海韓人僑民大會 집행위원	尹琦燮, 趙德津, 呂運亨, 趙琓九, 趙尙燮, 李裕弼, 金承學	1면, 광고
	흉독한 軍閥의 手에 大杉榮 一家 全滅		2면
	敵地 災後의 彙聞	사상된 總人數(사망자만 22만여 명), 소실된 總戶數, 부흥원의 설치, 일본의 負債國化, 교통기관의 손해, 도서관 손해 1억 원, 우편저금 3억 원 전부 사라짐, 토지소유권 불명, 石川島 조선 폐지, 災區同胞의 소식, 적 관리배의 추행, 强盜黨은 노동당	2면
	敵의 韓人 虐殺에 대한 上海 我 僑民大會	10월 5일 오후 8시 三一堂에서 개최한 교민 보고대회 및 결의문을 보도	3면 톱
	韓人 학살의 彙報	東京과 京城의 日文 및 韓文 신문, 통신, 중국 언론, 조사원 보고 등 각 출처별 소식을 종합, 한인들의 피해상과 곤경을 보도함	4면 톱
11.14	震災時 日政府虐殺 韓僑之大陰謀 發見		1면 2단, 中文版
12.5	1만의 희생자!!!	슬프다 7천의 가련한 동포가 敵地에서 피바다를 이루었다	1면 톱, 본사 被虐殺僑日同胞 특파조사원 제1신
	학살된 동포를 위하여 悽愴痛切 추도회		1면
	추도문		1면
	추도가		1면
	德國人이 目睹한 한인 慘殺사건		2면
	한인 학살에 대한 在美韓友會 궐기		2면
	可殺者 駐日美使 한인 학살설을 부정		2면
	千葉縣에서 생긴 한인 학살사건		2면
	한인 慘殺犯人을 겨우 징역 5년 이하		2면
	倭當局 詭譎手段		2면
	韓人 학살에 대한 日人의 詐論		4면 톱

12.26	뿌博士 訪問記(상)	韓人 大虐殺은 眞正	1면
	적에게 학살된 동포 橫濱에만 1만 5천	총계 2만 1천 6백여 명	2면
	殘極虐極한 慘狀		2면
1924. 1.1	敵 議會에 現한 韓人 虐殺問題	議員의 질문에 대하여 정부 當局은 답변 回避. 학살의 책임이 政府에 있다고	2면

『독립신문』에 보도된 관동대지진의 첫 기사는 1923년 9월 4일자 '호외'였다. '호외'는 국한문으로 작성되었는데, 주로 관동대지진으로 인한 일본의 혼란상과 피해 상황을 주로 보도되었다. 그러나 기사의 말무리에는 투쟁의 의미를 강조하였다. '호외'의 기사의 내용을 다음과 같다.

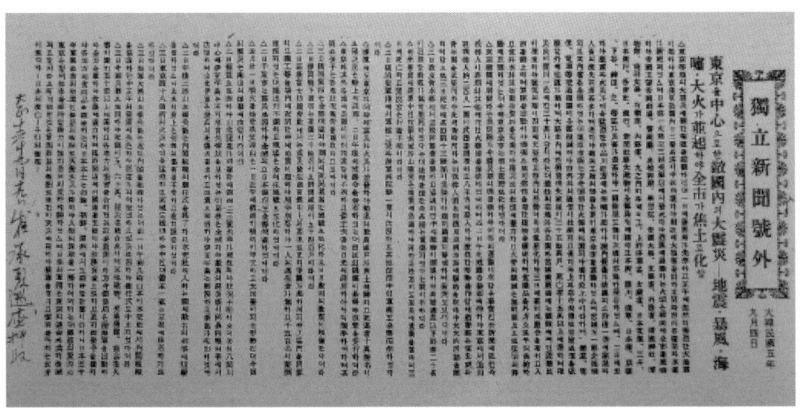

〈관동대지진 관련해서 발행한 『독립신문』 1923년 9월 4일자 '호외'〉

東京 등지의 대진재에 관한 보도를 縱觀하건데, 一日에 폭풍우가 先作하고 정오에 홀연히 강렬한 대지진이 起하여 東京 淺草公園 內 十二層 高塔이 半■崩壞하여 부근에 大損害를 出하고 동시 시내 각 權梁과 수도가 단절되었으며, 일본 제일 대상점 三越五服店에서 발화하여 열풍에 扇動하는 화염은 순간에 全市를 延燒하여 제국호텔, 제국극장, 경시청, 高輪御殿, 학습원, 제국대학, 문부성, 외무성, 精國神社, 박물

관, 상과대학, 有樂座, 내무성, 丸之內빌딩, 上野停車場, 大藏省, 일본 전기, 三井, 일본은행, 각 회사, 은행, 신문사 등 大建物이 전부 ■ 有에 歸하고 本所, 深川, 淺草, 日本橋, 京橋, 下谷, 神田, 芝 等 區가 災害가 最甚하여 一間餘屋도 無히 灰燼의 空地만 잔존하였으며, 二日에 至하여 激震과 火災가 더욱 猛烈한 中 品川近方에는 海嘯가 起하여 灣內燈臺가 破壞되고 沿邊一帶에 家屋와 人畜의 流失된 者 甚多하며 連하여 砲兵工廠의 爆發은 更히 東京 全市를 震動하였으며 宮城도 一部分 延燒되고 궁내성은 전소하였는데, 동경 시가는 방금 熖焰한 火海에 包圍되어 盛히 炎上이라 하며, 철도, 전신, 전차 등 교통기관이 全部 覆滅하여 시외와의 통신이 두절 되고 僅히 해상과 공중 비행기로 모험 통신을 의뢰할 외에 他道가 無하며 大路市內에만 倒潰 燒失 가옥이 三十五萬戶, 사망자 十五萬 이상에 達하며, 이재민이 深川 一邑에만 三十萬 가량이라는데, 爐餘의 空地와 各公園과 궁성 전 광장에는 饑餓에 빠진 피난민이 積至하여 號哭의 聲이 四面에 充溢하고 시내의 형세 더욱 混難惡化하여 三日에 遂히 戒嚴令을 布하고 入市를 금지하며 군대를 출동하여 폭탄으로 가연성을 帶한 건물을 爆破하며 食糧品을 外方으로부터 공급하고 食料水와 기타 위생자료를 모집하여 이재민의 구원에 진력하고 火勞의 鎭滅은 無■願及으로 猛■의 舞童에 放奏하였는데, 今에 동경 全市는 焦土荒野로 化하였다더라.

東京 橫濱에 거류하는 我 동포가 금번 재난의 機를 乘하여 何等의 운동이 有함은 사실인 바, 소문에 의한즉 我 韓人이 赤羽와 기타에 在한 화약고를 폭파하였다 하며, 또 二日 정오 계엄령 발포에 半하여 동경에서 追出된 我 韓人 二百人 一團이 무기를 휴대하고 八王寺에 聚入하여 격렬한 형세를 作함에 敵 警察은 官公吏 靑年團을 무장케 하여 此에 對峙케 하는데, 我 韓人團은 橫濱 東京 兩 方面에 연락을 取하여 대대적 활동을 開하려 함으로, 三日 夜半에 高田 第十三 師團이 출동하여 頗히 엄중히 경계하며 충돌도 있었다더라.

(중략)

일본 본토는 물론 조선, 만주에서도 징발할 계획이라 하니, 일본 五十年 軍團政治의 酷毒한 罪惡의 報酬로 天變大災가 降하여 인류의 罪孼을 一搖하여 버리는데, 죄악의 책원지 東京은 벌써 도시를 유지할 여력이 無히 昔日의 歸하였으며, 일본의 군벌은 동경의 운명과 공히 覆滅되고 말지라. 오직 가련한 것은 군단 죄악으로 보수를 來한 天롯이 罹하여 橫■을 당하고 慘苦를 叫하는 民衆이로다. 아- 일본의 滅亡 – 우리의 奮起86)

우선 『독립신문』은 관동대지진에 대해 보도하면서 일본을 '적국'이라고 구체적으로 밝혔다. 호외를 발행하면서 기사 제목에서 '동경을 중심으로 敵國 내의 대진재'라고 하여 일본을 투쟁의 대상임을 분명하게 인식하였다. 나아가 기사는 관동대지진을 '五十年 軍團政治의 酷毒한 罪惡의 報酬로 天變大災가 降'하였다고 보았으며, 이로 인해 '일본의 군벌은 동경의 운명과 공히 覆滅'되어야 한다고 하였다. 특히 기사 끝부분에서는 "아 일본의 滅亡 – 우리의 奮起"라고 하여 일본이 '멸망'하기를 기원하였으며, 나아가 독립운동의 가열찬 '투쟁'을 강조하였다.

이와 같은 인식은 『독립신문』 1923년 9월 19일자 기사에서도 보이고 있다.

> 東京 方面에 在留하는 我同胞들도 이번 震災에 많은 死傷者의 損害額을 生하였을 터이나 아직 詳細한 정보가 없거니와 다만 이미 보도된 바에 依컨대, 二日 정오 東京市에 敵의 계엄령이 발포됨에 의하여 同地의 我同胞가 逐出을 당하고 此 逐出을 당한 我側에서는 憤氣를 不勝하여 約 二百名 一團이 무기를 휴대하고 八王寺에 入하여 장차 如可한 활동을 개시하였으므로 敵地에서는 그의 官公吏와 靑年團에게 무기를 許給하여 韓人을 對敵케 하고 인하여 高田 제3사단은 출동시켜 我에 대한 경비를 行케 하였는데, 我側에서 東京 橫濱 方面에 대한 聯絡이 有하였다고 하고, 또한 東京 砲兵工廠 火藥庫의 爆破가 我韓人의 手로 되었다 하며, 그후 韓人이 所澤飛行場에 집합하였다가 적에게

---

86) 「동경을 중심으로 한 적국 내의 대진재: 지진·폭풍·해소·대화가 병기하여 전시가 초토로 화함」, 『독립신문』 호외, 1923년 9월 4일자.

격퇴한 바 되고, 三日에 敵 警視廳에서 韓人에 대한 緊急取締令을 發하였고, 또한 敵政府는 閣議로서 東京 在留의 一萬 五千名 韓人을 習志野兵營에 "수용하여 보호하기로 결정하였다 하니 此는 비록 보호의 美名에 付하나 其實은 我韓人의 장래를 우려하여 此를 병영에 감금하여 其들의 활동을 방지케 하는 것으로 보겠으며(하략)[87]

이 기사는 재일조선인의 동정을 보도한 것이지만 재일조선인의 투쟁을 엿볼 수 있다. 관동대지진이 일어나자 무장한 재일조선인 2백 명이 하치오지(八王寺)를 습격하였으며, 도쿄의 포병공창 화약고를 폭파하였다고 하였다. 그러나 이 기사는 재일조선인의 움직임을 적국 도쿄에서도 독립운동을 전개한 것으로 사실과 다르게 와전시킨 것이다. 뿐만 아니라 "韓國革命黨이 擧事하여 東京에서 市街戰"이 있었다고 하여 마치 재일조선인이 독립투쟁을 적극적으로 전개하고 있다는 점도 강조하였다. 이와 같은 내용은 중국 관내와 만주에서 활동하는 독립운동 진영에 사기를 진작시키기 위한 방안으로 보인다.

또한 재일조선인을 보호한다는 명목으로 치바현(千葉縣) 나라시노(習志野) 병영에 1만 5천여 명을 수용한 것은 겉으로는 '보호'라는 구실을 붙이고 있지만 실제적으로는 재일조선인이 독립운동 등을 전개할 우려가 있기 때문에 감금한 것이라고 하였다. 이러한 인식 역시 일본에서의 독립운동 세력을 탄압하는 것으로 해석하였다고 할 수 있다.

『독립신문』 1923년 9월 19일자 「적지 재변에 대하여」 사설은 여전이 일본을 '적'이라는 여실히 드러내고 있다. 당시 식민지 조선은 관서지역의 수해로 인해 수만 명의 이재민이 발생하는 등 어려운 상황에 대해 하늘을 원망하는 하였지만, 이는 적국에서 발생한 관동대지진에 비하면 그나마 다행

-----

[87] 「재류동포의 동정」, 『독립신문』 1923년 9월 19일자.

이라는 관점도 없지 않았다. 이러한 관점에서 관동대지진은 "大自然의 威力으로써 能히 東京, 橫濱은 말고 一旦에 그 全土를 太平洋 中에 投하여 形跡도 없이 할 수 있고, 그 全土를 燒하야 火海를 作할 수"도 있다고 하여, 적국 일본제국주의의 죄악에 대해 치명상을 준 '대재난'으로 인식하였다.[88]

뿐만 아니라 관동대지진은 일본에 적지 않은 타격을 가하였으므로 이를 계기로 "우리는 起하야 力을 蓄하고 藝를 修하야 勢를 作하면 天이 我에게 時를 與하리니, 敵의 災를 幸으로만 여길 것이 아니라 차라리 我의 作을 더욱 急히 할 것이로다"라고 하여, 독립의 기회를 만들자고 주장하였다.

『독립신문』은 호외에서도 밝혔듯이 관동대지진이 발생한 일본은 여전히 '敵地' 내지 '敵國'이었다. 이러한 인식은 『독립신문』 사설이나 기사에서도 그대로 드러내고 있다. 〈표 6〉의 관동대지진 관련 기사 제목에서 보듯이 『독립신문』은 일본에 대한 철저하게 적개심을 보이고 있으며, 독립투쟁의 대상이었다.

이러한 인식은 관동대지진으로 일본의 위세가 약화되고 이를 계기로 민족운동을 적극 전개하여 독립을 쟁취하려는 의지가 담겨져 있다고 볼 수 있다.

2. 관동대지진의 피해 상황 보도

『독립신문』은 관동대지진의 피해상황에 대해서 비교적 자세하고 적지 않은 기사로 보도하였다. 기사의 주요 내용은 일본의 참상이었다. 관동대

---

[88] 사설의 내용은 다음과 같다.
"(전략) 今日 敵의 國力이 저만치 減損됨이 我에게는 그만한 補充이 되는 것으로 볼 수 있고, 敵에게 그만한 打擊이 잇는 것이 我에게는 그만한 進就가 잇는 것으로 볼 수 있으니 오직 우리는 起하야 力을 蓄하고 藝를 修하야 勢를 作하면 天이 我에게 時를 與하리니, 敵의 災를 幸으로만 여길 것이 아니라 차라리 我의 作을 더욱 急히 할 것이로다."

지진의 주요 피해로는 당시 일본의 상징라고 할 수 있는 아사쿠사(淺草)의 12층 건물의 붕괴를 비롯하여 미츠코시 기모노점(三越吳服店) 소실, 제국호텔, 제국극장, 경시청, 다카나와 어전(高輪御殿), 학습원, 제국대학, 문부성, 외무성, 야스쿠니신사(精國神社), 박물관, 상과대학, 유락좌(有樂座), 내무성, 마루노우치(丸之內) 빌딩, 우에노 정거장(上野停車場), 대장성, 일본전기, 미쓰이(三井), 일본은행, 각 회사, 은행, 신문사 등의 붕괴와 화재로 인한 피해 상황을 알렸다. 뿐만 아니라 도쿄와 요코하마 등 관동지역 일대의 피해 상황도 적극 알리고자 하였다. 이는 호외라는 한정된 지면에서 '적국' 일본이 입은 피해를 최대한으로 기사화한 것이라고 할 수 있다.

『독립신문』 호외는 관동대지진이 일어난 직후인 9월 2일부터 3일까지의 상황을 보도하였는데, 그 내용은 다음과 같다.

> △ 三日 政友會本部에서 這般幹部會를 開하고 협의하던 중에 건물이 倒壞되어 高橋 總裁 이하 간부 20명이 피난할 여가가 無히 압사되었다는데, 후보를 접한 즉 高橋는 중상되었다는 설이 有하더라.
> △ 相州鎌倉에 避景중인 賀陽太妃와 山階宮은 지진에 부상하여 死하고 松方이도 震火에 중상을 당하여 3일에 사망하고 開院宮은 행방불명이라더라.
> △ 三日 橫須賀 군항에서 군함 二隻과 해군 병원선 一隻이 침몰하고 기타 정박 중인 군함도 전부 ■坐하였다더라.
> △ 橫濱에도 東京과 동시에 震災와 火災가 並發하여 船渠와 수만 가호가 焦土에 歸하고 사상자 十萬餘名이오, 이재민은 선성에 피난, 二日 오후에 계엄령을 발포하였는데, 시민의 기근이 심하여 약탈을 자행하더라.
> △ 東京과 其外 각지에 火難이 이렇게 심함에 불구하고 倭主 夫妻는 日光에 避居하여 아직 무사하다 하며, 그 攝政妻子는 각지 상황보고를 청취하고 있다더라.

△ 三日 橫須賀市는 전부 燒盡되어 도처에 死屍累한 地獄으로 化하고 日日 數回의 激震이 頻發한다더라.

△ 二日 靜岡縣下 피해는 사상 二千餘名이요, 도괴가옥이 五千四百戶이라더라.

△ 二日 箱根 富士방적회사에서는 震災 발생 전 賃金引上의 要求로 正히 爭議가 起하게 되어 공장 문을 폐쇄하고 職工 등을 場內에 密閉한 中에 지진이 起하여 屋宇 崩落하여 一人의 逃生者가 無하고 千五百名이 壓倒 埋沒되었는데, 掘出키 불능하고 현장은 全여 생지옥으로 化하였더라.

△ 二日 千葉市는 震災로 因하여 全滅되고 일본은행도 전부 燒盡하였다더라.

△ 去月 三十一日 분화를 始한 秩父連山은 一日 정오에 우연히 噴烟히 沖天하고 大爆發이 되는 형세인데, 今回의 震災는 此山의 爆發에 由함이라더라.

△ 二日 爆發로 因하여 山北隧道가 붕괴함에 第四二三號 열차가 매몰되어 狀況不明이요, 더욱이 八間川 중심에 伊豆半島는 不可形言의 慘狀이 呈하였는데, 箱根은 전멸하여 수만의 避難客이 阿鼻叫喚의 巷에서 방황하며, 山北 伊東은 幾萬의 사상자가 出하고 지진으로 인하여 伊豆半島는 陷沒하고 新島가 現出하였다.

△ 二日 오후 二時 山本權兵衛는 內閣組織의 親任式을 종료하고 水交社에 入하는 際에 수명의 자객에 저격을 당하였으나 山本의 신상은 하등의 상해를 不受하고 直히 隱姿하였더라.

△ 三日 東京 四十八個所의 火災는 더욱 猛烈하고 宮城도 延燒하는 중인데, 倭主 일가는 京都에 移居하기로 하였다더라.

△ 三日 해군대장 山本權兵衛는 徑히 內閣을 조직하였는데, 一日 오후 九時 山本이 水交社에서 내각 조직을 협의하던 중 정오의 강진에 실색하여 泥盜가 되어 탈출하고 진재로 인하여 親任式도 중지되었다더라.

△ 三日 今回 재난으로 인하여 사상이 五,六十萬 罹災者 幾百萬이며 기타 건물, 교통기관, 상품손실 등이 優히 五十億 이상에 達하고 각 지방의 손해를 합하면 其數는 莫測이라.

이들 기사는 관동대지진이 일어난 지 2, 3일 동안의 피해였지만, 부정확한 내용도 없지 않았다. 그렇지만 일본에서 발생한 관동대지진의 상황을 민족운동 진영에 신속하게 전달하기 위한 것이라고 할 수 있다.

이에 따라 『독립신문』이 호외 발행 이후 보름이 지난 정규 발행일인 9월 19일자에도 관동대지진의 피해 상황을 사설에서도 중요하게 논하였다. 사설 중 피해 상황과 관련된 내용은 다음과 같다.

〈『독립신문』1923년 9월 19일자 사설 「적지 재변에 대하여」〉

지난 八月 一日과 十三日 우리의 故國 西韓 一帶에 洪水와 海溢이 漲溢하여 人命과 財産에 不少한 損害를 始한데 對하여 우리는 天이 어찌 我民을 恤치 않으시는가 하여 一時 怨尤의 聲이 업지 아니 하였다. 그러나 우리에게 있은 그 災難은 今日 敵地에서 생긴 그 大地震 大火災에 比하면 可히 比倫치 못할 微少한 者이오. 또한 우리에게 있은 如許한 僅小의 災害는 將次 敵地에 내릴 大災難이 있을 先聲이었으며 아울러 天이 我民을 憐하심이 彼敵民보다 憂함을 알게 함이오. 또한 天地變化의 能이 吾人의 想到치 못할 데까지 大함을 表現함이라. 前後 六十年間 全國의 力을 擧하여 施設하여 東洋의 第一 大都라

稱하던 東京 大市와 全世에 通하는 關門이라 謂하던 橫濱 巨港이 不過 數分間에 瓦礫의 場을 成하고 不過 幾時間에 灰燼의 域을 作하여 昔日 輝煌燦爛의 區가 變하여 今日의 荒野가 되고, 昔日 行人如織하던 街가 變하여 今日 餓鬼가 啾啾하는 所가 되었으니, 이 어찌 吾人의 想像하던 바이며 人力의 所及할 바이리오.

敵은 그 今日에 在하여 그 如何히 思하는가 以若 叢爾小島의 夷族으로 일찍 我國의 惠를 蒙하고 歐美의 風을 倣하여 多少 發達의 域에 就하여 文化, 經濟, 藝術 等 幾個方面에 對하여 幾分間 先進이 되고 中樞가 되고 또한 悍暴한 本性을 逞하여 殺戮侵奪을 恣行하여 所謂 今日의 强이란 것을 恃하여 자못 傲慢妄肆 하여져서 敢히 雄心을 發하여 人을 侮하다가 今日의 此前古 未曾有의 天災地變을 當하였으니 敵은 今日도 오히려 悔悟의 念이 無한가.

大自然의 威力으로써 能히 東京, 橫濱은 말고 一旦에 그 全土를 太平洋 中에 投하여 形跡도 없이 할 수 있고, 그 全土를 燒하야 火海를 作할 수도 있나니, 昔日 所多 馬城의 火滅과 挪亞時代의 淹沒이다. 그 可能함을 表證하는 것이라. 今日 日本의 貫盈한 罪惡이 어찌 昔日 所多馬城人의 罪惡만 못하며 挪亞時代人의 罪惡만 못하리오. 만일 罪惡의 報應이 果然 있다 하면 日本 全土를 硫磺火로 燒하여 死海를 作하여도 오히려 足하지 못할지라.

天災地變은 말고 人事의 變遷으로 보더라도 一時一世를 掀動하던 暴威와 强力도 一旦에 墜하여 悽慘한 末路를 行하나니, 其例를 擧치 않아도 事事가 瞭然하도다. 國의 富함도 可히 誇할 者 아니요, 兵의 强함도 足히 恃할 者 아니라.

敵의 今日 當한 損害가 지금까지의 判明된 것만으로도 死亡된 人口가 四十餘萬이요, 損失된 財産이 五十億 以上이며 東京과 橫濱의 兩大 工兵廠과 橫須賀의 三大 軍艦이 烏有에 歸하였으니, 此等의 損害를 露日戰爭의 時에 被한 日本의 損害에 比하여도 其數가 오히려 遙히 超越하니, 即 露日戰爭의 時 日本의 死傷者가 十萬八千名이요, 軍事費가 十五億二千二百二十三萬元에 不過하였도다. 만일 軍事上으로써 今番에 생케 損害만치 생케 하려면 一百萬 以上의 兵力과 百億元 以上의 軍備를 要치 않으면 안 될지라.

하물며 東京은 人物의 集中地도 되었으니 今回의 死亡者 中에는 現今과 將來에 日本社會의 中樞가 될 만한 有名無名의 人材가 多하였을지니 다시 그만한 補充이 있으려면 많은 時日과 功力을 費하여야 할지요, 또한 이번에 損失된 軍備의 補充도 卒然間 容易한 일이 아니며 東京 一市의 復舊만도 三十年間의 長時日을 經치 않으면 能치 못하겠도다.[89]

사설에 의하면, 동양 제일의 도시라고 일컫는 도쿄와 전 세계로 통하는 관문 요코하마가 한순간에 '황야'가 되고 '餓鬼가 啾啾한 所'로 변하였다고 하였다. 뿐만 아니라 사망자가 40여 만 명, 손실액이 15억이 넘는다고 그 피해 상황을 전달하고자 하였다.

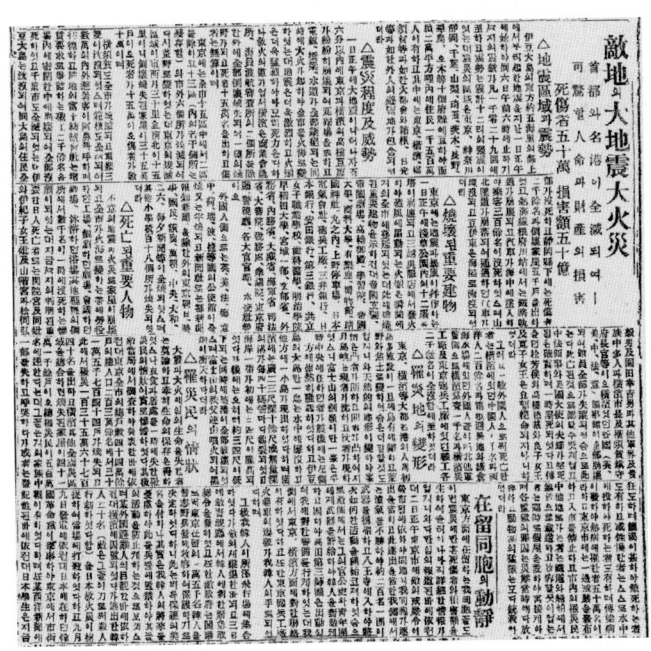

〈관동대지진의 피해상황을 보도한 『독립신문』 1923년 9월 19일자〉

• • • • •
[89] 「적지 재변에 대하여」, 『독립신문』 1923년 9월 19일자.

이어 『독립신문』은 9월 19일자 2면에 「적지의 대지진 대화재」라는 기사에 '地震區域과 震勢', '震災 程度와 威勢', '死亡된 重要 人物', '罹災地의 變形', '罹災民의 情況'이라는 부연 기사로 관동대지진의 정황을 소개하였다. 그리고 관동대지진으로 인한 피해를 "首都와 各港이 全滅되어 可驚할 人命과 財産의 損害", "死傷者 50萬 損害額 50億"이라고 밝히고 있다.[90]

이외에도 『독립신문』은 「敵地災後」라는 기사에 '사상자 총인수', '소실된 총 호수', '일본의 부채국화', '교통기관의 훼손', '도서관 손해 1억 원' 등 소제목으로 관동대지진의 피해를 보다 쉽게 이해할 수 있도록 전달하였다. 특히 『독립신문』 1923년 11월 10일자에는 관동대지진 피해의 총액은 1백 15억에 이르며, '전국 부력의 8분지 1'이 손실되었다고 하였다.[91]

관동대지진으로 일본의 경제적 피해는 적지 않았는데, 『독립신문』은 이를 적극적으로 보도한 것은 역시 일본의 국부가 유출됨으로써 국력이 약화되고, 이를 계기로 식민지로부터 벗어나고자 하는 독립 의지의 발로라고 할 수 있다.

3. 재일조선인 학살에 대한 대응

『독립신문』은 적국 일본에서 생활하고 있는 재일조선인의 안위에 대해

- - - - - -
[90] 「적지의 대지진 대화재」, 『독립신문』 1923년 9월 19일자.
[91] 「진재로 인한 적의 총손해액」, 『독립신문』 1923년 11월 10일자. 기사의 내용은 다음과 같다.
"敵地震災에 依하여 生한 物質上 損害에 對하여 其額數를 算出하기가 자못 容易치 안 터니, 最近 敵政府 側과 其他의 方面에서 가장 相當하고 正確한 統計를 基礎로 하여 算定한 바에 依하건대, 其損害額이 東京 市內에만 八十一億五千八百萬元이요, 東京府下의 七億八千萬元, 橫濱市의 七億元, 其他 重要한 被害區域의 分을 加하면 一百一億五千萬元에 達하는대 此는 民産만을 謂함인즉 此에 國有財産의 損害 約十三億七千萬元을 加하면 其實數가 一百十五億二千萬元에 達하는 바 三年前에 調査된 日本의 總富力 八百億元에 對한 約八分之一을 今番에 喪失하였더라."

서도 우려를 하였다. 유언비어와 계엄령으로 재일조선인이 학살당하고 있다고 보았다. 때문에 초기에는 재일조선인 학살에 대해 구체적인 내용을 기사화하지는 못했지만 '화약고를 폭파'를 폭파하였다거나 '무기를 휴대하였다' 등 유언비어에 대해서는 현지의 상황을 전달하고자 하였다. 그러나 재일조선인의 학살에 대해서는 아직 확인이 되지 않아 자세하게 기사화하지는 못하였다. 다만 "敵 警察은 官公吏 靑年團을 무장케 하여 此에 對峙케 하는데, 我 韓人團은 橫濱 東京 兩 方面에 연락을 取하여 대대적 활동을 開하려 함으로, 三日 夜半에 高田 第十三 師團이 출동하여 頗히 엄중히 경계하며 충돌"도 있었다고 하여, 현지에서의 재일조선인 학살을 충분히 예견할 수 있음을 강조하였다.

『독립신문』은 이와 같은 불안한 상황에서 재일조선인 학살과 관련된 첫 기사는 다음과 같이 보도하였다.

> 모 외국 피난민의 目睹한 바에 의하건대 橫濱에 수감되었다가 탈출한 韓人 二十名(敵은 그들이 刀로써 殺人行悖을 하였다 함)을 일본 救火員이 捕捉하여 當地에 打殺하였다 하고, 九月 九日 發電에 依컨대 일본에 在하던 韓國革命黨이 擧事하여 東京에서 市街戰이 有하였다 하며, 某 서양 신문에 揭載된 바에 依컨대 일본 학생은 지금도 이번 橫濱에 大火災가 起함은 韓人이 同地 美孚石油倉庫에 衝火함으로 되었다 하여 浪徒를 시켜 지난 一日에 韓人 五十名을 打殺시켰다 하는데, 日人 一輩이 竹杖과 鐵棒을 가지고 韓人 要部를 亂打하여 死케 하는 것을 기자가 目睹하였다 하고, 同地에 或 井中에 毒藥을 投하여 人을 死케 하며 人의 物品을 劫奪하는 等의 暴行이 우리 韓人들의 所爲라고 宣傳하여 지금 많은 韓人을 모두 虐殺되는 모양이더라.[92]

- - - - -
92) 「재류동포의 동정」, 『독립신문』 1923년 9월 19일자.

이 기사에 의하면, 관동대지진으로 무너진 요코하마의 한 형무소에서 탈출한 재일조선인 죄수 20여 명이 일본인에 의해 타살을 당하였으며, 또 모바일(美孚)석유창고에도 불을 질렀다는 유언비어로 50여 명이 타살을 당하였다는 것이다. 다만 이 기사의 사실 관계는 확인할 수 없지만 70여 명의 재일조선인이 학살당하였다는 것을 전하고 있다.

관동대지진 당시 재일조선인 학살은 관동대지진이 발생한 9월 1일부터 자행되었다. 즉 이날 밤 도쿄 구로다구(墨田區) 키네가와바시(木根川橋) 근처에서 창포와 칼로 무장한 일본인 무리가 재일조선인을 살해하였다.[93] 이후 '재일조선인이 폭동을 한다, 강간을 한다, 우물에 독약을 투입하였다'는 등의 유언비어들이 난무하였고, 이러한 유언비어를 사실로 받아들인 일본에서는 자경단, 경찰, 군이 관여하여 재일조선인을 집단적으로 학살하였다.[94] 앞에서도 언급하였지만 국내의 언론들은 재일조선인 학살에 대한 기사를 전혀 보도하지 못하였다.

이에 비해 『독립신문』은 재일조선인 학살에 대해 보다 관심 있게 보도할 수 있었다. 이는 『독립신문』을 발행하는 상해가 조선총독부의 언론 통제의 영향이 미치지 못하는 곳이기 때문이었다. 이에 따라 『독립신문』은 식민지 조선의 언론보다 재일조선인 학살을 보다 구체적으로 보도하였다.

기사에 의하면 "井中에 毒藥을 投하여 人을 死케 하며 人의 物品을 劫奪하는 等의 暴行이 우리 韓人들의 所爲라고 宣傳"이라고 하여, 재일조선인이 일본인을 죽이기 위해 우물에 독극물을 넣었다, 물건을 빼앗는다는 등

- - - - -

[93] 山田昭次, 『關東大震災時の朝鮮人虐殺その後: 虐殺の國家責任と民衆責任』, 倉史社, 2011, 73~74쪽.
[94] 관동대지진 당시 재일조선인 학살에 대해서는 姜德相, 山田昭次, 강효숙 등의 연구를 참조할 것.

유언비어가 있었다는 점을 언급하고 있다. 이는 관동대지진 당시 재일조선인에 대한 유언비어가 실제로 있었다는 점에서 사실을 전하였다.

그런데 문제는 유언비어는 유언비어로 끝난 것이 아니라 재일조선인 학살로 이어졌다. 『독립신문』은 우선 요코하마(橫濱)의 한 감옥에서 탈출한 재일조선인 20여 명이 칼을 가지고 일본인을 죽이려 한다는 유언비어에 학살당한 재일조선인과 모바일(美孚)석유창고에 재일조선인이 불을 질렀다는 유언비어에 학살당한 재일조선인의 동향을 기사로 다루었다. 이는 당시 사실에 부합한 것인지는 확인할 수는 없지만, 관동대지진 당시 재일조선인이 학살당하고 있다는 점을 부각시켰다. 이는 재일조선인 살해를 단순한 것으로 인식한 것이 아니라 '학살 사건'으로 이슈화하였다고 할 수 있다.

재일조선인 학살에 대해 대한민국 임시정부는 외교총장 조소앙의 명의로 일본 정부에 '항의서'를 제출하였는데, 『독립신문』은 이를 전재하여 보도하였다. '항의서'의 내용은 다음과 같다.

> 天地가 合力하여 禍를 日本에 降함에 三都의 火片이 一切 幾空함에 聞者는 惻怛하여 思讎의 間이 없거늘, 何期 此時에 사람이 殺氣를 發하여 天災地變으로써 禍를 韓人에 嫁하야 日 放火者도 韓人이요 擲彈者도 韓人이라 하야, 動兵宣戰하고 大敵에 臨함과 같이 하야 民軍을 激動하여 武器를 借與하여 老幼나 學工을 勿論하고 韓人이면 다 屠戮하라고 水深火熱을 不分하고 韓人이면 戮하라 하야, 九月 一日부터 七日까지의 間에 韓人이 大道에 亂殺된 者 每日 五十人이요 軍營에 囚禁된 者 一萬 五千人임을 中外記者가 目覩하고 報道한 者이니, 韓人을 收容함은 保護함이라 하고 韓人을 慘殺함은 狂民의 亂行이라 藉稱하나 그 뉘가 信하고 宥하리오. 敞 政府는 此를 참아 容認치 못할지라. 大抵 敵과 敵의 間에 戰하되 法을 守할 것이어늘 災民을 虐殺함은 人의 敢爲할 바 아니라. 況且 此災區에 在한 韓人은 子子肉塊로 邊邊

히 圖生함인즉 力으로도 可히 戰할 者 아니오. 情으로도 可히 殺할 者 아니라. 이제 戰하고 殺함은 이 蠻者의 蠻行이라 天의 大警을 受코도 悔禍의 望이 無하고 人의 同情을 求하나 스스로 人에 絶할지라. 此는 人과 天으로 더불어 挑戰함이니 敵 政府가 日本 人民을 爲하여 痛哀함이 甚하도다. 冀컨대 빨리 補救하되 조금도 緩弛치 못할지니 此 書를 受한 지 五日 以內에 左開 各項을 査明辦理하고 곧 敵 政府外 抗議에 對한 答覆을 與하라.

一. 非法强囚한 一萬 五千의 韓人을 곧 放釋할 일.
一. 무릇 災區에 屬한 韓人 生死者의 姓名, 年齡, 住所를 切實히 調査하야 公布할 일.
一. 韓人을 虐殺한 亂徒는 無論 官民하고 嚴重 懲辦할 일.[95]

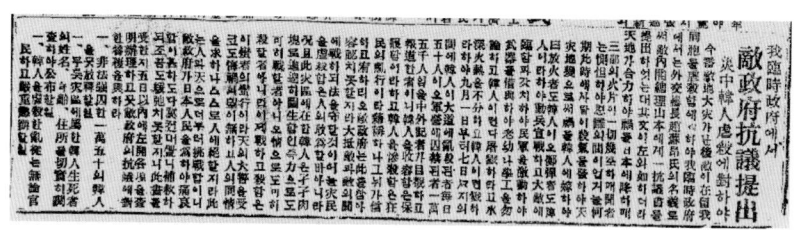

〈『독립신문』 1923년 9월 19일자에 게재된 대한민국임시정부의 재일조선인 학살 항의서〉

'항의서'에 의하면, 천재지변 즉 관동대지진의 화를 재일조선인에게 돌리고, 재일조선인이 방화, 착탄한다고 9월 1일부터 7일까지 매일 50여 명이 학살당하였으며, 1만 5천 명을 보호라 하여 강제로 수용하고 만행을 지적하고, 인도적 차원에서 수용된 재일조선인의 석방, 재일조선인의 생사를 조사하여 공포, 학살자의 처벌 등을 강력하게 요구하였다.

『독립신문』은 이 항의서에 대한 일본 정부 참무부 육군차장의 진상 발

-----

95) 「我臨時政府에서 敵政府 항의 제출」, 『독립신문』 1923년 9월 19일자.

표를 「한인학살에 대한 적의 발표」라는 답변 기사를 게재하였다. 그 내용은 다음과 같다.

一. 災害에 對하야 一部 鮮人은 石油와 爆彈 等을 使用하여 火災를 蔓延케 하려고, 또 毒藥을 井中에 投하며 或은 掠奪 强姦을 行하는 等의 暴行을 한 事實이 있고, 또 避難 路上의 橋梁 及 船橋와 無線電信局을 爆破하려한 形跡이 있으며, 引續的 犯行을 調査 中에서 韓人의 暗號 爆藥 等을 發見하는 中이오.

二. 大震災를 繼하여 起한 大火災의 當時는 民衆의 昂憤이 其極에 達하여 第一項과 如한 韓人 外 現行 或은 少數 誤解의 風說 때문에 雜踏하는 民衆의 間에 鬪爭混亂을 生하여 一般 罹災民으로서 傷害된 者가 不少한 바, 其中에 現行犯 其他의 事情으로 因하여 殺傷된 韓人이 있을 터이오.

三. 韓人의 暴行 等에 關한 風說은 震災地 及 其 附近의 極度로 昂憤된 民心에 큰 刺戟을 與하여 風評이 風評을 生하였으니, 대개 從來 在留의 不良韓人이 上海 及 西比利亞 方面의 不逞韓人 及 邦人 中 不穩分子로 더불어 氣脈을 通하여 極히 暴虐한 擧措를 行하려 한다는 說이 一部의 民間에 信聽됨에 依함이오.

四. 一部 不良의 徒를 除한 外의 一般 韓人은 順良하여 震災가 나자 곧 官憲은 最善을 다하여 韓人 救護에 努力하야 軍隊, 警察, 團體 及 個人 等이 充分한 保護를 加하고 規定한 場所에 收容하여 衣食을 供給하였으니, 其 數가 目下 五千에 達하고 其中의 數百名은 벌써 安頓되여 復舊事業에 服務하며, 震災地 外에서는 官憲과 會社가 共히 保護에 意를 加하여 平常과 如히 業務에 服케 하며,

五. 支那人 中에도 傷害된 者 數名이 있으나 第二項의 混亂한 渦中에서 或은 韓人으로 誤認된 者인대, 邦人으로서도 同樣의 難을 當한 者가 多數이니 非常한 混亂 中에 不得已한 일이라.[96]

- - - - -
[96] 「한인학살에 대한 적의 발표」, 『독립신문』 1923년 10월 13일자.

일본 정부의 답변[97]은 지극히 형식적인 것으로 재일조선인 방화, 약탈, 강간, 폭파 등 위협적인 행위를 한 것은 사실이며, 이에 일본 민중들이 분기하여 재일조선인을 학살하게 된 것은 부득이한 일이었다는 것이다. 그리고 재일조선인의 이러한 불량활동은 상하이의 대한민국 임시정부와 연해주에서 활동하는 독립운동 세력과 '기맥'이 통하여 발생한 것이라고 그 원인을 전가하였다. 나아가 일본 정부가 관동대지진이 일어나자 재일조선인을 구호하는 데 최선을 다하고 있다는 하였다. 결국 답변서의 내용은 재일조선인 학살은 임시정부와 내통한 재일조선인의 불량활동 때문이었다는 책임전가에 불과하였다. 이에 대해 임시정부는 "韓人을 虐殺한 일은 敵도 自認하는 바이요, 韓人을 虐殺하였다는 理由가 모두 捏造的"이라고 비판하였다. 그리고 우물에 독약을 풀었다는 것도 일본 정부에 의해 아무런 독기가 없다고 발표하였다고 하여 일본의 무성의한 답변서를 질책하였다.

이처럼 관동대지진이 발생한 지역에서 재일조선인이 학살당하고 있다는 소식을 접한 대한민국 임시정부는 재일조선인 학살의 진상을 파악하는 데 주력하였다. 1923년 10월 5일 임시정부 주도로 상해에 거주하는 한인들은 재일조선인 학살 사건을 조사하여 일본 및 일본인의 포악함을 비판, 성토하고 중국 등 세계 각지에 널리 알리기 위해 교민대회를 개최하고 『독립신문』 사장 김승학을 포함하여 여운형, 조덕진, 조상섭, 이유필, 윤기섭, 조완구 등 7명을 집행위원으로 선출하였다.[98]

・・・・・

[97] 일본정부의 또 다른 답변은 상해총영사를 통해 발표한 바 있다. 그 내용은 다음과 같다. "今回 震災와 火災로 因하야 上下混亂의 期를 乘하야 一部 韓人中 或은 放火하며 或은 爆藥이 凶器를 가지고 市內를 徘徊하다가 掠奪暴行을 한 일이 잇슬 뿐 아니라 此에 續하야 流言이 盛行되여 따라 昂奮된 一般人心은 極度에 刺戟되고 不逞韓人過激主義者의 行動에 對한 社會一般의 疑惑은 一層激發되여 그 結果로 避難民이 隨處에서 紛糾를 生하야 殺傷된 者도 不少한지라 官憲은 韓人側에 對한 誤解를 풀며 人心을 緩和케 하기에 努力하는 同時에 他方罹災韓人을 各處一定한 場所에 收容하야 被服食糧을 供給하야 充分한 保護를 與하엿노라(下略)"(「災時韓人에 대한 敵外務省의 發表」, 『독립신문』 1923년 11월 10일자)

이러한 결의에 따라 『독립신문』 10월 13일자에는 「적의 죄악」이는 사설을 게재하여 재일조선인을 학살한 일본의 죄악상을 고발하고 있다.[99] 그

- - - - -

[98] 「敵의 한인학살에 대한 上海我僑民大會」, 『독립신문』 1923년 10월 13일자. 교민대회에서는 다음의 결의사항을 정하였다.
"一, 금후로 그 실상을 더욱 자세히 조사하며 또는 필요한 계획을 진행할 것. 一, 內로 동포에게 警醒의 격문을 發하며, 外로 열강에 대하여 일본의 부도덕적 만행을 선포하는 동시에 助桀爲虐과 동일한 의연의 공급을 중지하기를 요구할 일"

[99] 「적의 죄악」, 『독립신문』 1923년 10월 13일자. 사설의 내용은 다음과 같다.
"우리들의 끌는 피와 사모치는 恨이 더 忍할 수 업는 今番 敵倭의 暴惡한 心行을 擧하야 海內外同胞에게 告하며 따라서 더욱 一致된 理性으로 敵倭를 撲滅하며 祖國을 光復하야 自由를 엇기를 渴望하노라. 敵의 이번 震災는 奇異한 災禍라. 一時에 爆發되는 그 形勢가 참으로 天罰을 受함이니 二百萬 首都요 文化政治의 中心地인 東京이 瞥眼間에 잿덤이가 되엿으며 對外貿易의 門戶인 橫濱이며 擁都要塞인 橫須賀軍港이 同時에 全滅하야 人命의 損失이 四五十萬이며 財産의 蕩敗가 六七十億에 達하엿도다. 變이 倉卒에 來하니 사람마다 살기를 圖謀하노라. 他에 겨를이 업는 이때에 더 殘毒無道한 敵倭는 謠言을 지어 煽動하면서 警察은 民衆에게 武器를 特許하야 우리 同胞를 撲殺게 하며 軍隊는 災民保護라는 稱托 下에서 우리 同胞 萬千百人을 山谷에 모라 嚴密하게 防守하며 監獄에 罪囚처럼 坐臥起居를 任意로 못하게 하며 그 中에 골나 내여 宇田川河畔에서 機關鎗으로 쏘아 죽엿도다. 그리고도 救援의 길을 끈으며 調査의 報道를 禁止하야 慘絶한 屠殺을 行함이 六七千人에 不下하니 이 엇지 天道가 無心할가. 今日의 이 慘劇을 忍行함은 時機를 맛나면 滅絶코져 하는 其心의 表現이 加一層 환하도다. 우리들은 이 寃讐를 何日에 伸雪하려 하나뇨. 우리의 몸에 아즉 撲殺의 쇠몽치 오지 아니하야 잘 살니라 생각하나뇨. 이러한 慘變을 當하고도 呼訴할 곳이 업다 하면 이 人生이 그다지 貴할 것이 무엇인고. 所謂 文明이니 人道이니 하는 이론上이 果然 이러한가. 不共戴天이 義分으로 뿐 아니라 自衛上으로 自存上으로 敵의 羈勒을 무一日 擺脫치 못하면 우리의 生命은 늘 빼앗기고 잇으니 반다시 刀와 鐵槌와 繡捕로 親身에 맛 본 후에야 비로소 알 바이 아님이 아닌가. 우리는 무엇을 앗기여 나아가기를 져여할고. 우리는 父母와 兄弟와 妻子와 自身이 한아도 업다. 우리는 穀食과 布木과 第宅과 家具가 한아도 업다. 우리는 榮譽와 名利와 快樂과 幸福이 한아도 업다. 무엇을 爲하야 苟且한 生命을 苟且히 保持하려 하나뇨. 苟且히 保持하려도 保持치 못하는 生命을 더 무엇을 기다려 苟且에 苟且를 講究하나뇨. 우리는 살길을 開拓하지 안이하면 죽는 것뿐이니 우리는 우리의 國家를 光復하야 우리의 自由를 엇지 못하면 오즉 오날 내일에 生命은 죽고 氏族은 滅亡할 뿐이라 「自由를 주지 안으면 죽음을 주소서」 한 말이 더욱 우리의 깁히 맛보고 感覺하는 것이 아닌가. 이리해도 죽고 져리 해도 죽을진대 더욱 이 快하게 사내답게 빗나게 最下로 고기 갑이라도 하고 죽는 것이 엇지 떳떳지 아니한가. 엇지 하날이 無心하리오. 罪惡에 싸인 者는 반다시 그 罰을 免치 못하나니 今日 彼의 當한 바를 다만 科學上으로만 窮究치 마라. 無聲無臭한 天理消長을 한번 도라볼지어다. 今日 彼의 鉅災는 彼의 自召라 彼의 運命은 벌서 消鑠과 滅亡의 道에 入하엿나니 그뿐 아니라 우리에게 勃興할 자루를 빌님이니 한번 가면 한번 도라오고 꺽인 것이 페이는 天神의 갈으침이

리고 "슬프고 아프도다. 우리 同胞여. 一致하게 生路를 開石할지어다. 우리들이 爲先 慘虐을 當한 同胞의 事情을 아는 대로 記錄하야 同胞의 앞에 받치노니, 눈물과 恨과 아픔과 쓰림을 勇猛과 決斷과 一致와 犧牲으로 쓸어버리고 固有한 光榮과 幸福을 此時로써 차자 누려볼지어다"라고 하여, 재일조선인 학살을 기록으로 남기고자 하였다.

이에 따라 『독립신문』은 관동대지진 당시 재일조선인 학살 사건을 중요하게 다루었다. 같은 날 『독립신문』 4면 「한인 학살의 휘보」라는 특집기사에서는 재일조선인의 학살 사건을 자세하게 취급하였다. 『독립신문』에 게재된 재일조선인 학살과 관련된 내용을 간추려보면 다음과 같다.

△ 八王寺 二百餘人이 橫行하엿다 함은 벌써 다 죽었는데 무슨 船橋의 일이 다시 있으리오. 東京과 橫濱 사이에 미쳐 죽이지 못하여 목숨이 남아있는 學生과 工人들은 벌써 二日 三日 두 날 사이에 죽인 것은 죽고 나머지는 가두었으니 이 무엇이니 하는 것이 말이 되는가. 어떠하니 무엇이니 하여 떠들고 불어 넘기어 참으로 큰 대적이나 만난 듯이 함은 그 虐殺한 罪를 가리우고자 함이 환한즉 누구를 다시 속이리오. 東京電, 韓人이 일을 일으켰다는 것은 모두 실상은 아니라 云云.(以上 九月八日 新聞報專電)

△ 이 때에 능히 불 놓을 겨를이 있을까. 神戶 七日電 日本 災區의 질서가 회복되지 못하고 浪人들이 橫濱에 잇는 韓人을 다 죽이겠다는 말이 있어 軍隊의 탄압도 아직 못 되고, 日本學生들이 말하되 韓人의 謀亂者들이 日曜日에 美孚石油會社 창고에다가 불을 노아 모다 불이 벌어졌으니 이번 火災의 損失을 韓人에게 責任을

· · · · ·

매우 미묘하도다. 쥬는 것을 밧지 못하며 때가 오되 하지 아이하면 그 살고 못살음을 뉘에게 恨할고. 同胞여 우리는 무엇으로나 일어나지 아니할 수 업도다 무엇으로나 살기 爲하야 죽기내기 아니할 수 업도다 슬푸고 압흐도다. 우리 同胞여. 一致하게 生路를 開石할지어다. 우리들이 爲先 慘虐을 當한 同胞의 事情을 아는대로 記錄하야 同胞의 압헤 밧치노니 눈물과 恨과 압흠과 쓰림을 勇猛과 決斷과 一致와 犧牲으로 쓰러바리고 固有한 光榮과 幸福을 此時로써 차자 누려볼지어다."

돌니라 하며 學生들이 韓人에게 對하야 加害하기를 힘써 도모하는지라 한 韓人이 竹器와 鐵器를 가진 한 떼 日人에게 얻어맞아 頭腦가 깨어진 것을 記者도 보았노라. 此等 暴行이 日曜日로부터 이 따위 殘忍한 行動을 시작하야 하로 사이에 韓人 約 五十人을 죽였다 함 云云.(下略)(以上 九月九日 大陸報)

△ 安徽留日被災學生團이 各處에 편지한 바 (上略) 마침 韓人이 불을 놓았다는 풍설이 있음으로 東京 秩序가 크게 어지러워지며 日本人의 在鄕軍人과 人民들이 靑年團을 組織하야 終日 韓人을 차자 죽이기로 일을 삼으며, 甚한 者는 우리 華僑와 留學生들을 길에서 만나면 곳 에워싸고 韓人이라고 말하며 칼날을 삐기고 함부로 때리며 비록 再三分 卞하나 듣지 아니하고 때리며 辱하고 다시 獄에 가두며 여러 가지로 證明이 된 후에야 비로소 放釋하였다.(下略)(以上 九月二十六日 新聞報)

△ (上略) 最近 日本이 大地震할 때에 日本戒嚴軍人들이 東京에 在留한 韓人 全部를 잡아 가두고 平日에 牛馬의 대우에 服從치 아니하는 者 數百人을 가리어 宇田川 河畔에 몰아다 놓고 機關銃으로 쏘아 죽였으며, 此外에도 市街 中에서 만일 韓人의 다니는 것을 보면 軍人이 任意로 쏘아 죽이니, 中國 留日學生도 또한 만이 韓人으로 그릇 알아 日兵에게 포살된 人이 적지 아니하니 이따위 人道가 없고 사나운 짐승 같은 거동을 文明程度가 매우 높으며 人道가 밝은 二十世紀에 또 본다.(下略)(以上 中國人 警告 全國熱心日賑諸君書)

△ (上略) 三日 上午에 火勢가 적어 꺼지며 忽然히 韓人이 放火하엿다는 말이 단니매 市民들이 크게 공황하며 各處에다가 「조선인이 放火하니 각각 방비하라」는 等 榜을 부치며 各구역에 靑年團員들은 모다 各各 쇠몽동이와 竹鎗과 短刀 等의 種類를 가지고 밤낮 지키며, 무뢰한들은 이 時機를 타서 韓人을 보면 곳 쇠몽치로 亂打하고 혹 돌로 때리며 「조선인은 때려 죽여도 無關이다」는 소리가 到處에 傳하니, 韓人들의 액화가 심히 많았으며, 지금 있는 五六百人 韓人이 收容所에 있어 敢이 單獨으로 나오지 못하며 官廳에서는 비록 救濟한다 하나 韓人들은 크게 疑懼하더라 云云.(以上 在東京 十五日發 調査員 報告 載申報)[100]

이들 기사는 재일조선인 학살에 대한 구체적인 것보다는 중국 언론에 게재되었던 것을 정리하여 보도한 듯하다. 기사에 따르면 하치오지(八王寺)에서 2백 명의 재일조선인이 학살당한 것을 비롯하여 우다가와(宇田川)의 재일조선인 기관총 학살, 모바일(美孚)석유회사 학살 등으로 수백 명이 학살당하였다. 뿐만 아니라 학살 과정도 '칼날을 삐기고 함부로 때리며', '쇠몽치로 亂打하고 혹 돌로 때리며' 등 잔인하게 살해하였다. 특히 재향군인회와 청년단으로 조직된 자경단은 '조선인은 때려 죽여도 무관이다'라고 하여, 재일조선인을 무차별적으로 살해하였음을 알 수 있다.

이와 관련하여 조선신보사 사회부장 노자키 신조(野崎眞三)는 관동대지진 지역을 시찰한 후 식민지 조선에서 보고회를 개최하였는데, 이때 "韓人의 暴行이라는 것은 전혀 無根한 風說이요, 모모 團體를 組織하여 가지고 작탄을 던지며 건물을 파괴하고 人命을 殺傷한다는 事도 또한 무근의 말이요. 소위 우물에 藥을 던졌다는 그 우물물을 곧 먹어도 관계가 없고 이뿐만 아니라 其他 各方面으로 이런 등사를 調査하였으나 하나도 發見치 못하였다"한 기사도 소개하여 유언비어가 사실이 아니었다는 것을 보도하였다.

재일조선인 학살과 관련하여 『독립신문』에서 중요하게 관심을 가지고 보도한 것은 '재일조선인이 얼마나 학살되었는가' 하는 점이었다. 관동대지진의 피해가 어느 정도 진정되자 일본 정부는 학살된 재일조선인의 수를 발표하였다. 일본 정부가 학살된 재일조선인의 수를 발표한 것은 대한민국 임시정부의 항의서와 꾸준히 전개한 학살 관련 문제 제기와 세계 각국에 널리 알려 세론을 환기시켰기 때문으로 풀이된다. 『독립신문』은 일본 측에서 발표를 다음과 같이 보도하였다.

---

100) 「한인학살의 휘보」, 『독립신문』 1923년 10월 13일자.

被殺 同胞

▶琦玉縣 本庄村에서 男女 學生 勞働者 百二十名
▶熊谷에서 勞働者 五十八名
▶羣馬縣 藤岡警察 管內에서 土工 十六名
▶千葉縣 船橋에서 工夫 十數名
▶橫濱에서 土工, 勞働者 多數
▶巢鶴에서 一名(閔麟植)[101]

일본 정부에서 발표한 학살된 재일조선인은 사이타마현(琦玉縣) 혼조촌(本庄村)에서 120명, 역시 사이타마현의 구마가야(熊谷)에서 58명, 군마현(羣馬縣) 후지오카(藤岡) 경찰서 관내에서 16명, 치바현(千葉縣) 후나바시(船橋)에서 10수 명, 요코하마(橫濱)에서 다수, 스가하츠(巢鶴)에서 1명 등으로 3백여 명에 불과하였다. 그리고 학살당한 재일조선인은 주로 학생, 노동자였다. 그러나 일본 정부에서 발표한 학살된 재일조선인 수는 축소 왜곡된 것이었다.[102]

이에 대해 『독립신문』은 본사 피학살교일동포 특파원 조사원[103]의 보고를 통해 학살당한 재일조선인을 지역별로 발표하였는데 무려 6,661명이었다.[104] 이는 일본 정부의 발표와 적지 않은 차이를 보이고 있는데, 『독립신문』에 게재된 재일조선인 학살은 〈표 7〉과 같다.

·····
101) 「적이 발표한 피살한인의 총수」, 『독립신문』 1923년 11월 10일자.
102) 일본 사법성 조사에 따른 학살된 재일조선인 수는 230여 명이었으며, 요시노 사쿠조(吉野作造)의 조사에 의하면 2,711명이었다.
103) 『독립신문』은 본사 피학살교일동포 특파원 조사원은 일본 나고야(名古屋) 잡지사에 근무하고 있는 韓世復(본명 韓光洙)으로 추정된다. 『독립신문』 사장 김승학은 관동대지진이 발생하자 한세복을 도쿄 등지로 파견하여 재일조선인 학살의 진상을 파악하도록 하였다(김승학, 「망명객 행적록」, 『한국독립운동사연구』 12, 독립기념관 한국독립운동사연구소, 1999, 431~432쪽).
104) 이 재일조선인 학살 보고서는 한세복 혼자서 조사한 것이 아니라 당시 일본에 조직된 재일본관동지방 이재조선동포위문단의 도움이 적지 않았을 것으로 추정된다.

〈표 7〉『독립신문』에 게재된 재일조선인 학살자 수

피살지 (학살된 곳)	피살인 수 (학살된 재일조선인 수)	비고
龜戶	一百人	
龜戶停車場前	二人	
大島六丁目	二十六人	
同七丁目	六人	
同八丁目	一百五十人	
小松川附近	二人	
同區域內	二百二十人	
小松川附近	二十人	
同區域內	一人	
同區域內	二十六人	
平井	七人	
淸水飛行場附近	二十七人	
八千代	二人	
寺島署內	十四人	
月島	十一人	
三戶地	二十七人	
三戶地附近	三十二人	
龜戶警察署 演武場 騎兵 二十三聯隊 少尉 田村 刺殺	八十六人	屍體도 못 차진 同胞
深川	四人	
向島	四十三人	
寺島淸地	十四人	
埼玉縣芝公園	二人	
埼玉縣熊谷	六十人	
埼玉縣本庄	六十三人	
千葉縣船橋	三十七人	
千葉縣法殿村, 塚田村	六十人	
千葉縣南行德	三人	
千葉縣流山	一人	
千葉縣佐原	七人	
千葉縣馬橋	三人	
埼玉縣北葛飾早稻村大字幸房에서 漆谷人	十七人	
品川停車場前	二人	
茨城縣東那須野	一人	
宇都宮	三人	
羣馬縣藤岡警察署內	十七人	
埼玉縣寄居	十三人	
埼玉縣妻沼	十四人	
中野(東京府下)管內	一人	

世田谷東京(府下)	三人	
東京府中	二人	
千葉市	三十七人	
成田	二十七人	
波川	二人	
我孫子	三人	
馬橋	三人	
千住(東京市內)	一人	
淺草區吾妻橋附近	八十人	
長野縣과 埼玉縣의 境界	二人	
埼玉縣大宮	一人	
同縣神保原	二十五人	
荒川附近	十七人	
同區域內	一百人	
赤羽岩淵(工兵에게)	一人	
神奈川縣	千七百九十五人	
소계	三千二百四十人	
발견 장소	시체수	비고
神奈川淺野造船所	四十八人	
神奈川警察署	三人	
程谷	三十一人	
井戶谷	三十人	
根岸町	三十五人	
土方橋로 八幡橋까지	一百三人	
中村町	二人	
本牧	三十二人	
山手町埋地	一人	
御殿町附近	四十人	
山手本町警察署立野派出所	二人	
若屋別莊	十人	
新子安町	十人	
子安町에서 神奈川停車場까지	一百五十人	
神奈川鐵橋	五百人	
東海道茅崎停車場前	二人	
久良岐郡金澤村	十二人	
鶴見附近	七人	
川崎	四人	
久保町	三十人	
戶部	三十人	
津間町	四十人	
水戶●鴨山	三十人	
九月六日頃에 習志野軍人營廠	十三人	

피살지	피살자수	비고
소계	一千一百六十五人	
누계	四千四百〇五人	
東京府	七百五十二人	第一次調査를 終了한 十一月二十五日에 다시 各縣으로부터 寄來한 報告는
埼玉縣	二百九十三人	
朽木縣	四人	
千葉縣	一百三十三人	
羣馬縣	十七人	
茨城縣	五人	
神奈川縣	一千五十二人	
소계	二千二百五十六人	
총합계	六千六百六十一人	

〈표 9〉에 의하면, 재일조선인이 학살된 지역은 도쿄부(東京府), 사이타마현(埼玉縣), 치바현(千葉縣), 군마현(羣馬縣), 도치기현(栃木縣), 이바라키현(茨城縣), 가나가와현(神奈川縣) 등으로 관동대지진이 발생한 거의 전 지역에 해당된다. 지역별로 보면 도쿄부에서 1,781명, 사이타마현에서 488명, 치바현에서 329명, 도치기현에서 8명, 군마현에서 34명, 이바라키현에서 5명, 가나가와현에서 3,999명 등 모두 6,661명이 학살당하였다.

그렇지만 『독립신문』 1923년 12월 26일에 의하면 재일조선인 학살은 조사원 보고보다 많은 부르크하르트 박사[105])의 증언도 게재하였다. 독일 출신인 부르크하르트 박사는 관동대지진이 발생한 지역을 방문한 후 재일조선인 학살을 목격하고 일본의 만행을 비판하였는데, 그는 요코하마(橫濱)에서만 1만 5천여 명의 재일조선인이 학살당하였다고 증언하였다.[106]) 이에 따라 『독립신문』은 관동대지진에서 학살된 재일조선인은 2만 1천 6백여 명이라고 밝혔다.

이와 같은 재일조선인 학살을 주도한 것은 자경단과 군경이었다. 이에

---

105) 『독립신문』에서는 1923년 2월 26일과 1924년 1월 19일자에 「뿌박사의 방문기」(상)·(하)에 거쳐 게재한 바 있다.
106) 「적에게 학살된 동포 횡빈에서만 1만 5천」, 『독립신문』 1923년 12월 26일자.

대해서도 『독립신문』은 '자경단의 폭행'과 '군경의 불법 학살'을 기사로 보도하였는데, 그 내용은 다음과 같다.

(가) 敵地 震災의 際에 秩序가 紊亂한 機會를 타서 敵의 不良輩들이 所謂 自警團이란 것을 組織하여 가지고 其美 名下에서 殺人, 劫姦, 掠奪 等 暴行을 餘地없이 行하였는데, 此를 一一히 枚擧할 수는 없으나 其中의 一二를 紹介하건데, 琦玉縣 兒玉郡 本莊町에서 생긴 自警團은 九月 二日부터 避亂하여 오는 災民에 對하여 暴行을 始作하여 同 四日 밤에는 八間郡 方面으로부터 오는 高琦聯隊로 護送하는 災民 九十七名을 襲擊하여 더러는 現場에서 殺害하고 더러는 本莊署에까지 追擊하야 全部 殺害한 後 同署에 이미 갇혀 있던 十三名까지 칼과 몽둥이로 慘殺하고 或現場에서 빠져 逃亡하는 者는 따라가서 竹鎗으로 찔러 죽이었는데, 被殺된 男女가 百餘名에 達하였으며, 琦玉縣 熊谷에서는 自警團이 勞働者 五十八名을 慘殺하였고, 羣馬縣 多野郡에서 생긴 自警團 約 二百名은 震災 當時에 同地 藤岡警察署의 態度가 穩當치 못하였다는 것을 嫌疑로 하여 九月 五日에 同 警察署를 襲擊하여 當時 同署에 갇혀 있던 工夫 十五名을 無故히 慘殺하였더라. 敵 當局의 發表에 依하더라도 以上에 慘殺된 이는 全部가 우리 韓人이었음이 明白함. 橫濱에서는 所謂 立憲勞働黨 首領 山口正憲의 一派가 一邊 謠言蜚語를 流出하여 人民을 騷亂케 하면서 各地에서 掠奪을 肆行하였는데, 此間에 我同胞의 被殺者가 一日 五十名에 達하야 其實數가 얼마인지를 알 수 없으며, 龜戸 地方에서는 九月 二日에 自警團이 一村落의 住民 二百六十餘 名을 沒殺하고 기후 地方에서도 二名을 慘殺하였더라.

(나) 敵의 憲兵大尉 甘粕正彦이란 者가 同隊의 曹長 森敬次郎과 同上等兵 鴨志田으로 더불어 無政府社會者 大杉榮과 그의 妻 伊藤野枝와 그의 子 宗一等 一家族을 慘殺한 일은 이미 報道하였거니와 其他에도 此와 類似한 不法虐殺한 事件이 있으니 卽 龜井戸事件과 大島町 事件이라. 龜井戸警察署에서는 九月 二日 夜 十時頃에 東京市 大島

町 純勞働組合長 平津敬七과 龜井戶 三五一九番地 純勞働組合 事務所에서 무슨 會議를 하고 잇는 同 組合理事 片合芳虎(二八) 山本實次(二〇) 北島吉三(二一) 鈴木猶一(二二) 近藤廣三(二〇) 加藤藤太郞(二七) 等과 支部 家宅에서 支部長 吉村敬次郞(二四)을 檢擧하였다가 三日 上午 三時에 前記 八名 外 十五名 合計 二十三名을 同町 廣場에 整列시키고 軍隊와 協力하야 銃劍으로써 刺殺한 後 屍體는 夜陰을 乘하여 自働車에 싣고 木下川과 荒川方面에 가져다가 川中에 投棄하였는데, 前記의 者들은 震災 當時에 所謂 夜警會라는 것을 組織하여 가지고 附近으로 다니면서 婦女를 劫姦하고 財物을 掠奪하였다 하고, 東京府下 砂村 高等工業學校 出身 鑄物業하는 岩木爲夫(二九)와 會社員 鈴木金五郞(三三)과 中央大學學生 木村定三郞(二八)과 石炭仲介業 小林東二郞(五〇)等 四名은 所謂 自警團이란 것을 組織하여 가지고 附近으로 돌아다니다가 九月 四日 午前 零時에 警戒하던 巡査로 더불어 말다툼이 되어 곧 某署에 引致되었다가 同日 午後 六時頃에 모다 殺害한 바 되어 石油로써 燒棄하였으며, 市外 大島町 八丁目에서도 埋棄한 屍體 九個를 發見하였는데, 此는 九月 一, 二, 三日頃 警視廳官吏가 大島, 龜井戶, 吾妻町으로부터 前記 九名을 拉致하였다가 甘粕事件과 同一한 行爲로써 된 것이며, 當時 災區에 잇다가 日人으로 變裝하고 避難하여 있다가 近日 逃來한 某氏의 目擊한 談을 듣건데, 東京이 修羅場으로 化하였을 時에 倭巡査들이 路上에 通行하는 韓人을 보면 氣着을 불러 세우고 데리고 가서 佩刀로써 亂斫하여 慘殺하였다더라.

(가)는 자경단이 재일조선인을 학살한 상황을, (나)는 군부에서 사회주의자 오스기 사카에(大杉榮) 일가족과 재일조선인을 학살한 기사이다. 사이타마현 고마다군(兒玉郡) 혼조촌(本庄村)자경단[107]은 9월 2일부터 피난해온 재일조선인을 폭행하고, 9월 4일에는 사이타마현 이루마군(八間郡)으

- - - - -

[107] 자경단의 성립에 대해서는 山田昭次, 『關東大震災時の朝鮮人虐殺その後: 虐殺の國家責任と民衆責任』, 倉史史, 2011, 127~159쪽 참조.

로부터 다카사이(高琦) 연대가 호송하던 재일조선인 97명을 학살하였다. 이어 혼조경찰서에 피신해 있던 재일조선인 13명까지도 찾아내어 학살하였다. 이들은 칼과 몽둥이로 무장하였으며, 재일조선인을 무차별적으로 폭행하여 타살하였다.

이외에도 사이타마현 구마가야(熊谷), 군마현 다노군(多野郡), 도쿄부 가메이도(龜井戸)에서도 자경단에 의해 재일조선인이 학살당하였음을 밝히고 있다. 한편 군과 경찰도 재일조선인 학살에 관여하였는데, (나)에 의하면 도쿄부 쓰나촌(砂村)에서 조직된 자경단은 순사 즉 경찰과 함께 돌아다니다가 재일조선인을 보면 학살하였다.

『독립신문』에서 보도한 자경단과 군경의 재일조선인 학살은 지진 현장에서 확인한 기사라기보다는 중국 신문이나 일본 신문에 보도된 것을 정리한 것으로 추정된다. 그리고 자경단과 군경의 만행을 통해 일본의 폭력성을 알리는 것도 중요하였지만 한편으로는 재일조선인 학살에 따른 민족 감정을 이용하고자 하는 측면도 없지 않은 것으로 보인다.

상해의 한인교민단은 1923년 11월 17일 재일조선인 학살에 대해 추도회를 개최한 바 있는데, 『독립신문』은 이를 자세하게 보도하고, 추도문과 추도가를 게재하여 학살당한 재일조선인을 추모하였다.[108] 추도문은 다음과 같다.

> 나라가 망함은 뉘 서러하지 않으리오마는 날이 갈수록 아픔이 더욱 새롭도다. 사람이 죽음에 뉘 불쌍히 여기지 않으리오마는 살아남은 우리의 아픔이 더욱 끝이 없도다. 하늘이 미워하심인가 허물이 아직도 남음인가. 저 무도하고 사람의 창자가 없는 악독하고도 포학한 원수 왜놈이여, 어찌하면 이때도록 참혹할고. 다시 말하고자 할 때에 가슴이 메이

• • • • •
108) 「학살된 동포를 위하여 처장통절 추도회」, 『독립신문』 1923년 12월 5일자.

고 살이 떨린다. 지난 구월 원수의 나라 지동될 때에 저들의 독살 받아 무참한 여러 동포의 죽음이여. 그 얼과 넋이 얽히어 있으리라 하마한들 삭을 거나, 하늘이 무너지고 땅이 터지어 눈깜짝일 새에 바다가 뭇이 그 자리를 바꾸었으니 궁둥이를 들이밀 데가 있나, 목구멍을 넘길 것이 있나. 빨간 고깃덩이 딩구를 뿐이니, 사람의 창자로는 서로 붙들고 서로 가엾겠거늘 내 것을 다 빼앗고 나 목숨을 가져가면서도 무엇이 차지 못하여 아주 싹까지 없애려는가. 그 창자가 지다위를 내여 가지고 모조리 돌살풀이로 삼으니 쇠뭉치는 머리를 따리고 참대창은 가슴을 찌른다. 묶어 놓고 짓밟으며 몰아 놓고 총을 쏘니 피는 솟구쳐 내가 되고 살은 모여 뫼 되었네. 하늘이 높아 보지 못하는가, 귀신이 어두워 들임이 있는가. 희미한 안개 같이 가벼운 먼지처럼 없어지고 나라가는 이 목숨은 파리보다 구덕이보다 다름이 조금도 없구나. 어머니를 부르나 들림이 있는가, 아들을 외치나 앎이 있는가. 보이는 산에 나무들은 이슬로써 대신 울며 돌아가는 까마귀는 떼를 지어 조상할 뿐 뫼는 푸르고 물은 맑아 따뜻한 옷과 기름진 밥에 아비어미 봉양하고 아들딸을 길으면서 잘 살고 즐겁든 험고 원동안 내버리고 만리 바다 한데를 무엇 하러 가셨던가. 아나 갈 수 없었구나. 등을 미러 내쫓으며 집을 헐어 몰아내니 목숨부터 있는 동안 아니 가고 어찌하나. 불면 날까 쥐면 꺼질까 만지고 어르든 아가 자라 젊은이들 애쓰면서 배 주리고 속 태우고 참으면서 무엇 하러 가셨든가, 아니 갈 수 없었구나. 아니 가면 어찌하나 두 어깨에 지운 짐이 나를 몰라 보내나니 아니 가고 어찌하나. 밤은 깊어 고요하고 별은 홀로 반짝이는데 담아 싸인 이 원통이 넋이 아니 없고 있고 눈물지어 피가 된다. 언제나 이 원수를 갚아 볼꼬. 멀지 않으리로다. 물이 되여 솟치리라. 불이 되여 타일세라. 슬프다. 아프다. 목숨남아 붙어있는 우리들은 설음 위에 부끄럼 약하나마 힘쓸지니 얼이 얽힌 모든 분네 도움 있고 가르치리. 앞만 보고 나서리니 불 켜주오. 앞길일랑 없으나마 모이리니 긁어주어 뒤 터진걸. 그친 비는 구슬구슬 우리 정성 그려내고 빛난 국기 펄렁펄렁 무슨 언약 긋던 듯이 후유! 섦은 지고 아픔이여 오직 눈물뿐이로다.[109]

• • • • •

[109] 추도가는 다음과 같다.

『독립신문』의 관동대지진과 관련된 기사는 국내에서 발행된 『동아일보』, 『조선일보』, 『매일신보』보다 훨씬 기사의 수량에 비해 미치지 못하고 있다. 그렇지만 『독립신문』은 국내의 신문보다 재일조선인 학살에 대해서는 보다 많은 기사를 할애하였다. 기사의 내용도 재일조선인 학살만 보도한 것이 아니라 이를 통해 민족적 감정과 독립운동의 투쟁심을 좀 더 고취시키고자 하였다. 때문에 『독립신문』은 관동대지진으로 위기에 처한 일본을 인도적으로 인식하기보다는 '적지' 또는 '적국'이라고 하여 투쟁의 대상으로 인식하였다.

그리고 이를 계기로 식민지에서 벗어나 독립을 향한 적기의 기회로 보았다. 이는 관동대지진의 지역에서 일어난 재일조선인의 활동을 '독립운동'으로 인식하고자 하였다고 할 수 있다. 그러나 무엇보다도 『독립신문』에 게재된 바 있는 학살당한 재일조선인 수는 그동안 많은 연구자에게 중요한 자료로 제시되었고, 앞으로도 많은 과제를 남기고 있다.

뿐만 아니라 재일조선인 학살을 식민지 조선뿐만 아니라 전 세계에 알리고자 노력하였다. 일본정부에 제출한 재일조선인 학살 항의서가 대표적이라 할 수 있다. 그럼에도 불구하고 『독립신문』에 보도된 관동대지진 관련 기사는 식민지 조선에는 전달되지 못하였다 점이다.

・・・・・
"一. 목사여 호겸한 원수/제죄로써 닙은 쳔벌/지다위를 밧은 우리/참혹할사 이 웬일가. 後念. 아프고도 분하도다/원수에게 죽은 동포/하느님이 무심하랴/갑풀 날이 멀지 안소
二. 산도 셜고 물도 션대/누로 해서 건너 갓나/땀흘리는 구진 목숨/요것까지 빼앗는가
三. 나그네집 찬자리에/물쥐어 먹고 맘 다하여/애끌히던 청년학도/될셩부른 싹을 꺽어
四. 온갖 소리 들씨우어/니를 갈고 막 죽엿네/저 피방울 쏘친 곳에/바람 맵고 셔리 차아"

제4절 관동대지진과 식민지 조선 언론 사설의 분석

1. 관동대지진과 『매일신보』 사설

관동대지진이 발생하자 『매일신보』는 일본으로부터 즉각 소식을 접하고 기사로 다루었다. 관동대지진은 9월 1일 12시경 발생하였지만 식민지 조선에 그 소식이 전해진 것은 이날 저녁이었다.[110] 처음에는 관동대지진이 일어난 간토(關東) 일대가 아니라 아이치현(愛知縣)과 기후(岐阜縣) 근처에 있는 노우비(濃尾) 지역이었다.[111] 이는 처음 오보였지만 이날 늦은 밤 10시 반경에야 요코하마(橫濱)에서 대지진이 일어났다는 통신사의 전통을 받았다. 이어 다음날인 9월 3일 관동대지진에 대해 대대적으로 보도를 하였다. 관동대지진에 대한 보도는 기사뿐만 아니라 사설의 주요한 주제였다.

『매일신보』는 관동대지진과 관련된 사설을 모두 20회 게재하였는데, 그 내용은 〈표 8〉과 같다.

〈표 8〉 관동대지진에 대한 『매일신보』 사설

회수	제목	발행일자
1	天變地災의 荐至, 東京橫濱의 大地震	1923.9.3
2	震災救助의 急務에 就하여, 罹災民에게 一言하노라	1923.9.5
3	自重을 要함	1923.9.6
4	救濟의 周到, 秩序가 整然하고 治安이 維持되자	1923.9.7
5	一般 商人에게 警告함	1923.9.8
6	熟考를 望함, 在東京 朝鮮同胞에게	1923.9.9

・・・・・

[110] 관동대지진은 식민지 조선에도 중요한 영향을 미칠 수 있기 때문에 당시 총독인 사이토(齊藤)에게도 전달되었다. 전달 시점은 오후 6시경에서 10시 사이였다. 이때 전해진 곳 아이치현(愛知縣)과 기후(岐阜縣)과 경계에 있는 노비(濃尾)지방이었다. 그러나 이 정보는 '오보'였으며, 10시 30분경 통신사로부터 요코하마(橫濱)에서 지진이 발생하였다고 보고를 받았다.
[111] 「濃尾地方 地震」, 『매일신보』 1923년 9월 2일자.

7	震災의 影響, 朝鮮에는 어떠할까	1923.9.10
8	不當한 言論, 東亞子를 諫함	1923.9.11
9	帝都의 復興,	1923.9.12
10	可恐할 脅威, 惡疫流行을 警戒하라	1923.9.13
11	大詔煥發	1923.9.14
12	震災義捐金과 府民의 注意, 유언비어 취체와 폭리취체령	1923.9.15
13	勅令의 適用	1923.9.16
14	山本 內閣에 希望함	1923.9.17
15	帝都 復興審議會 設置, 朝野 各士 二十名을 網羅	1923.9.18
16	相愛會의 美擧, 東京 朝鮮人 團體	1923.9.19
17	東京留學生에게 與함	1923.9.20
18	東拓會社의 朝鮮人 救護	1923.9.21
19	第一回 罹災同胞 安報 到着	1923.9.24
20	震災 後의 東京	1923.9.29

〈표 8〉에 의하면, 사설의 게재 시기는 9월에만 보이고 있다. 이는 『동아일보』나 『조선일보』의 경우 10월까지 관동대지진과 관련된 사설을 게재한 것에 비해본다면 상당히 시기적으로 짧다. 『매일신보』가 9월에만 사설을 집중적으로 게재한 것은 관동대지진으로 인한 혼란과 우려를 가능한 한 빨리 수습하고자 하는 의지를 드러냈다고 할 수 있다. 이는 조선총독부의 식민정책과 무관하지 않은 것으로 볼 수 있다.

『매일신보』는 관동대지진과 관련된 사설을 20회 게재하였는데, 이는 『동아일보』나 『조선일보』보다 상대적으로 많다. 사설의 주요 내용은 식민지 조선과 관련된 것이 10회, 제국일본과 관련된 것이 10회로 비교적 균등하게 다루고 있다. 〈표 8〉의 사설을 주제별로 구분하면 〈표 9〉와 같다.

〈표 9〉에 의하면 『매일신보』의 사설은 구호 및 구제 등 의연 활동과 식민지 조선에서의 자중 또는 경고가 각각 6회로 많이 게재되었으며, 이어 일본의 정치와 일왕의 칙령에 관한 것, 피해지 도쿄의 부흥에 관한 것이 각각 3회에 달하고 있다. 그리고 관동대지진의 피해 상황과 식민지 조선에 미치는 영향이 각각 1회로 다루었다.

〈표 9〉『매일신보』의 관동대지진 사설 내용별 분류

주요 내용	회수
구호/구제(의연)	6
자중/경고	6
칙령/일본	3
도쿄 부흥	3
피해	1
영향(식민지)	1
학살	
계	20

먼저 의연 활동에 관한 사설은 긴급구조, 구제 상황, 의연금 모금, 도쿄의 친일단체 상애회의 활동, 동양척식주식회사의 조선인 구호, 이재조선인의 귀환 등을 소재로 하고 있는데, 상애회나 동척의 구호활동을 다루었다는 것은 내선융화를 내포하는 식민정책의 연장이라고 할 수 있다.

자중 내지 경고와 관련된 사설은 식민지 조선 및 재일조선인의 경거망동한 행동, 상인의 매점매석, 동아일보 사설, 유언비어, 유학생에 대한 것을 내용으로 하고 있다. 칙령과 일본에 관한 것은 일왕이 발표한 칙령의 내용과 적용, 일본 국내 정치의 동향을 다루고 있으며, 도쿄 부흥은 제도(帝都)로서의 위상을 되찾고자 하는 의욕을 강하게 드러내는 것을 내용으로 하고 있다.

이밖에 관동대지진으로 인한 피해와 식민지 조선에 미치는 영향에 대한 입장을 밝히고 있다. 그렇지만 재일조선인의 학살에 대해서는 전혀 관심을 보이지 않았다는 것은 식민지 조선의 입장보다는 철저하게 식민정책을 옹호하거나 비호하려는 의도를 분명하게 드러냈다고 할 수 있다.

『매일신보』의 첫 사설은 관동대지진 관련 기사를 처음으로 보도한 9월 3일자에 게재되었다. 사설의 제목은 「天變 地災의 荐至;東京 橫濱의 大地震」으로 주요 내용은 다음과 같다.

古來로부터 如何한 時代, 如何한 聖世일지라도 千變과 地災는 此가 常常히 有한 것이오. (중략) 千萬料外에 橫濱을 爲始하여 東京 全市에는 地震이 起하여 人畜의 死傷, 建物의 倒壞, 交通의 杜絕 等 一望 悽慘의 狀을 呈하고 加之以 回祿의 變과 馬舞의 災가 四處에 起하여 炎炎한 火焰은 天을 動하고 地를 焦하여 東京 全市를 擧하여 一大火의 海로 化하였으며, 猛火의 焰은 惶恐하오나 宮城에까지 延燒하여 極히 慘憺한 光景을 演出함에 至한 것은 本日 號外로서 詳細히 報道한 바 如하거니와 此아 如함은 數千年來의 稀有한 大變이며 罕見의 大火이니 (하략)112)

이 사설에 의하면, 관동대지진으로 요코하마(橫濱)와 도쿄(東京) 전 시내는 사람과 가축이 죽고, 건물이 붕괴되고, 교통과 통신마저 두절 되는 상황 즉 '回祿의 變'113)이며 '馬舞의 災'114)라고 할 정도 그 참상이 이루 말할 수 없음을 밝히고 있다. 또한 일왕이 거주하고 있는 궁성까지 불이 번지는 '수천 년래의 희유한 大變이며 罕見의 大火'라고 하였다. 그런데 이 사설에서는 당시 식민지 조선에서는 관서지방에 대규모의 수해가 발생하여 일왕이 구휼금으로 7천 여원을 기부하였는데 이를 '赤子에 대한 憮愛'임을 강조하고 있다.

그리고 이 사설은 결론 부분에서는 "我七千萬生民은 上으로 聖太子를 戴

- - - - -
112) 「天變地災의 荐至」, 『매일신보』 1923년 9월 3일자.
113) 회록지재(回祿之災)는 회록(回祿)의 재앙으로 '화재'를 뜻하는 고사성어이다. 그 내용은 다음과 같다.
"고대 중국의 전설에 의하면 제곡(帝嚳)이 즉위한 뒤에 전욱(顓頊)의 후손인 중려(重黎)가 뒤에 화정(火正, 불을 관리하는 벼슬)을 담당하였다고 한다. 중려는 불빛으로 천하를 밝게 비추어 큰 공을 세웠으므로, 제곡이 그를 축융이라 부르도록 명하였다. 축융이 죽은 뒤에 그의 동생인 오회(吳回)가 화정의 임무를 맡았고, 축융의 아들 육종(陸終)도 화관(火官)이 되었다. 그 후 사람들은 축융, 오회, 육종을 불의 신으로 받들게 되었다. 이 중에서 오회와 육종 두 사람을 합해서 '회록(回祿)'이라고 칭하게 되었다."
114) 원래의 표현은 무마지재(舞馬之災)이다. 말이 춤추면 불이 난다는 뜻에서 유래되었으며 '무마재(舞馬災)'라고 한다. 무마지재는 불로 인한 재앙을 뜻한다.

하고 亭午의 世에 生하여 正히 含哺鼓腹의 樂으로 聖世를 歌하며 太平을 頌하는 이때에 하필이면 관동대지진이 발생한 것에 대해 불편한 심기를 드러내고 있다. 이는 3·1운동을 수습하고 문화적 식민통치의 안정을 기하는 시점에서 관동대지진이 발생함으로써 식민저항의 우려를 우회적으로 표현한 것으로 풀이된다.

〈『매일신보』의 첫 관동대지진 사설 「천변 지재의 존지」(1923년 9월 3일자)〉

이어 게재된 사설은 「진재 구조의 급무에 취하여」이다. 이 사설은 "일본 국민은 마땅히 거국일치하여 이재구제에 노력하는 것"이며, 다른 나라에서도 구제에 동참하고 있다는 것을 주장하고 있다.

> 今番 內地에 起한 震災는 實로 空前한 慘禍를 人間에 下한 것이로다. 東京만 하여도 三百萬에 達하는 震害를 被한 地域 全部의 罹災者를 合하면 可히 一千萬을 經過할 지라. (중략) 이번 慘禍의 被害는 다만 東京을 中心으로 한 關東地方에 그칠 것이 아니라 實로 全國的이요 世界的이니 日本 國民은 마땅히 擧國一致하여 罹災救濟에 努力할 것은 勿論이어니와 世界 各國에서도 이미 此 慘絶한 震災를 救助함에 着手하였도다. (하략)115)

그렇지만 이 사설은 관동대지진을 기회로 3·1운동과 같은 민족운동을 모의하는 것은 '인도의 적', '인류의 적', '세계의 공적'이라고 비난하였으며,

115) 「진재구조의 급무에 취하여」, 『매일신보』 1923년 9월 5일자.

이미 계엄령을 발포된 이상 전시와 같이 '총살'도 당연하다는 강압적 경고를 보내고 있다.116) 이는 두 가지 의미가 있다고 판단된다. 하나는 앞서 언급한 바와 같이 대규모의 민족운동을 막아야 한다는 점이고, 다른 하나는 관동대지진의 혼란을 사회주의자와 재일조선인에게 떠넘기는 한편 학살에 대한 정당성을 부여하고자 하였다는 점이다. 제국일본에서는 관동대지진이 발생하자 사회주의자를 단속하는 한편 재일조선인을 학살하였는데,117) 이러한 사실을 무마하기 위한 것이었다.

이와 같은 인식은 9월 6일자 사설 「自重을 要함」에서도 그대로 드러나고 있다. 즉 "內地에 在한 朝鮮人이 今回의 震災를 奇貨로 하고 不穩한 行動을 敢行하려 함으로 當局 官憲은 此에 對하여 嚴重히 警戒를 加하는 中"이라고 하여, 재일조선인의 일상적 활동조차 불온한 것으로 보고 있으며, 엄중 경계하는 중이라고 밝히고 있다. 이러한 주장은 재일조선인 학살이 식민지 조선에 알려지기 시작하였다는 점에서 재일조선인의 동향을 부정적으로 인식시키기 위한 것이라고 할 수 있다.

또한 이 사설은 "朝鮮人에 限하여 如何한 境遇를 奇貨로 하고 殘忍한 行動과 不穩한 劃策을 謀하여써 人道에 反하고 人類公道를 無視하는 行動을 就할 理가 有하리오"고 하였듯이, 이 상황에서 민족운동은 인류공도에 벗

- - - - -

116) "近日 來電에 依할진데, 前日 社會主義로 危險한 思想을 懷한 者의 不穩한 行動을 미리 防禦하기 爲하여 當局은 戒嚴令을 發하고 軍隊出動케 하여 警備하는 中이라 하니 通信이 區區하여 其 眞想如何를 推知키 難하나 萬一 이 世界의 慘禍에 際하여 此를 奇貨로 危險한 運動을 企劃하여써 國內의 風紀를 混亂케 할진데, 此는 人道의 敵이요 人類의 敵이오. 따라서 世界의 公敵이라 謂할지라. 이 같은 무리는 其 存在를 容認할 必要가 無할 뿐이니라 旣히 戒嚴令이 下하여 當局의 主意가 자못 嚴密한 즉 無謀히 蠢動할진데 마치 戰時와 如히 銃殺을 當할지니"

117) 관동대지진 당시 재일조선인 학살에 대해서는 강덕상, 「1923년 관동대지진(大震災) 대학살의 진상」, 『역사비평』 45, 역사문제연구소, 1998; 강덕상, 『학살의 기억 관동대지진』, 역사비평사, 2005 등을 참조할 것.

어나는 것이라고 호도하고 있다.

뿐만 아니라 재일조선인에 대한 경고도 빠뜨리지 않고 있다. 재일조선인이 우물에 독을 풀었다, 폭동을 일으키려 한다는 폭동설이 유언비어였음에도 불구하고 이를 날조하고, 더 나아가 이를 '불온한 행동'이라고 하여 "세계 인류의 공적"으로 만들고자 하였다.[118] 그러나 무엇보다도 이러한 것은 "內鮮同化의 基本精神에 背馳"된다고 지적하고 있다.

『매일신보』는 관동대지진 피해에 대한 구제를 적극적으로 주장하고 있다. 봉천의 장작림, 중국 정부도 구제활동에 참여하는 상황에서 "在鮮同胞도 一致協力하여 이 空前한 慘禍의 救助에 盡力"할 것을 주문하고 있다. 이를 적극적으로 권유하기 위해 경성 부민이 솔선수범하여 의연금 모금에 동참할 것을 제안하였다.[119] 그러면서 『매일신보』는 구호활동의 대표적인 사례로 일본에서 최대의 내선융화 단체인 상애회와 동양척식주식회사의 활동을 사설로 다루었다. 상애회는 재일조선인의 오해를 불식시키기 위해 폐허가 된 도쿄 시내 청소작업에 자발적으로 동참하였다는 것을 강조하고 있다.[120] 그리고 동양척식주식회사는 도쿄에 있는 이재조선인 3천여 명을 구호하였다는 것도 중요한 사설로 취급하였다.[121] 이 사설 역시 내선융화를 의식한 것이라 할 수 있다. 그러한 가운데서도 『매일신보』는 경성 부민에게 '一口一圓'의 의연금 권고에 대해 公課로서의 부담이 된다는 부민의 불만에 대해, 이는 다만 권유에 불과하지 강제적 의미가 없다는 점을 강조하였다. 그러면서도 경성 부민의 "患難相恤의 至情을 十分 發露"해 줄 것을 당부하기도 하였다.[122]

・・・・・

[118] 「熟考를 望함」, 『매일신보』 1923년 9월 9일자.
[119] 「震災義捐金과 府民의 注意」, 『매일신보』 1923년 9월 15일자.
[120] 「相愛會의 美擧」, 『매일신보』 1923년 9월 19일자.
[121] 「東拓會社의 朝鮮人 救護」, 『매일신보』 1923년 9월 21일자.

또한 『매일신보』는 관동대지진으로 식민지 조선에서는 모국 일본으로부터 유입되는 보조금 감소 및 식민지 조선의 자금이 일본으로 유출될 것[123]과 일본으로 유출될 미곡으로 인한 쌀값 폭등[124] 등에 대해 우려를 나타내기도 하였다. 그러면서도 『매일신보』는 "今回 震災가 朝鮮에 與하는 影響은 別로히 憂慮할 바가 아니라 吾人은 今日의 豫想[125]이 適中하여 諸君 眼前에 實現될 날이 不遠할 것을 斷言하노라"[126]라는 사설을 통해 그러한 우려를 불식시키고자 하였다.

『매일신보』는 관동대지진으로 폐허가 된 제국 일본의 수도인 도쿄의 부흥을 통해 건재함을 과시하려는 의도의 사설도 두 차례 게재하였다. 「帝都의 復興」라는 사설에서는 "東京의 再建設은 日本 首都의 復興이 아니라 世界中 一大都會의 復興 問題가 되였도다. 非常한 時代를 當하여 非常한 度量과 奇蹟的 謀略을 發揮하는 大和民族의 獨特한 國民性은 吾人이 信하는 바"[127]라고 하여, 도쿄는 재건설로 세계적 도시로 부흥될 것이며, 이는 '대화민족' 즉 독특한 일본의 국민성에 기인한다는 우월성을 밝히고 있다.

「帝都 復興審議會 設置」라는 사설에서는 조야의 전문가 20명으로 도쿄부흥심의회를 설치한 것은 "帝都의 文化의 一新 新紀元을 劃"하는 것으로

- - - - -
[122] 「震災義捐金과 府民의 注意」, 『매일신보』 1923년 9월 15일자.
[123] 「大震災와 資金 內地로 流出」, 『매일신보』 1923년 9월 4일자;
[124] 「朝鮮米와 救濟輸送」, 『매일신보』 1923년 9월 6일자; 「東京震災와 米價」, 『매일신보』 1923년 9월 7일자.
[125] 이 사설은 '今日의 豫想'은 다음과 같이 설명하고 있다.
"今回의 震災로 因하여 朝鮮에 流入하는 資金이 한 때는 얼마간 減少한다 하리라도 米穀의 收穫期부터는 漸次로 資金이 潤澤할 것이요, 中央 政府의 總督府에 對한 補助金과 如함도 決코 우리의 豫想하는 바와 같이 過多한 削減은 見치 아니할 지며"
[126] 「진재의 영향, 조선에는 어떠할까」, 『매일신보』 1923년 9월 10일자.
[127] 「帝都의 復興」, 『매일신보』 1923년 9월 12일자.

의미를 부여하고, 새로 건설될 도쿄는 부흥을 위한 부흥이 아니라 "居住하는 者의 便宜를 本位로 하여 帝國 文化를 盛할만한 理想的 都會를 建設할"128) 것을 요구하고 있다.

그러나 무엇보다도 『매일신보』는 식민지 조선의 민심에 대해 민감하게 대처하였다. 식민지 조선뿐만 아니라 재일조선인의 동향에 대해 자중할 것을 언급한 바 있지만, 이에 대해 보다 구체적으로 비판하기도 하였다. 『동아일보』는 1923년 9월 9일자 신문에서 주로 가십거리를 취급하고 있는 「橫說竪說」에서 대표적 친일인물인 이완용이 번개에 혼비백산하였음에도 불구하고 관동대지진 구제활동으로 분주함이 가관이라고 비난하였고,129) 다음날 9월 10일자에는 각국의 구제지원 중 미국 적십자사의 행동에 대해 비판을 한 바 있었다.130) 이에 대해 『매일신보』는 『동아일보』의 논조에 대해 다음과 같이 비난하였다.

> (전략) 아무리 平日에 『同胞』라는 看板을 高揚하고 別動 探偵으로 私利를 圖謀하며 衆心을 煽動하여 無數한 善良한 同胞로 하여금 囹圄의 人으로 作하여 縷絏의 苦楚를 備嘗케 하고도 오히려 아무도 責任感이 없는 東亞子라 하지라도 이에 이르러는 마땅히 人間本然의 性에 歸하여 愼重한 態度를 取할 것이어늘 도리어 姤譎한 手段으로 舞文曲筆을 戱弄하여써 衆心을 속이고 人間最高의 人類愛의 發源을 杜碍하랴 하니 이는 世界人類의 公敵이요 따라서 朝鮮民族의 將來를 그릇하는 妖精이라. 東亞子가 아무리 強辯하리라도 世人으로 아여금 이를 否認케 하는 理由를 發見치 못하리로다.131)

- - - - -
128) 「帝都 復興審議會 設置」, 『매일신보』 1923년 9월 18일자.
129) 「橫說竪說」, 『동아일보』 1923년 9월 9일자.
130) 「橫說竪說」, 『동아일보』 1923년 9월 10일자.
131) 「不當한 言論, 東亞子를 誡함」, 『매일신보』 1923년 9월 11일자.

즉 『동아일보』는 간휼한 수단으로 곡필하고 있으며, 이는 '인류의 공적'이라고 오히려 강변하고 있다. 뿐만 아니라 일본이 "平日의 敵과 積年의 仇讎"라 할지라도 신중하지 않으면 民族千秋의 遺가 될 것이라고 협박하고 있다.

2. 관동대지진과 『동아일보』 사설

관동대지진이 일어나자 『동아일보』도 9월 2일자에 첫 보도를 했지만 『매일신보』와 마찬가지로 오보를 게재하였다.[132] 이는 관동대지진으로 인한 전신의 불통으로 잘못 전해진 탓이었다. 그렇지만 상황을 파악한 『동아일보』는 9월 3일부터 보다 구체적으로 그 실상을 보도하였다. 뿐만 아니라 관동대지진과 관련하여 사설을 게재하였는데, 이를 정리하면 〈표 10〉과 같다.

〈표 10〉 『동아일보』의 관동대지진 관련 사설

회수	제목	발행일자	비고
1	日本의 災難, 一大 慘劇	1923.9.4	
2	嗚呼 人災, 朝鮮人아 거듭나자	1923.9.5	
3	遭難同胞를 壞함, 同胞여 救濟하러 일어나자	1923.9.6	
4	山本內閣의 新意義	1923.9.7	
5	東京災變과 人心, 反省할 機會	1923.9.8	
6	東京地方 罹災同胞救濟會 發起, 救急	1923.9.10	
7	日本財政의 前途, 復舊事業은 如何	1923.9.11	
8	삭제(日本 經濟의 大破綻)	1923.9.12	『일제시대 민족지 압수기사모음 Ⅱ』
9	朝鮮에 緊急 勅令의 實施, 解釋上 疑義	1923.9.13	
10	東京 復興策의 前途, 日本의 試練 機會	1923.9.14	
11	日本 震災와 東洋의 政局, 中國의 同情은 무엇을 意味	1923.9.20	
12	日本있는 朝鮮人의 送還, 織口치 못할 問題	1923.9.21	내용 말미 삭제
13	日本 經濟界와 人心의 安固, 復興事業의 前提	1923.9.22	

· · · · ·

132) 「東京以西 電信不通」, 『동아일보』 1923년 9월 2일자.

14	日本의 震災 後 朝鮮 經濟界	1923.9.26	
15	東京 罹災 朝鮮人의 處置에 對하여, 速히 解放을 望함	1923.9.27	
16	急激한 暗流, 大杉氏 慘殺에 對하여	1923.9.28	
17	齋藤 總督에게, 眞相의 發表를 望함	1923.10.6	
18	時代 錯誤의 喜悲劇, 大杉의 死와 甘粕의 淚	1923.10.11	내용 일부 삭제

〈표 10〉에 의하면, 『동아일보』는 9월에 16회, 10월에 2회 등 모두 18회에 걸쳐 관동대지진 관련 사설을 게재하였다. 이는 9월에만 집중적으로 게재한 『매일신보』의 사설보다 2회가 적지만, 『동아일보』는 10월에도 관동대지진에 대해 관심을 가졌다고 할 수 있다. 10월에 게재한 두 사설은 매우 독특한 것으로 '재일조선인 학살의 진상' 및 '아나키스트 오스기 사카에(大杉榮)[133]의 살해'에 대해 관심을 가지고 그 입장을 밝히고 있다.[134]

우선 『동아일보』의 관동대지진과 관련된 사설의 내용을 주제별로 분석해보면 〈표 11〉과 같다.

〈표 11〉 『동아일보』의 관동대지진 사설 내용별 분류

주요 내용	회수
구호/구제(의연)	4
자중/반성	2
칙령/일본	2
도쿄(일본) 부흥	3
피해	1
영향(국내외)	3
학살	3
계	18

• • • • •

[133] 일본 다이쇼 시대(大正時代)의 대표적인 무정부주의자이며, 관동대지진이 일어났을 때 아내 이토 노에(伊藤野枝)와 조카와 함께 일본 육군 헌병 대위인 아마카스 마사히코(甘粕正彦)에게 살해당하였다.

[134] 『동아일보』는 관동대지진으로 학살된 재일조선인에 대해서는 당시 총독부의 언론통제로 기사로 다루지 못하였지만 오스기 사카에 살해에 대해서는 비교적 관심을 가지고 보도하였다.

〈표 11〉에 의하면 『동아일보』의 사설 중 구제와 관련하여 가장 많은 4회 게재하였으며, 일본의 부흥, 관동대지진으로 인한 국내외 영향, 그리고 재일조선인 학살의 진상 규명과 아나키스트 오스기 사카에(大杉榮)의 살해를 포함한 학살과 관련된 것 등 각각 3회씩 다루었다. 이밖에 식민지 조선의 반성, 일왕의 칙령 등 일본과 관련된 것을 각각 2회, 그리고 관동대지진의 피해에 대한 내용을 1회를 게재하였다.

『동아일보』 사설 중에는 전문 삭제가 1회, 일부 삭제가 2회로 모두 세 차례나 사설이 삭제되었다. 이는 관동대지진 당시 언론통제가 심하였음을 알 수 있다.[135]

관동대지진과 관련하여 『동아일보』의 첫 사설은 「日本의 災難, 一大 慘劇」이었다. 이 사설은 관동대지진으로 인한 피해는 "人世의 慘劇"이라고 하였지만 "大自然의 힘 앞에는 億兆蒼生이 모두 平等"[136]하다고 평가하였다. 이러한 인식은 당시 식민지 조선은 관서지역에 수해로 곤경을 겪고 있는 상황에서, 식민지 모국인 일본의 수도인 도쿄 일대에 대지진으로 피해를 입었다는 것은 식민지 조선만 재해를 당하는 것이 아니라 일본이 더 큰 재해를 당한 것에 대한 이른바 '고소함'이라고 할 수 있다. 그러면서도 『동아일보』는 식민지 조선의 사회운동에 대해 각성을 촉구하고 있다. 즉 "남은 不可抗의 天災나 當하여 民族的 大損失을 當하였건만 우리는 그러한 天災나 地變도 없이 왜 이 慘境을 당하였는고?"라고 하였는데, 이는 조선물산장려운동과 민립대학설립운동 등이 인적 갈등으로 원래의 목적을 달성할 수 없게 된 점을 비판한 것이다. 더 나아가 '일을 할 만한 사람은 없고 무너뜨릴 사람'만 있는 당시 사회운동의 현실을 개탄하였다. 그러면서 허위와

⋯⋯⋯⋯⋯
135) 관동대지진과 관련된 언론통제에 대해서는 이연, 「제4절 관동대진재와 조선에서의 언론통제」, 『일제강점기 언론통제사』, 박영사, 2015을 참조할 것.
136) 「日本의 災難, 一大 慘劇」, 『동아일보』 1923년 9월 4일자.

번뇌, 시기 등 모든 추한 것을 벗어버리고 진실과 근면, 생애와 용기를 가지고 참담한 재변의 유허에서 신생명을 건설하기 위해 조선 민족이 거듭날 것을 주장하였다.137)

그 연장선상에서 『동아일보』는 「東京 災變과 人心」이라는 사설을 게재하였다. 이 사설은 관동대지진 이후 일본의 계엄령 발포, 군대의 출동뿐만 아니라 식민지 조선에서도 요시찰 인물의 동향 파악, 청년단체와 교회의 경계, 기병대의 시위, 군대의 국경 경비 강화 등 계엄령과 같은 긴박한 상황을 예의주시하고 있다. 그러면서도 일본의 식민 지배를 비판하면서 한일 양 민족의 진정한 자유와 평등을 촉구하였다.

> 그러면 이 事變(관동대지진: 필자)이 우리 朝鮮人에게 준 感動은 어떠한고. 우리는 熱淚를 뿌리며 우리의 不幸한 眞情을 告白하지 아니치 못하겠다. 朝鮮人은 이 무서운 大事變의 報를 接할 때마다 왜 純粹한 人類愛로 마음껏 同情의 울음을 울지 못하고 劣等한 感情의 無理한 支配를 아니 받지 못하고 '에구 가엾어라'하는 恨歎의 끝에 隱密한 속에서 스스로 자기의 속에 劣等感情이 潛在함을 放免하지 아니치 못하는고.
> 그러나 사람아! 이것이 반드시 우리 朝鮮人이 道德的으로 劣等한 까닭이 아니다. 過去 二十年間에 小數의 日本의 爲政者의 人心의 機微를 察할줄 모르는 無知한 行爲가 우리를 모두 이러한 不幸한 境遇에 處하게 된 것이다. (중략) 日本의 從來의 政治는 이미 막다른 골목에 다다랐다. 어떤 形式으로나 方法으로나 新機軸이 回轉되어야 할 것이 事實로 證明되었다. 그들의 時代는 지나가야 할 것이다. 그들의 손으로 된 모든 惡은 씻겨버려야 할 것이다. 그리하고 日本人이나 朝鮮人이나 다 같은 地球上의 住民으로 서로 사랑하고 서로 抱擁하고 '아아 오랫동안 잘못 끌려갔던 兄弟여!'할 말이 하루라도 빨리 돌아와야 할 것이다. 師團과 警察部! 이것이 某 種人들이 想像하는 바와 같이 그다지 萬能

- - - - -

137) 「嗚呼 人災, 朝鮮人아 거듭나자」, 『동아일보』 1923년 9월 5일자.

한 것이 아니다. 眞正한 秩序의 維持는 愛라야 自由라야 하고 德이라
야 한다. (후략)138)

관동대지진 피해 소식이 언론을 통해 전해지면서 각 언론사는 구제활동을 독려하였다. 『동아일보』는 관동대지진이 일어나자 우선 이재를 당한 재일조선인에 대한 관심부터 표명하였다. 이에 따라 『동아일보』는 무엇보다도 피해지에서 고통을 받고 있는 이재동포 즉 재일조선인에 대한 구제를 적극 주장하였다. 「遭難同胞를 懷함」이라는 사설에서는 관동대지진이 일어난 지 5, 6일 지났지만 재일조선인에 대한 소식을 들을 수 없고, 생사의 확인도 알 수 없는 상황이라는 것을 밝히고, 이들을 적극적으로 구제할 것을 제안하고 있다.

> 同胞여. 異域에서 萬古의 未曾有하던 大災變을 當한 同胞를 金之의 아들, 李之의 딸이라 하느냐. 아니다. 우리 각 사람의 아들이요 딸이요 아우요 누이다. 國內에 있을 때에도 그러하거니와 外地에 있을 때에 더욱 그러하다. 同族의 愛護하는 情誼는 마땅히 이러할 것이다. 이러한 數百萬 生靈이 큰 災變을 當한 때에 小數의 제 同胞만을 생각하는 우리의 心事를 狹하다 말라. 鄙하다 말라. 그네에게는 큰 힘이 있거니와 우리에게는 힘이 없다. 우리 四五千의 遭難 同胞를 救濟하는 것도 우리 힘에는 비치는 일이다.139)

관동대지진으로 적지 않은 피해를 입은 일본에서는 일본뿐만 아니라 각국에서 구제활동이 이루어지고 있었다. 그렇지만 재일조선인에 대한 구제는 일본인보다 관심이 떨어질 수밖에 없는 상황에서 재일조선인을 위한 구

---

138) 「동경재변과 인심」, 『동아일보』 1923년 9월 8일자.
139) 「遭難 同胞를 懷함」, 『동아일보』 1923년 9월 6일자.

제는 우리가 보다 더 적극적으로 해야 한다는 논리를 펴고 있다. 더욱이 재일조선인 학살에 대한 소식이 전해지고 있는 현실에서 이들에 대한 구제활동은 무엇보다 급선무라 할 수 있었다. 때문에 『동아일보』는 보편적 이재민 구제보다는 동포 즉 재일조선인에 대한 구제를 우선시하였다고 할 수 있다. 이와 같은 인식하에서 『동아일보』는 東京地方罹災朝鮮人救濟會140)가 조직되자 곧바로 이를 지지하는 사설을 게재하였다.141)

그러나 『동아일보』는 무엇보다도 가장 확실한 구제는 일본에서 활동을 제한되거나 통제된 재일조선인의 '해방'이라고 보았다. 일본 정부는 재일조선인을 보호한다는 명목으로 경찰서나 각종 군 시설 등에 구금하였다. 대표적인 곳이 나라시노(習志野) 병영이었다. 나라시노 병영에는 3천여 명이 재일조선인이 수용되어 사회로부터 격리되어 생활하고 있었다.142) 이처럼 사회로부터 격리되어 차별을 받고 있는 재일조선인의 차별에 대한 '해방'을 강력하게 주장한 것이다. 그리고 이들이 안전하게 귀국할 수 있도록 보장해줄 것을 요구하였다.143) 그럼에도 불구하고 『동아일보』는 수천 명의 재

・・・・・・

140) 도쿄지방이재조선인구제회는 1923년 9월 8일 천도교 중앙대교당에서 경성의 유지 50여 명이 참석하여 조직하였다. 집행위원회는 위원장 유성준, 위원으로 고원훈, 이범승, 박승빈, 장우식, 홍태현, 김병희, 조남준, 이윤재, 이인, 송진우, 회계에 장두현, 상무위원에 신태악, 최린, 임정호 등으로 구성되었다(『동아일보』 1923년 9월 11일자). 이와는 별도로 같은 날 중앙기독교청년회에서 박영효, 민대식, 이상재 등이 중심이 되어 日本震災義捐金募集組成會를 조직하였다.
141) 「東京地方罹災同胞救濟會」, 『동아일보』 1923년 9월 10일자.
142) 「습지야에 수용된 동포는 이천팔백」, 『동아일보』 1923년 9월 11일; 「수용 중의 삼천 동포를 찾아」, 『동아일보』 1923년 9월 30일; 「습지야에 수용된 동포 이백육십 서경환으로 귀국한다」, 『동아일보』 1923년 10월 9일자.
143) 「東京罹災朝鮮人의 處置에 對하여」, 『동아일보』 1923년 9월 27일자. "(전략)요컨대 東京在留朝鮮人罹災者 에게 一時的 應急策으로 收容의 處置에 至한 것은 그 動機의 不得已한 것에도 依하였는지 不知하거니와 旣히 事態의 眞相이 漸次 闡明하여 朝鮮人에 對한 寃含 多少 無根한 浮說에 不過하였고, 또 互相의 誤解가 一掃한 以上 徒히 保護에 憑藉하여 殆히 朝鮮人 全部를 拘束할 必要가 無하며 速速히 各自의 自由에 解放하기를 切望하노라."

일조선인이 귀국할 수밖에 없는 일본의 상황에 대해 다음과 같이 비판하고 있다.

> 왜 그들은 多年 붙들고 있던 職業을 버리고 아무것도 할 일이 없는 생각건대 돌아오더라도 宿食할 곳이 없는 朝鮮으로 蒼徨히 돌아오는가. 그들이 돌아오게 된 仔細한 理由에 關하여는 아직 말할 必要가 없거니와 決코 自意로 職業을 버리고 돌아온 것이 아님은 누구나 의심치 아니할 것이다.
>
> 만일 이미 歸國한 四五千의 朝鮮人이 日本에 머물 수 없어서 貴重이 생각하던 職業을 버리고 돌아오지 아니치 못한다 하면 其餘 十數萬의 同胞도 同一한 事情下에 있을 것은 當然한 推理라 할 것이다.
>
> 만일 이 모양으로 日本 全國에 散在한 十數萬의 朝鮮人이 接足할 자리를 잃고 朝鮮으로 돌아오게 된다 하면 이는 看過할 수 없는 重大事件일 것이다. (중략)
>
> 우리는 在日同胞의 還歸라는 심히 異樣한 事件에 對하여 一面 이미 還歸한 數千 同胞와 日夜 不安中에 있어 전혀 居就의 方向을 모르는 十數萬의 同胞를 爲하여 뜨거운 同情을 表하는 同時에 그들로 하여금 이 至境에 이르게 한 日本政府의 偏狹 不公正한 심사를 非難하지 아니할 수 없다.[144]

즉 살기 위해 도일한 재일조선인이 목숨과 같은 직장을 버리고 돌아올 수밖에 없는 상황을 제공한 것은 그 원인이 어디에 있던 일본 정부에 그 책임이 있음을 엄중하게 경고하였다.

한편『동아일보』는 관동대지진 후 복구될 일본에 대해서도 관심을 가지고 이를 사설로 언급하였다. 그렇지만 그 내용은 복구를 위한 여러 가지 방책을 제시하고 있지만 일본 재정의 불확실성으로 우려를 표명하고 있

------

[144] 「日本 있던 朝鮮人의 送還」,『동아일보』1923년 9월 21일자.

다.145) 뿐만 아니라 "일본 경제계의 복구는 도저히 금후 단시일로써는 불가능한 것은 물론이지만 방금 진재지역의 지불연기도 표면상 소강의 태도를 유지하나 장래 여하한 파탄을 일어날지 알 수 없다"는 비관적 사설은 결국 삭제되었다.146) 그러면서도 『동아일보』는 「東京復興策의 前途」라는 사설을 통해 "東京의 復活은 日本 總文化의 再建設을 意味하는 것이니, 遲速과 能不能이 日本民族의 實力을 試鍊하는 것이라. 吾人은 이 意味에 있어서 東京復興의 將來를 一層刮目視하는 바이다"라고 하여, 일본의 부흥은 일본 민족에 있음을 밝히고 있다.

『동아일보』는 관동대지진이 일본에 국한되지 않고 식민지 조선과 중국 등 동양에 미치는 영향에 대해서도 입장을 표명하였다. 삭제된 「일본 경제의 대파탄」이라는 사설에 의하면, 일본 경제의 악영향은 반드시 식민지 조선 경제계에 파급되어 공황을 피하기는 어려울 것으로 예상하고 있다. 그리고 조선에 미치는 영향은 '燐火의 逢厄'이라고 단정하였다.147) 그 연장선상에서 관동대지진이 동양 정국에 미치는 영향에 대해 "今番 震災는 日本의 國力에 重大한 致命傷을 與케 되었도다. 그 復舊가 意外로 迅速할지 否할지는 將來의 事實에 就하여만 判斷할 바이니와 世界列強에 處한 一個 亞細亞 國家가 그 國力의 滅殺로 因하여 今後의 亞細亞 問題 又는 極東問題에 對하여 昔日과 如한 有力한 言權을 持치 못할 것은 事實이다. 이것이 亞細亞 全體의 不幸이요 또한 中國의 一大 憂慮處라"148)라고 하여, 국제사회에서 아시아와 극동 문제에 대해 제대로 대처하지 못할 것이라는 전제를

・・・・・

145)「日本財政의 前途, 復舊事業은 如何」, 『동아일보』 1923년 9월 11일자.
146)『동아일보』 1923년 9월 12일자; 정진석 편, 「일본 경제의 대파탄」, 『일제시대 민족지 압수기사 모음』Ⅱ, LG상남언론재단, 1998, 52~54쪽.
147) 정진석 편, 「일본 경제의 대파탄」, 『일제시대 민족지 압수기사 모음』Ⅱ, LG상남언론재단, 1998, 54쪽.
148)「日本震災와 東洋의 政局」, 『동아일보』 1923년 9월 20일자.

밝히고 있다.

　관동대지진이 일어난 일본에서는 사회안정과 질서유지라는 명목으로 계엄령을 발포하고 사회주의자, 아나키스트를 검속하는 한편 재일조선인을 학살하였다. 그 가운데 아나키스트로 유명한 오스기 사카에 일가족을 살해하였다. 이와 관련해서 『동아일보』는 2회에 걸쳐 사설로 취급하였다. 「急激한 暗流」라는 사설에서는 오스기 일가족의 참살은 "관동대지진의 부산물 중 가장 처참한 광경이며, 가장 不祥한 사건"이라고 하였다. 그리고 그 행위에 대해 "人間을 超越하여 아니 禽獸의 劣情보다도 더 殘忍卑怯의 暴行이 아니고 무엇이랴. 이로 보면 日本 社會의 裏面에 兩極端의 暗流가 如何히 奔放하는 것을 可知할 것이다"[149]라고 하여, 금수보다 못한 비열한 폭력이며, 이를 용인한 일본 사회의 양극단의 모습을 비판하고 있다. 나아가 오스기를 살해한 아마카스 아사히코(甘粕正彦)의 재판[150]을 지켜보고 "日本軍人의 頑固固陋하게 根着한 所謂 愛國思想과 時代를 支配하는 相愛의 思想과 얼마나 서로 背馳되는 것을 推測"할 수 있는 시대착오의 일본 사회를 비난하였다.

　앞서 언급한 바 있듯이 관동대지진이 발생하자 일본 정부는 재일조선인이 우물에 독을 넣었다, 폭동을 일으킨다는 등의 유언비어를 날조하였다. 이로 인해 각지에서는 자경단이 조직되고, 군과 경찰까지 동원되어 재일조선인을 무차별하게 학살하였다. 당시에는 언론통제로 알려지지 않았지만 오스기 살해와 아마카스사건이 사회적으로 이슈화되자 재일조선인 학살도 언론에서 조심스럽게 기사로 다루었다. 『동아일보』도 10월에서야 이를 게재하는 한편 사설로 게재하였다. 관동대지진 직후 사이토 총독은 재일조선

---

149) 「急激한 暗流」, 『동아일보』 1923년 9월 29일자.
150) 『동아일보』는 오사기 사카에를 살해한 아마카스의 재판을 '아마카스사건(甘粕事件)'이라는 기사 제목으로 재판과정을 게재하였다.

인의 동향을 파악하기 위해 도일하여 10월 3일에야 조선으로 귀임하였다. 이를 계기로 『동아일보』는 사이토 총독에게 재일조선인이 당한 학살과 피해에 대한 진상 발표를 촉구하였다.151)

3. 관동대지진과 『조선일보』 사설

『조선일보』도 관동대지진이 일어나자 『매일신보』, 『동아일보』와 마찬가지로 호외를 발행하고 대서특필하였다. 우선 9월 3일자에 「日本 有史 以來 初有의 大地震」이라는 기사로 관동대지진의 참상을 보도하였다. 이후 9월 한 달 내내 관동대지진 관련 기사를 지속적으로 게재하였다. 그리고 중요한 사안에 대해서는 사설로 다루었다. 관동대지진과 관련된 『조선일보』의 사설은 〈표 12〉와 같다.

〈표 12〉 『조선일보』의 관동대지진 관련 사설

회수	제목	발행일자	비고
1	朝鮮은 水害 日本은 火災	1923.9.6	
2	東京 橫濱의 全滅 狀態와 今後 經濟界의 觀測	1923.9.8	
3	今回 東京震災에 對한 當局의 言論取締	1923.9.9	
4	歸哉歸哉어다. 同胞同胞여 生乎아 死乎아?	1923.9.10	
5	罹災한 在外同胞를 救濟하라. 在內同胞의 同情을 促함	1923.9.11	
6	震災 後의 日本, 現內閣의 覺醒期	1923.9.14	
7	流言蜚語의 根本的 觀察	1923.9.15	
8	震災 先後策에 對한 觀測	1923.9.16	
9	目下 朝鮮人의 生活狀態를 考慮하라	1923.9.23	
10	日本人들아 自重하라	1923.9.24	
11	日本의 震災 後 朝鮮經濟界	1923.9.26	
12	震災 後 日中露의 關係	1923.9.30	
13	僑日同胞에게, 辛酸淚오며 그 死한 者를 弔하고 生한 者를 慰함	1923.10.4	압수
14	日本 震災 當時의 死亡한 同胞를 追悼함	1923.10.28	

- - - - -
151) 「齋藤總督에게」, 『동아일보』 1923년 10월 6일자.

〈표 12〉에 의하면 『조선일보』 사설은 『매일신보』 및 『동아일보』보다 적은 14회 게재되었다. 게재 기간은 9월 6일부터 10월 28일까지로 이는 다른 두 신문보다 길다고 할 있다. 그렇지만 게재된 사설은 오히려 훨씬 적었다. 첫 사설도 두 신문보다 2일 내지 3일 늦은 9월 6일자에 게재하였다. 이 역시 『조선일보』가 관동대지진을 보도한 것보다 2, 3일 늦은 것이다. 이는 다른 두 신문보다 관심도가 그만큼 떨어졌다고 할 수 있다. 사설의 주요 내용을 살펴보면 〈표 13〉과 같다.

〈표 13〉 『조선일보』의 관동대지진 사설 내용별 분류

주요 내용	회수
구호/구제(의연)	3
탄압	2
일본	2
도쿄(일본) 부흥	0
피해	2
영향(국내외)	3
학살	2
계	14

〈표 13〉에 의하면, 『조선일보』 사설은 관동대지진으로 인한 구호 및 구제에 관한 내용과 국내외 영향이 각 3회로 가장 많이 관심을 가지고 게재하였고, 이어 식민지 조선에 대한 탄압, 관동대지진 피해 상황, 일본의 내정, 그리고 재일조선인 학살과 관련하여 각 2회씩 사설을 게재하였다. 이들 사설에 대해 좀 더 구체적으로 살펴보자.

『조선일보』의 첫 사설은 「朝鮮은 水害 日本은 火災」로 관동대지진의 피해 상황이었다. 이는 다른 신문사와 마찬가지였지만, 특히 한 것은 식민지 조선은 관서지역의 수해와 같이 다루었다는 것이다. 일본 관동대지진이 발생하기 전 식민지 조선에서는 관서지역에 대규모의 수해가 발생하였다.[152]

수해 상황은 신문사마다 관심을 가지고 보도하였다. 식민지 조선의 수해로 적지 않은 시련을 겪고 있는 상황에서 관동대지진이 발생하자 『조선일보』는 이 두 재해를 비교하면서 사설로 취급하였다.

> 大平天平이 一言으로써 呼顧하노니, 朝鮮人도 頂天立地한 人類이며 日本人도 頂天立地한 人類인데, 그 무엇이 天意를 違反함이 有하여서 今年 以來로 首尾 四五十日 左右에 朝鮮에는 洪水를 降하여 無辜한 數千 生命이 淹沒케 하고, 日本에는 大火를 下하여 無辜한 數萬 人民을 燒殺하는가. 만일 皇天이 東洋人을 眷顧하여 平和한 幸福을 享하게 하고자 할진데, 水火의 功用을 調節하여 此로써 彼를 求하였으면 淹死한 者도 燒殺된 者도 無히 彼此 兩方이 다같이 歡喜泰平할 터이거늘, 마치 心術이 不端한 者가 機變의 智巧를 使用하여 憎惡하는 人을 故意로 窮迫한 境界에 驅入함과 같이 火力을, 可히 滅熄할 功效가 有한 洪水를 無意味하게 行使하여 利用厚生할 만한 水火로써 殺人하는 諸具를 作하니, 神妙不測한 者는 天의 造化지만 眞實로 咄咄 怪事가 아니라 言키 難하도다.153)

즉 『조선일보』는 조선과 일본 두 민족이 다 같이 태평할 시기에, 각각 홍수와 화재로 수만은 인명이 살상당한 것은 天災라기보다는 '怪事'로 인식하고 있다. 이는 양시론적 인식으로 조선과 일본이 다 불행한 것이라고 보았다.154) 나아가 "現今 東亞의 局勢는 가장 危險하고 가장 多事한 秋이라. 中華 全體가 鼎沸하는 狀態에 在하고 獰猛한 西勢는 怒濤狂瀾과 如히 掩襲하는데 此時에 際"에 관동대지진으로 인해 동양의 정세는 매우 비관적이라

---

152) 관동대지진에 앞서 식민지 조선에서는 관서지역 즉 평안남북도에 수해가 발생하였다. 이로 인해 당시 관서지역 수해의연금 모금운동이 전국적으로 전개되었다.
153) 「朝鮮은 水害 日本은 火災」, 『조선일보』 1923년 9월 6일자.
154) 이러한 인식은 다음에서도 보이고 있다. "日本人과 朝鮮人의 何者를 不問하고 平日에 무슨 罔赦할 罪案이 有하여 特別한 懲罰을 施함"

고 판단하고 있다.

　이와 같은 인식에 따라 관동대지진으로 인한 피해는 적어도 '백억 원' 이상이라고 진단하고 그 영향이 식민지 조선에도 미칠 것이라고 보았다. 즉 "朝鮮의 資金을 日本에 仰함은 姑捨하고 도리어 日本에서 吸收할 形勢라 하니, 만일 此가 事實化할지면 朝鮮의 物價는 벌써 變動이 有한데 朝鮮의 資金이 日本으로 流入하였다가 다시 回來하려면 그 幾日이 少하여도 幾個月을 要할지니, 그런즉 生活困難한 一層 痛感한 者는 貧乏한 우리 朝鮮人이 先頭에 居할 것은 無疑하도다"[155]라고 하였다.

　『조선일보』는 관동대지진을 보도하는 과정에서 9월 5일자와 9월 8일자 신문이 "當局의 忌諱를 觸"하여 '발매금지'와 '발행금지'를 당한 바 있었다.[156] 구체적인 기휘의 내용은 알 수 없지만 압수당한 기사는 다음과 같다.

> 3개 처에 불온사건 발생
> 　일본 관동지방 재난 후 八王寺 橫濱 東京에 불온사건이 발생하여 형세 심히 위험하여 육군대신은 드디어 제13, 14사단에 긴급명령을 내리고 현재 출동 중인데, 금후의 형세는 어떠할 것인지 일본 전국의 인심이 흉흉하다고 한다.[157]
>
>
> 중도에 귀환한 유학생
> 　하기방학을 이용하여 고향에 돌아왔던 함경남도 북청군 청해면 토성에 사는 이주천(28) 군은 중앙선으로 동경을 향하여 들어가다가 川口驛에서 다시 타고 사오며 차중에서 들은 소문을 들은즉 역시 조선 동포의 소식은 묘연하여 생사를 알 수 없다 하며 (중략)
> 　"내가 부산에 도착하기는 8월 30일이었습니다. 그래서 그날 밤으로

⋯⋯
155) 「東京橫濱의 全滅狀態와 今後 經濟界의 觀測」, 『조선일보』 1923년 9월 8일자.
156) 「社告」, 『조선일보』 1923년 9월 6일자 및 9월 9일자.
157) 정진석 편, 『일제시대 민족지 압수기사 모음』 I, LG상남언론재단, 1998, 157쪽

연락선을 타고ㅆ 하였더니 만원이 되어 타지 못하고 그 이튿날에야 겨우
타고 下關에 상륙하였습니다. 거기서 기차를 탄 조선 학생이 20명 가량
되었는데, 名古屋에 도달한즉 신문 호외가 굉장하며 동경이 전멸되었다
고 하고 겸하여 東海線은 타지 못한다고 합디다. 그러나 동경이 전멸이
라 함은 꿈같은 일인 고로 그대로 중앙선을 타고 들어가다가 동경을 앞
으로 60리를 격한 川口까지 감에 몸에 피투성이를 사람이 많이 타며 동
경 이야기를 하는데 소름이 끼치고 화광은 그때까지 충천에 비추어 있습
디다. 그러므로 일행 20명은 임시회를 열고 사고무친 척한 동포의 소식
을 듣고자 모험을 하고 들어가고자 하였습니다. 그러나 그때는 벌써 계
엄령이 내리고 동경에 들어오는 사람은 절대 거절한다 함으로 눈물만 남
기고 돌아오게 되었습니다. 그런데 피난민이 떠드는 소리를 들으면 조선
동포는 어떤 곳에 다 가도 의식은 준다는 말도 있고, 그곳 신문 호외에는
品川에서 조선 동포 3백 명을 ○○(학살: 필자)하였다는 기사를 보았는
데, 대개 우리 동포의 소식은 어찌 되었는지 모른다"고 하더라.158)

압수당한 기사에 의하면 기휘에 저촉되는 것은 '도쿄의 불온한 사건'과
'재일조선인 학살'이라고 할 수 있다. 이처럼 식민지 조선에 불리한 기사는
압수 내지 삭제 등 철저하게 통제하였다. 이에 대해 『조선일보』는 사설
「今回 東京震災에 對한 當局의 言論取締」를 통해 비판하였다.

> (전략) 東京 橫濱으로부터 消息이 比較的 靈通하고 道里가 比較的
> 密接한 日本 各地의 電報를 의하여 全滅을 報來하면 全滅로 紹介하고
> 何人의 或死或生과 何地의 或燒或沒을 모두 그대로 轉載할 뿐인데,

・・・・・
158) 정진석 편, 『일제시대 민족지 압수기사 모음』 I, LG상남언론재단, 1998, 158쪽. 압수 기사
는 『동아일보』도 있었다. 1923년 9월 9일자 압수 기사는 다음과 같다.
"불바다에서 탈출하여 무사 귀국까지/강원도 회양의 김근식은 귀경해서 말하였다. "日比谷
公園에서 나왔으나 조선인들에 대한 일본인들의 감정이 나빠 생각처럼 피난할 수가 없었
다. 가까스로 숨어서 上野公園에 3일 밤 도착하여 日募里에서 중앙선을 타고 돌아왔는데,
기차를 타고 오는 도중에서도 기차가 교차할 때마다 일본인들은 동경을 향하는 열차에
대고 '동경에 가면 조선인을 ○○하라'는 고함소리를 질러 소름이 끼쳤다."고 말하였다."

그것을 禁止하여 押收까지 斷行하며, 또는 福岡 大阪 等地로 從來하
는 報紙에 滿載하고 廣布하여 何人도 皆知하는 後略한 傳說과 찌꺼기
記事까지도 絶對로 禁止하여 一般으로 하여금 災難의 眞狀을 聞知하
려 함에도 可得치 못하는 結果로 저마다 惶惑하고 저마다 恐懼하여 不
測한 禍○가 目前에 襲來함이 無異하게 할 뿐 아니라 前古에 未聞한
新例를 出하여 幾個 報館을 陰謀團이나 赤主義者로 認定함과 같이 警
吏를 輪流派送하여 ○坐 監視하니 此가 果然 此局을 鎭撫하는 正常
辦法이라 할까. 當局에서 風說을 憎惡하여 靜穩히 整理하려면 如何한
事實이 有하였는지 眞狀을 眞狀대로 發布하여 不實한 言이 스스로 沈
熄하게 할지거늘 湧出하는 泉流를 一塊 土壤으로 防止하려 함과 同一
한 手段을 取하니 絶對로 遠大한 眼力이라 推許치 못할 바이라. 요컨
대 깊이 考慮하여 失策이 無하게 할지어다. 우리 朝鮮人의 資格이 아
무리 庸劣할지라도 人의 災害有無를 從하여 感情作用을 左右하는 淺
見者는 아니로다.159)

『조선일보』는 기사 압수와 삭제 등 언론통제에 대해 도쿄와 요코하마 등지에서 오는 전보를 근거로 하여 비교적 정확한 기사를 보도하였음을 주장하면서 조선총독부 당국이 사실 그대로 진상을 밝히면 찌꺼기와 같은 부실한 기사는 자연스럽게 소멸된다고 하였다.

뿐만 아니라『조선일보』는 관동대지진과 관련된 유언비어를 단속하는데 대해서도 비난하였다. 총독부는 재일조선인 학살과 관련된 보도를 통제하는 한편 귀국한 유학생 등 재일조선인을 감시하였지만 '재일조선인에 대한 일본사람의 난폭한 행동' 즉 재일조선인 학살에 관한 이야기들이 회자되었다. 이에 총독부는 이를 유언비어라고 하여 단속을 강화하였다.

이에 대해『조선일보』는「유언비어의 근본적 관찰」이라는 사설을 게재하였다. 이 사설은 유언비어가 발생하게 된 근본적인 원인을 먼저 고찰할

• • • • •
159)「今回 東京震災에 對한 當局의 言論取締」,『조선일보』1923년 9월 9일자.

것을 제안하는 한편 "日本人 諸君이여, 流言을 因하여 君輩의 如何如何한 行動을 한 번 반성하고 朝鮮人의 境遇를 易하여 思할 지어다. 此가 곧 平和를 促成하는 前提의 一個 重要한 事"라고 하여, 역지사지하여 일본인의 반성을 촉구하였다. 뿐만 아니라 「일본인들아 자중하라」는 사설에서는 "朝鮮人이 日本人을 排斥하려면 方法과 機會가 그렇게 無하여 何必 震災를 이용하여 諸君을 襲擊할 理가 有하겠는가. 道義를 知하는 朝鮮人으로서는 人의 不幸이 幸히 함은 決無하리라"160)라고 하여, 도리를 아는 조선인은 일본인 즉 남의 불행을 이용하여 배척하지 않는다는 강한 메시지를 전달하고 있다. 그러면서 자신의 불행을 조선인에게 전가하려는 일본인을 심리를 비판하고 있다.

『조선일보』는 관동대지진으로 수십만의 사상자가 발생하자 재일조선인의 생사를 염려하였다. 그럼에도 『조선일보』는 관동대지진이 발생한 지 10여 일이 지난 후에야 사설로 관심을 표명하였다. 「歸哉歸哉어다. 同胞同胞여 生呼아 死呼아?」161)라는 사설은 이를 잘 보여주고 있다. 일본 당국이 재일조선인을 보호한다는 명목으로 병영이나 경찰서 등에 수용하고 있지만 보다 안전한 조선으로 돌아올 것을 호소하기도 하였다.

그 연장선에서 『조선일보』는 재일조선인의 구제에 대해 관심을 표명하였지만 이 역시 『동아일보』나 『매일신보』보다 늦게 사설도 다루었다. 이와 같은 관심은 일반 기사에서도 마찬가지였다. 『동아일보』가 관동대지진 기사를 9월 3일 보도하면서 재일조선인의 생사도 염려하였다.162) 이에 비해 『조선일보』는 제3자적 입장에서 재일조선인을 생사를 보도하였다.163) 그

· · · · ·
160) 「일본인들아 자중하라」, 『조선일보』 1923년 9월 24일자.
161) 『조선일보』 1923년 9월 10일자.
162) 「우려되는 조선인의 소식」, 『동아일보』 1923년 9월 3일자.
163) 「우리 친족은 안부여하, 소식을 몰라서 우려하는 동포」, 『조선일보』 1923년 9월 4일자.

렇다 보니 구제회가 조직되고 의연금이 모금되는 시점에 이르러서야 사설로 취급한 것이다. 「罹災한 在外同胞를 救濟하라」라는 사설은 "同一한 罹災에 處하였다 하더라도 日本人의 境遇는 朝鮮人의 그것과 不同하여 오히려 그네의 父母에게나 親戚에게나 知舊에게나 救濟를 받을 機會가 없지 아니하였으니"164)라고 하여, 일본에서 차별받고 구제를 제대로 받을 수 없는 재일조선인을 위해 '在內同胞'들의 동정을 촉구하였다. 그러면서도 「目下 朝鮮人의 生活狀態를 考慮하라」는 사설에서는 경제적으로 궁핍한 상황에서 관서지역의 수해로 의연금을 모금하는데 관동대지진 의연금 모금은 강제성보다는 자발성을 가지고 참여할 할 수 있도록 해야 한다고 조심스럽게 입장을 밝히고 있다.165)

관동대지진이 어느 정도 진정되고 있는 10월 『조선일보』는 관동대지진으로 목숨을 잃은 동포를 위한 추모 사설을 게재하였다. 「僑日同胞에게」라는 사설은 "이미 敗倒하여 죽음을 避치 못한 同胞의 孤魂을 悲憤의 淚로써 弔하는 同時에 日本에 在留하는 우리 同胞들이 보다 더 酷毒한 困厄과 苦楚를 想像하고 淚가 盡하고 聲이 噯함을 禁치 못한다"라고 하면서 "死한 同胞를 弔하고 生한 同胞를 慰"하고 있다. 또한 「日本 震災 當時 死亡한 同胞를 追悼함」이라는 사설을 통해 추모사를 게재하였다.

> (전략) 嗚呼라. 人의 生이 寄함과 如하고 死함은 歸함과 如하나니, 그 生에 有하면 그 死가 有할 것은 必然한 公理라. 學賢도 死하며 帝覇도 死하며 英雄도 死하며 君子도 死하며 才子佳人도 死하며 富翁 乞客도 死하나니, 만일 哲學의 見地와 達觀의 眼目으로 見할진데, 반드시 免치 못할 生死問題에 對하여 此를 喜하고 彼를 哀함이 到底히

- - - - -

164) 「罹災한 在外同胞를 救濟하라」, 『조선일보』 1923년 9월 11일자.
165) 「目下 朝鮮人의 生活狀態를 考慮하라」, 『조선일보』 1923년 9월 23일자.

根據가 薄弱하여 汚濁한 人間性의 本色을 表現함에 不過하다 言하여도 所謂 情理上에는 如何하다 云하리 不知호되 自然한 理論에 對照하면 그렇게 必要할 일이 아니므로 우리는 有用한 時間에 無用한 悲哀를 作하고자 하노라. (중략) 兄弟들의 父母는 朝朝暮暮에 門閭에 依하여 兄弟들의 歸來하기를 企待하며, 兄弟들의 妻子는 日日時時로 兄弟들의 恩愛를 思念함에 切至하여 寤寐食息間에도 兄弟들의 ○容이 寂寬함에 恨歎하는 그 苦情을 不知하는가. 嗚呼痛矣嗚呼痛矣…?[166]

---

[166] 「日本 震災 當時 死亡한 同胞를 追悼함」, 『조선일보』 1923년 10월 28일자.

제3장

관동대지진과 식민지배 정책

제3장
관동대지진과 식민지배 정책

제1절 관동대지진과 재일조선인의 귀향

1. 관동대지진과 재일조선인 동향

1923년 9월 1일 오전 11시 58분에 발생한 관동대지진이 식민지 조선에 전해진 것은 당일 저녁이었지만[1] 언론의 첫 보도는 다음날인 9월 2일이었다. 『매일신보』와『동아일보』는 '濃尾地方 地震'[2]와 '東京以西 電信不能'[3]이란 기사를 통해 일본에 지진이 일어났다는 것을 간단한 단신으로

- - - - -

[1] 관동대지진이 식민지 조선에 처음으로 전해진 것은 사이토(齋藤實) 총독이었다. 사이토 총독은 당일 오후 6시에 첫 지진 소식을 들었다. 이때 전해진 지진지역은 농미지방(濃尾地方)이었으며, 밤 10시 반경 통신사로부터 요코하마(橫濱) 일대에서 화재가 발생, 지진이 일어났다는 것을 파악하였다.

[2] 「농미지방 지진」,『매일신보』1923년 9월 2일자.『매일신보』는 2단 기사로 처리하였으며, 내용은 다음과 같다. "작일일 아침 구시경부터 애지현(愛知縣)과 기부현(岐阜縣)지방에 큰 지진이 되어 기차와 전선이 전부 불통하며 지진은 아직도 계속되는 고로피해 정도도 자세치 못한 바 이로 인하여 동경 소식은 전혀 불명하며 그 지방은 지금부터 삼십사년 전에 유명한 농미대지진(濃尾大地震)이 있던 곳이라더라."

처리하였다. 그런데 이 기사는 관동대지진이 일어난 도쿄와 요코하마 등 간토 일대가 아니라 '노우비 지방(濃尾地方)'으로 아치이현(愛知縣)과 고후현(岐阜縣) 일대에서 지진이 났다고 보도하였다. 이 첫 보도는 나고야(名古屋) 일대에 지진이 난 것으로 보았다. 이는 언론사뿐만 아니라 사이토 총독에게도 같은 지역에서 지진이 발생하였다고 처음 보고된 내용과 같았다. 이는 일본에서 정확한 정보가 전달되지 못하였기 때문이다. 이러한 오보는 관동대지진으로 인한 통신이 불통되었기 때문이다.

그렇지만 다음날인 9월 3일에는 『동아일보』, 『조선일보』, 『매일신보』에서 특종과 같이 대대적인 보도를 취하였다. 3개 신문은 특히 3면은 전적으로 관동대지진에 대해 피해상황을 다루면서 "동해도 각지 대지진"(『동아일보』), "일본 유사 이래 초유의 대지진"(『조선일보』), "海嘯, 지진, 화재가 일시에 襲來 개벽 이래 초유의 慘事, 참극"(『매일신보』) 등의 표제로 당시의 상황을 전달하였다. 이외에도 '초토화된 동경 전시가'(『매일신보』), '동경 전시에 계엄령'(『조선일보』), '동경 시가 거의 전멸'(『동아일보』) 등 도쿄의 피해상황을 비교적 크게 보도하였다. 뿐만 아니라 '각처에 사망자와 전소 가옥이 부지기수'(『동아일보』), '死者 千名'(『매일신보』)라 하여 사망자가 적지 않았다는 것도 보도하였다.[4] 그렇지만 9월 3일자 각 신문에는 재일조선인에 대한 생사여부에 대한 보도는 『동아일보』가 유일하였다. 그 내용은 다음과 같다.

- - - - -

[3] 「경경이서 전신불능」, 『동아일보』 1923년 9월 2일자. 『동아일보』은 1단으로 처리하였으며, 기사 내용은 다음과 같다. "농미지방(濃尾地方)에 큰 지진이 일어나 동경 이서의 전신전환은 전부 불통되었더라."
[4] 각 신문사별 기사수를 보면 『조선일보』는 30건, 『동아일보』는 34건(사진 1컷), 『매일신보』는 33건(사진 5컷)으로 『조선일보』는 2/3, 『동아일보』와 『매일신보』는 일반기사 2, 3건을 제외하면 관동대지진 관련 기사이다. 비중 면에서는 『매일신보』>『동아일보』>『조선일보』 순이다.

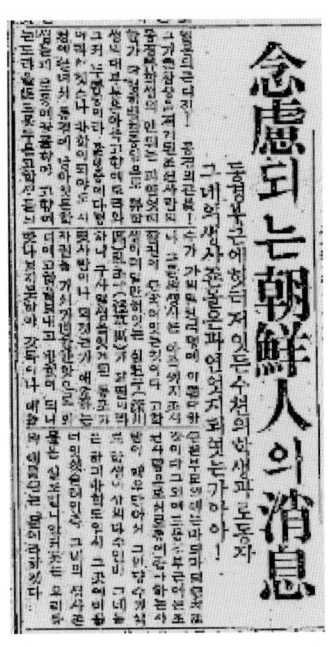

〈『동아일보』 1923년 9월 3일자 기사〉

염려되는 조선인의 소식
동경 부근에 흩어져 있던 수천의 학생과 노동자
그네의 생사존몰은 과연 어찌 되었는가. 아아!
일본의 큰 지진! 동경의 큰 불! 그 같은 참상을 겪게 된 조선 사람의 동경유학생의 안위는 과연 어떠한가. 다행이 방학 중이므로 유학생의 대부분은 아직 고향에 돌아와 그저 두류 중이라 불행 중의 다행이라 하겠으나 방학이 되어도 사정에 끌려서 동경에 남아있던 학생들과 노동에 골몰하여 고향에 돌아올 뜻도 못 둔 고학생들의 수가 가히 일천여 명에 이른다 하니 그들의 생사는 아직까지 조사할 길이 그치어 있는 것이다. 고학생이 제일 많이 있는 심천구(深川區)와 천초구(淺草區)가 전멸이라 하니 구사일생을 얻게 된 동포가 몇 사람이나 되겠는가. 애호하는 자질을 가세가 빈한한 탓으로 외지에 고학을 보내고 방학이 되나 만나보지 못하여 가뜩이나 애를 끓는 부모의 애는 마디마디 끊일 일 것이다. 그

외에도 동경 부근에 조선 사람으로서 노동에 종사하는 사람이 매우 많아서 그 인명 수가 실로 학생 이상의 다수인 바, 그네들은 하기방학도 없이 그곳에 머물러 있었을 터인즉 그네의 생사존몰은 실로 멀리 앉아 듣는 우리들의 애를 끓는 문제라 하겠다.[5]

이 기사에 의하면 관동대지진이 발생한 도쿄 일대에 유학생과 노동자가 적지 않으며, 이들의 '생사존몰'을 알 수 없는 상황에 애타는 부모의 마음 나아가 민족의 마음을 잘 담고 있다. 『동아일보』는 발빠르게 재일조선인에 대해 관심을 갖고 생사여부를 염려하였다.

이에 비해 『조선일보』는 다음날인 9월 4일자에 재일조선인에 대한 기사를 처음으로 게재하였다. 그 내용은 다음과 같다.

> 우리 친족은 안부 여하
> 일본 동경과 횡빈지방에 큰 지진과 화재가 일어나서 별안간 혼돈세계가 되어 몇 십만 명의 생명이 불 속에 장사지내는 참상이 생기었다는 전보가 너무나 쉴 사이 없이 각 보관에서 호외 비답하는 요청 소리가 경성 천지를 진동함에, 귀한 자제를 유학시키는 부모들과 가족이 가서 노동하고 있는 친척들은 자기의 자제와 친척들이 혹시 어찌 되었는지 소식을 몰라서 심히 궁금히 여기며 타는 마음을 어찌 할 줄을 모르고 어찌하면 소문이라도 들을까 하여 각 보관을 방문하고 소식들을 방편을 듣기도 하며, 탐지하여 달라는 의뢰를 하는 정경은 과연 민망하기가 이를 데 없다더라.[6]

『조선일보』 역시 재일조선인에 대한 염려를 기사화하였지만 "정경은 과연 민망하기 이를 데 없다"라고 하여, 제삼자적 입장을 취하고 있다.

・・・・・
[5] 『동아일보』 1923년 9월 3일자.
[6] 『조선일보』 1923년 9월 4일자.

이와 같은 염려는 현실로 나타나 관동대지진이 발생한 간토(關東) 일대는 이미 재일조선인 학살이 시작되었다. 당시 『동아일보』와 『조선일보』의 재일조선인에 대한 염려는 지진으로 인한 피해였지만 일본에서 일어날 여러 가지 상황도 예견하지 않을 수 없었다. 그런 점에서 두 신문은 민족적 차원에서 재일조선인을 기사화하였다고 할 수 있다. 이에 따라 두 신문은 재일조선인에 대한 기사를 꾸준히 게재하였다.

한편 『매일신보』는 『동아일보』보다 3일 늦은 9월 5일자에 재일조선인에 대한 염려를 처음으로 기사화하였다. 전문을 소개하면 다음과 같다.

> 이번 동경을 중심으로 일어난 지진의 참혹한 재앙은 듣는 자로 하여금 간담을 며늘케 한다. 지난 2일 하루에 동경에서만 불에 타버린 건물의 수효가 궁성으로 비롯하여 각관 공서 은행 회사 등을 합하여 20만 효가 넘는다 하고, 죽은 자가 수만 명에 달하다 하니, 이것만 들어도 그 참혹한 애도가 얼마나 심한 것을 족히 추측될 것이다. 그리하고 아직도 지진이 그치지 아니하고 처처에서 계속된다 하며, 동경과 횡빈과 횡수하 동 유수한 도회지는 모두 전멸이 되어 부르짖고 떠드는 소리가 사방에서 일어나서 완연히 현세의 지옥을 나타내었다 하니, 통신기관이 완전치 못하여 세세한 정보는 알 수 없으나 이 뒤로 또 어떠한 재앙이 거동될 런지 예측키 어렵다. 그런 중에 자기의 자녀나 족속을 두고 멀리 조선에 앉아서 근심하는 사람의 마음이야 어찌 일선인의 구별이 있으리오마는 그중에도 특히 조선 사람들은 그곳의 형편에 어두운 고로 가슴이 아프고 속을 태우는 정도로 그만치 더 간절한 모양이다. 여름방학에 오래간만에 고국에 돌아왔다가 다시 개학기 임박하여 건너간 지 불과 몇일에 이러한 기별을 듣는 부모와 가족의 마음은 더욱이 간절할 것이다. 2일 아침에 신문의 호외를 보고 놀란 그들은 직접으로 혹은 전화로 동경의 소식을 탐문하며 가까운 지방에서는 반신료를 첨부한 편지가 연속히 온다. 아직도 재해로 인하여 통신이 민첩치 못함으로 자세한 형편은 알 수 없은즉 소식을 듣는대로 지면에 보도하고 편지로도 회답을 하려니와 각 방면에서 도달하는 소식을 종합해 보아도 아직까지는 조선

사람에게 대한 말은 없은즉 이것이 오히려 안전하다는 다행한 일인지도 알 수 없다.7)

이 기사에 의하면 "아직까지는 조선 사람에게 대한 말은 없은 즉 이것이 오히려 안전하다는 다행한 일인지도 알 수 없다"라고 하여 논평자처럼 다루고 있다. 즉 관동대지진으로 인한 피해는 조선인과 일본인의 구별이 없을 진데, 재일조선인이 피해를 입었다는 소식이 없다는 것은 오히려 안전하다고 하여, 자식이나 가족의 안위를 염려하는 조선인의 모습을 부정적으로 표현하고 있다.

이후『동아일보』,『조선일보』,『매일신보』에 게재된 재일조선인 관련 기사는 다음 〈표 14〉와 같다.

〈표 14〉『동아일보』·『조선일보』·『매일신보』에 보도된 재일조선인 관련 기사

날짜	신문	기사 제목	주요 내용	비고
9.3	동아	염려되는 조선인의 소식		
9.4	조선	우리 친족은 安否何如	소식을 몰라서 우려하는 동포, 귀한 자제를 유학 보낸 부모들과 가족이 건너가서 노동하는 친척	
9.5	동아	횡설수설	조선인의 폭동설에 대한 의문, 조선인의 민족성으로 보아 그럴 이유가 없다. 일본은 재난 때마다 조선인 행동에 대한 특별 경계와 감시해	
		일본유학생대회	6일, 대회 예정, 개벽사에 연락소 설치, 조사위원 3명 파견키로	
	조선	在京일본유학생대회	동포의 소식을 조사하기 위해 특파원 파견	
9.6	동아	유학생 대회는 금일	천도교당서 개최 예정이었으나 당국의 간섭으로 취소, 시천교당에서 관계자 이외에 참석 불허	
	조선	재경유학생회	금일 8시 중앙청년회관에서 개최	

7)「동경진재 중에 있는 자녀 족속의 안부를 생각하는 사람들」,『매일신보』1923년 9월 5일자.

9.7	동아	구사일생으로 동경을 탈출한 2학생	도보와 무료승차로 구사일생하여 경성역에 도착한 유학생 한승인, 이주성 소식/시외의 동포는 무사	
	조선	萬死의 力으로 동경에서 고국에	귀환한 두 학생 이주성과 한승인의 실지모험담, 동경의 참상을 눈으로 본대로 말하다가 동포의 소식을 물은 즉 말을 못하고 한숨/여러 가지 말할 거리가 있는 듯하나 그에 대하여 용서해주기 바란다고	사진 포함
	동아	조선인에 대한 감정이 疏隔된 此時 동경행은 위험	참화를 타서 폭행, 유언비어로 다시 확대된 듯/재난민 일반의 신경은 극도로 흥분된 때에 일부 소수의 조선 사람이 이 같은 참해를 타서 폭행을 한 일이 있었음으로 일반 민중의 반감을 사서 조선 사람과 일본 인민과의 생긴 예가 하나 둘이 아니다	丸山 경무국장 談
	동아	일반은 극히 평온, 조선인의 폭행은 일부분	소수의 배일조선인이 폭행을 한듯함, 일반 조선인은 평온함	내무성→총독부 경무국
		조선인을 극렬 보호	총독부와 조선은행에서 구호	특별한 내용 없음
	매일	일반 조선인들은 극히 선량하였다.	불량 조선인들이 무슨 폭행을 하는 듯 풍설이 있으나 일반의 조선인들은 극히 선량, 보호대책 강구, 약간의 불량 조선인의 행동에 대하여 민중과 감정이 충돌이 있어 쟁론이 있었으나 극히 경미	내무성 경보국장→총독부 경무국장
9.8		재류동포 만오천인 쯉志野병영에 수용하고 경관으로 경계	내각회의에서 동경에서 재난을 당한 유학생과 노동자를 습지야 兵舍에 수용	
	동아	조선인 박해와 내각 고시의 발표	이번 진재를 틈타서 일시 불온사상을 가진 조선 사람의 폭동이 있어서 조선인에 대하여 매우 불쾌한 감정을 갖게 되는 일이 있다고 들렀다. 이러한 일이 있으면 군대와 경관에게 알게 하여 조처케 함이 당연하거늘…	山本 수상 고시
	조선	중도에 귀환한 유학생	일본으로 건너갔다가 돌아온 유학생 담/피난민의 떠드는 소리를 들으면 조선 동포는 어떤 곳에다 가두어 식은 준다는 말도 있고, 그곳 신문 호외에는 품천(品川)에서 조선동포 삼백 명을 ○○하였다는 기사를 보았는데 대개 우리 동포의 소식은 어찌 되었는지를 모른다고	
		재경유학생이 궐기	이재동포의 소식을 탐지코자 이재동포의 조사기관으로 역할을 다하고자 함	

날짜	신문	제목	내용	비고
9.8	매일	조선 동포를 애호하라	불령선인의 폭행 有하여 선인에 대하여 頗히 불쾌한 感을 懷하는 자가 有하다 聞하였도다. (중략) 이를 취체 경고, 이는 내선융화 근본주의에 배척할 뿐, 아국의 절제와 평화의 이상에 발휘하고자 함	山本 수상 談
		소수 동포의 폭행은 조선인의 명예를 悔辱하는 일	在京의 조선인 중에 불온한 행동을 감행한 자가 有하였다는 一事가 有하여 余는 실로 의외로 憂하였도다. (중략) 동경에 在하여 次第에 생활을 營할 조선인이 何 理由로 불온의 행동을 감행할 이유가 有하리오. 人이 된 이상에 결코 可行할 일이 아니라 余는 생각하게 (중략) 我 조선 동포 전체가 세계의 전 인류에게 소외케 됨을 우려하는 바이라. (하략)	丸山 경무국장 談
		조선인 만 오천 명 習志野 兵舍에 수용 중	일반 조선인 15000명 죽음의 큰일에서 벗어나 습지야 병사에 수용되어 구호 중	
9.9	동아	살아오는 조선인을 위하여 총독부원 부산에 출장한다	귀향하는 조선인을 위해 부산에 임시사무소 설치	
9.10	동아	鎌倉 藤澤 부근의 재류동포 역시 일처에 집중하고 군대로 경호	겸창, 등택, 대기, 모기 부근의 조선인 경찰에서 한 곳에 모아 보호, 갑부연대가 경계	
	동아	재류동포에 대한 계엄사령관의 발표	진재 당초에 삼삼오오의 재일조선인이 폭동을 일으킨 것은 사실, 횡빈 부근의 일부 조선인이 강도와 강간, 방화를 계획, 지금은 배일조선인의 폭동이 진정됨	福田 계엄군 사령관
		27명은 무사 귀국하였다	品川에서 유학생 80여 명이 동행했으나 27명이 부산항에 도착	
	조선	계엄사령의 경고	조선인에게 대하여 그의 성질 선악을 불구하고 무법의 대우를 하는 일은 삼가는 동시에 그들도 우리 동포임을 잊지 말라. 모든 조선인이 악모(惡謨)를 계획한다는 것은 오해인 바 이러한 풍설에 의지하여 폭행을 더하고 스스로 죄인이 되지 말라.	삭제기사 있음
9.11	동아	습지야에 수용된 동포	습지야 임시수용소에 조선인 850명, 중국인 천 명	
	조선	습지야 병영에 동포수		
	매일	조선인 800명	조선인과 지나인들 사이에 언어의 불통으로 불미한 사건 발생을 미연에 방지하고 그를 보호하기 위해 습지야 임시수용소에 조선인 800명	

9.11	매일	유학생은 극력 보호	재경조선인은 각 관헌의 주도한 보호 구제를 수하고 있다는 공보에 접하였으나 차시에 특히 정부와 교섭하여 일층 만전의 방법을 講하도록 주도히 하기를 乞하는 중이며, (중략) 조선인과 특히 유학생의 소식을 조사케 하여 통지하기를 원하노라.	丸山 경무국장 談
9.12	동아	동경유학생은 대부분 안전	노동자 3천여 명 수용 보호, 5백여 명 경찰 보호/유학생은 독학부와 장백료 등에 150여 명 안전해, 그 외는 대부분 피난	高橋 사무관→총독부 보고
	매일	유학생은 대부분 안전	下町방면 3천 명 수용 보호, 기타 독지가와 군부에서 보호, 학생은 독학부 장백료에 1500명 안전	상동
	동아	혼란의 機를 엿보는 무뢰한의 선전으로 조선 사람을 중상 인제는 다 잡히었다고	이번 참사 중에 조선 사람들에 대한 여러 가지 좋지 못한 풍설이 있었다. 동경에서 악한 무뢰한이 혼잡한 기회를 틈타 유언비어를 함부로 선전, 못된 짓을 하려고 한 자 즉시 검거, 다른 지방에서 있은 듯, 일반인은 못된 놈에게 이용되지 말아야, 조선인 피난민을 한층 더 동정	藤岡 내무서 기관
	조선	조선인의 휴대한 폭탄 체포 조사한즉 기실은 林檎	이번 미증유의 참상에 우려하여 이재민의 낭패는 그러할 것이나 선인폭행(鮮人暴行)의 풍성학여(風聲鶴唳)로 거위 상궤(常軌)를 벗어난 행동을 한 자가 있었음은 유감천만이오. 곧 그 한 예를 마하면 '선인'이 폭탄을 휴대하였다고 하는 것을 체포하여본즉 임금(林檎)인 일도 있고, 또 일목희덕랑(一目喜德郎)씨의 집 부근에서 있던 일인데 한 사람의 집에 불이 붙을 때에 초를 엎지른 것을 주인여자가 솜을 적시어 쇠대야에 담아둔 것을 청년단들은 불 놓는데 쓰는 석유라고 잘못알고 주인 여자가 아무리 변명하여도 듣지 아니하고 마침내 주인여자는 '선인'편이라고 구타한 사실도 있소. (중략) 그러나 이러한 뜬소리에 감이어서 조선인에게 폭행을 한 것은 우리가 조선을 다스리는데 근심되는 것을 말할 것도 없소. (하략)	湯淺 경시총감 談
9.12		대판조선인노동동맹회 간부 5인을 去 5일에 검속	송장복, 김자의, 최태열, 지근홍, 김연석 검속, 동경에 있는 조선 사람 또는 사회주의자와 연락을 한 혐의로 추정	

날짜	신문	제목	내용	비고
9.13	조선	대판 재류동포의 활동	대판의 조선인협회와 조선인상애회 등 단체에서, 신호의 관서학원과 신호신학교 조선인신복회 등이 의연금 모금 착수	
		빈민굴의 성자 賀川씨	조선인 노동자가 어떤 공정의 여직공을 모욕하였다, 해방된 죄수들의 부정한 행동을 모두 조선인이 하였다, 조선인이 폭탄으로 집을 파괴하였다, 조선인 폭도가 신내천현(神奈川縣)을 쳐들어온다, 2만 명의 조선인 노동자가 대판을 습격 중이다 등의 풍설이 있어, 이에 조선인의 곤란은 실로 상상할 만한 일이며 그 중 제일 심한 데가 횡빈, 그 다음이 동경	동경 횡빈 진재 실지 시찰담
	매일	재류유학생은 평온상태	조선인 학생과 노동자의 보호에 대하여 관계 관청 협의, 습지야 임시수용소에 2,600명 수용, 대부분 노동자, 志賀 총독부위원장이 위문, 상애회원 150명 도로 보수	和田 재무국장 發電
		조선인에 일층 동정	조선 사람의 일에 대하여 여러 가지 풍설이 생기어 동경에서는 모든 악한들이 유언비어를 하여 인심을 소동시킨 후 그 기회를 타서 좋지 못한 일을 하려는 자가 있었으므로 그 즉시 검거하였으며 (중략) 조선 사람의 피난민에 대하여는 더 일층 동정한 점이 많으며 (하략)	藤岡 내무서 기관 談
9.14	동아	금강동 기숙생	동경 麴區 조선인 학생 기숙사 금강동에 기숙하는 80여 명 무사, 이 중 7명이 외출하였으나 행방 아득	귀한 학생 증언
9.14	동아	노동자 2천여 명은	총독부 출장소에서 극력으로 경무국, 경시청과 연락하여 보호 중인 노동자 7백여 명 目黑競馬場에 수용, 1,500명 시내 경찰서와 큰집에 수용, 피해가 적고 무사히 기숙, 유학생은 山手방면으로 피신	
	조선	동경 부근의 동포 소식		
		대판에 피난한 조선인에 대한 처치 여하	본인이 귀국을 원하면 무임으로 보내고, 그렇지 않은 사람은 구호 수용/범애부식회에 구호 의뢰	大阪府 경찰부장 談/특별고등과장 談
	매일	활약하는 상애회원	150명 도로 정리 등 무료로 30일간 사회봉사	
		조선인의 보호 주도	총독부 출장소가 관계 기관과 연락하여 보호에 진력, 目黑경마장에 노동자 800명, 각 경찰서 등에 1,500명, 학생은 山手방면에 숙박, 피해도 근소	

날짜	신문	제목	내용	비고
9.15	동아	유학생 9백 명을	유학생 9백여 명 동양협회 독학부에 피난 중, 2백 명을 더 수용하기 위해 천막 공사, 재등 총독 식량 지원	
9.15	동아	目黑에 수용 중인	目黑경마장에 수용 중인 조선인 580명, 이 중 유학생 1/3, 식료품은 동경부에서 제공	
9.15	동아	재류학생의 소식을	조선 사람들 수천 명 관헌의 보호 중	丸山 경무국장 談
	매일	愛子愛弟의 안부 소식	2천여 명의 원외 부형에게 위로하고 보호하는 조선인의 원적, 성명을 조사하여 비행기 속달로 전달	丸山 경무국장 談
	매일	동양협회에 9백 명	유학생 동양협회 독학부에 900명 수용, 협회서 천막, 경시청서 식량, 총독이 부식 제공	和田 재무국장 전신
	조선	동양협회에도 902인		
	매일	目黑경마장에도 수용	조선인 580명 수용, 1/3 학생, 동경부에서 식량 제공	和田 재무국장 전신
	조선	目黑경마장의 조선인		
	매일	내지 유학생 조선인의 귀교는 진재지 이외면 문관	동경 이외의 지역 학교는 歸校 가능	
9.16	동아	마산 학생은 모두 무사하다	마산 출신 유학생 20여 명 모두 무사하다는 통신	
	조선	조선유학생에 대하여	3천 명의 유학생 무사 안전	학무 담당 談
	매일	유학생 일동은 무사 피난		
	매일	조선인은 극력 보호	재일조선인에 대한 보호의 途를 정하고 적당한 직업을 與함 외 방법은 무하며 (중략) 조선의 통치방침은 결코 불변	齋藤 총독 談
	조선	통치방침 불변		
	매일	群馬縣下 조선인 보호는 14사단장에 일임	郡馬縣에서 조선인을 보호하였다고 일본인의 반감이 격심하여 군대를 보내 달라	
	조선	조선인을 보호한다고		
9.17	동아	조선인 폭동은 허설	조선인 폭행사건과 관련하여 일부 주의자들이 폭행하였다는 것은 전연 근거가 없는 풍설, 폭탄을 가지고 건물을 파괴하거나 인명을 살상하였다는 것도 사실 무근, 독약을 우물에 넣었다는 그 물을 먹어보아도 이상 없음	조선신문사 관동대진재 보고회
	매일	조선학생 내지에 산재수	총독부 남자 3290명, 여자 139명 파악, 그러나 파악되지 않은 수는 약 5천명	
9.18	동아	동경진재 후 인천재적인 소식	돌아온 사람 4명, 무사한 사람 3명	
	조선	경성부 조사원의 보고	神田區와 本所의 조사 87명 중 9인이 행방불명, 사망 2명, 조선인 1명 무사	
9.19	동아	神田區 재류학생 약 6백 명 전부 생명은 안전하다	神田區의 유학생 6백여 명 다른 곳으로 피난 전부 생명 보전, 기독교청년회관 전소	

9.19	동아	군경의 보호로 생명은 안전하다	일본 사정이 서투른 사람 뜻밖에 참화를 당한 사람이 많음, 다른 외국인 자유롭게 돌아갈 수 있으나 조선인은 통제를 하고 있음	삭제 기/처음으로 재일조선인 학살 소개
	조선	습지야 동포 일천육백	조선인 1,600명, 중국인 1,500명, 일본인 4,000명	계엄사 발표
		조선 학생은 대개 무사	독학부에 900명, 장백료에 500명 모두 무사	高橋 시학관 淡
		진재동포의 안부	경성부민 348명 중 사망 2명, 행불 51명 중 13명 행불자 명단, 동경역 도착한 19명 명단, 강세형과 문두인 무사	경성부리원 전보
	매일	조선인 구호문제로 총독 이하 협의		
	조선	재류조선인에 傷病者 속출	目黒경마장과 각 경찰서에 수용하고 있는 조선인 부상자와 내과적 환자가 많아	조선적십자 구호반
		수용 동포 중 환자 다수		
	매일	판명되는 동포 소식	행방불명 1인, 무사 16명,	
9.20	동아	피난 동포 4천 명 下關에 蝟集中	노동자와 학생 4천 명을 군함으로 수송할 방침	
		橫濱 재류동포 7백 명은 배에 수용	조선 사람 7백 명 靑山丸에 수용, 3백 명은 川崎경찰서에 수용	
		이재동포 3천에 一朔糧을 동척에서 대여	동척에서 조선인 3천 명에게 1개월의 양식과 반찬 제공	
	조선	동척에서 조선인 구제		
	동아	조선학생 수용할 가건축을 이미 착수	동경에 재학 중인 학생 1천 명을 수용하기로 결정, 공사에 착수	高橋 사무관 → 총독부
		동경 재류동포의 현황	유학생 독학부에 87명, 장백료에 61명 수용, 횡빈 喬小丸에 700명 수용	
	조선	진재와 동포	박남식(고창) 담, 진재 당일 오후부터 동경 전시의 공기가 가장 험악하여져 문밖을 나가지 못하고 동거하는 80명 동포가 서로 어찌할 줄 모르다가 그 이튿날 계엄령이 내린 후부터 7일까지 구제소에 수용되어 일일 하루에 현미 한 말로 80명 동포가 근근이 생명을 유지, 7일 이후 총독부 출장소에 수용/경성부 출신 15명 행불/인천 출신 4명 무사	
9.21	동아	경시청 관내에 8천 명 동포 중 16일까지의 조사는 7300명뿐이다.	참담한 피해는 상상을 초월/잔재가 있기 전 경시청 관내 조선인이 8천 명, 습지야에 3천 명, 목흑경마장에 6백 명, 각 경찰서에 2,250명, 독학부와 장백료에 2백 명, 1천여 명 생사불명	통신 폭주와 당국 삭제로 뒤늦게 보도, 9.16

날짜		제목	내용	비고
9.21	동아	동포의 사상수 조사 불능	진재로 인해 사망한 조선인 수는 도저히 셀 수가 없으나 유학생은 비교적 적은 모양, 감독부기숙사 90명 안전	
		변최 양씨 무사	변희용과 최승만 판교경찰서 수용, 변희용은 반항으로 독방에 수감 중, 천도교청년회원 무사	
		각 경찰서에 수용중인 약 1천 명은 芝浦로	각 경찰서 수용 조선인 지포매립지 청수조재목재적치장으로 호송, 학생은 독학부로 이송키로	
		11일 습지야에	군대의 보호로 조선인 습지야로 보내는 중, 실로 비참한 모습	
		神奈川縣下 재류동포의 현재	1,300명 중 1천 명 안전, 華山丸에 600명 수용, 川崎 방면 고장노동자 3백 명 공장주가 보호, 大船 부근 2백 명 토목공사 노동자 안전	
		조선인 보호는 절대 책임	조선인 보호에 절대적 책임을 지고 종사	경시총감 談
	조선	진재유학생 전학에 대하여	통학학교의 통신부가 確有하면 우선 입학을 하였다가 진재지 정돈 후 정식전학 허용	萩原 학무과장 淡
		진재와 동포	경성부 출장원 보고 49인 무사, 4명 행불	
	매일	재등 총독 유고	수용 중 조선인에 대하여	
		조선이재민을 보호하고 있는 광경	崎玉縣 실곡 소방서	사진
9.22	동아	수용 중의 동포는	수용된 조선인 자유여행 금지/얼마동안 귀국하지 말고 정돈이 될 때까지 기다리라	전 언 / 재등 총독
		진재지방 재류동포의 제1회 안부조사 도착	총독부 동경에서 14일에 발송한 재일조선인 명단	
	조선	재후 동포 소식	민석현 등 14명 무사, 3명 행불, 횡빈 3명 무사, 경성 도착 14명	경성부 조사원
	매일	21명 동포 소식 판명	동경에 93명, 횡빈에 44명 중 행방불명 3명, 무사 18명	
9.23	동아	이재동포 중 노동할 이에게는	경찰서에 수용한 2,200명 중 700명(조선 1천 명) 일선기업회사 건물에 수용, 나머지는 임시가옥에 수용, 동경 시내 9채 집을 빌려 조선인 수용, 습지야 수용 조선인도 인계, 횡빈 華山丸에 수용된 조선인은 횡수하 건설현장에 종사케	和田 재무국장→총독부
	조선	조선인 보호의 상황		

9.23	동아	동경 재류동포는 총독부 출장소가	총독부가 芝浦에 2천 명을 수용할 건물 준비 중, 습지야 조선인은 육군, 目黑 조선인은 동경시가 보호 중, 노동 알선	
	매일	진재지방 조선동포의 소식	재동경 조선총독부 출장소 조사(제1보) 麴町 金剛洞 在在舍 학생/小石川수용소/目黑수용소	
	조선	동경진재지방 생존 동포		
9.24	동아	진재지방 재류동포의 제2회 안부조사 도착	총독부는 수용된 학생, 본사는 흩어져 있는 조선인 안부 조사 명단	
	조선	조선인의 폭행은 絶無	조선인과 사회주의자의 폭행이라든지 방화 시도는 절대로 없다	동경부회 진재구호실행위원협의회 보고
9.25	동아	재류동포의 식량공급에 전력	조선인 중에 사실로 좋지 못한 일을 하고 검거된 사람이 있다하나 내용을 자세히 할 수 없음	특파원
		대방침은 무변동	무고한 조선인에게 대한 위해를 가한 자는 용서 없이 엄벌에 처할 것, 고향으로 돌아가는 조선인에게는 상당한 편의 도모, 노동자는 취업 알선, 결코 사실을 감추지 않고 확실한 사실이면 세상에 공표, 조선통치 방침에 변화 없음	재등 총독 談
		상애회원 3백 복구공사에 종사	상애회원 300명 복구공사에 종사, 화가 허백련 千葉縣을 여행 중 소식 없음, 현상윤 동생 현상면 경찰서 수용 중 정신이상으로 입원	
	조선	필경은 전부 무사 방면	대판 조선노동동맹회 간부 5명은 금속의 괴로움을 맛보다가 필경 가택 수색까지 당하였으나 22일 무사방면	
	매일	습지야조선인수용소에서 3074명의 동포를	조선인 구호 상황 순회	김의용 특파원
		제2회 안부조사 도착	재동경 조선총독부 출장소 조사(제2보)	
9.26	동아	구경삼아서 자경단원 방화	동경 豊多馬郡 鈴木淸治(19) 자경단에 가입, 혼란한 틈을 타 방화 소동을 일으키고 조선인이 부을 질렀다고 선전	
		진재지방 재류동포의 제2회 안부조사 도착	9월 16일까지 조사한 재일조선인 안부	
	조선	동경진재지방 생존 동포 (제2보)	재동경 조선총독부 출장소 조사(제2보) 장백료 기숙생/동경 시내 산재자/向島署 관내/富坂署 관내/상애회 내/	

9.26	매일	재동경 조선동포 소식	재동경 조선총독부 출장소 조사(제3보)	
	매일	금후의 유학생 문제	타버린 학교가 복구되기까지 귀국하는 것이 좋다, 유학생은 장백료, 계림장, 천도교구실, 각 경찰서, 습지야 등지에서 수용 중	동경유학생 독학부 간사 談
9.27	동아	최백 양씨 무사 판명	행방불명이던 최윤식(선천), 백남만(고창) 무사	
		진재지방 재류동포의 제3회 안부조사 도착	총독부 출장소 조사 내용 26일 도착 분	
	조선	동경진재지방 생존 동포(제3보)	재동경 조선총독부 출장소 조사(제3보) 青山署 관내/麴町署 관내/四谷署 관내/三田署 관내/日比谷署 관내/日暮里警察分署 관내/日暮里小學校 수용소/南千住署 관내	
	매일	안부조사 도착	경성부민 행방불명 16명, 무사 2명	
		재동경 조선동포 소식	재동경 조선총독부 출장소 조사(제4보)	
9.28	동아	전학지원자는 학무국에	조선인 유학생, 국내의 전학을 원할 경우 학무국에 신청	
		진재지방 재류동포의 제4회 안부조사 도착	총독부 출장소 조사 내용 도착 분	
	조선	동경진재지방 생존 동포(제4보)	재동경 조선총독부 출장소 조사(제4보) 四谷區/原庭署 관내/新協橋署 관내/高輪署 관내/愛石署 관내/南千住署 관내/坂本署 관내/八王子署 관내/東京 各署/目黑경마장 수용소/千住署 관내/本富士署 관내/六本木署 관내	
	매일	진재지 학생 수용	학급 인원 제한 일시 철폐	長野 학무국장 談
		민심 일익 안정	조선인 구호도 예상 이상 周到	민경기 남작, 이완용 후작 談
		재동경 조선동포 소식	재동경 조선총독부 출장소 조사(제5보)	
9.29	동아	동경에 수용된 동포의 얼굴	심곡수용소에서	사진
		모사건 혐의로 유학생을 검거	용강 출신 김한중 무사 귀환하였으나 23일 체포되어 동경경시청으로 압송, 혐의 극비	
	조선	동경진재지방 생존 동포(제5보)	재동경 조선총독부 출장소 조사(제5보) 六本木署 관내/小松川署 관내/品川署 관내/洲崎署 관내/深川西平野西 관내/동경 시내 各所/芝愛宕署 관내/大塚署 관내/	

9.30	동아	진재지방 재류동포의 제5회 안부조사 도착	총독부 출장소 조사 내용 도착 분	
		학생은 독학부로 노동자는 靑山에 수용	습지야와 목흑경마장, 각 경찰서에 수용된 조선인 2,200명, 총독부 알선으로 유학생독학부에 임시가옥 짓고 학생 수용, 노동자는 芝浦에서 靑山피난수용소에 이주키로	
		埼玉縣下 재류동포 8백 명	神保開院 병영 내에 조선인 800명 수용,	
		수용 중의 3천동포를 찾아	습지야에 수용된 조선인 위문, 설은 눈물, 반가운 눈물, 감격의 눈물, 기막히는 눈문, 형용조차 못할 눈물 등 조선인 참상 이야기	이상협 특파원
		본사 동경특파원 제3회 안부조사 도착	각처에 흩어져 있는 학생과 습지야수용소 주 일부	
	매일	禍難중에 人兒를 구조한 조선 부인의 미담	정춘옥(33)이 열한 살 어린이를 구해준 이야기	김의용 특파원
		재동경 조선동포 소식	재동경 조선총독부 출장소 조사(제6보)	
10.1	동아	재동경 기독교천도교청년회 이재동포 구호 개시	기독교청년회와 천도교청년회, 기타 유지드이 발의로 조선동포구제회를 조직, 천도교청년회관에 본부를 둠, 경성구제회 의연금으로 우선 활동	
		이재동포 근황	습지야에 2,800명, 청산에 600명, 상애회 600명, 각 경찰서에 100명, 나머지는 귀국 또는 예 집으로 돌아감	
	조선	동경진재지방 생존 동포 (제6보)	재동경 조선총독부 출장소 조사(제6보) 동경 각처 학생	
		신호에 재류동포	兵庫縣 姬路와 尼崎에서도 의연금 6백원 모금	
10.2	조선	조선인 이전을 진정	동경 靑山外苑 假屋에 수용한 조선인 2,000명 이전해달라고 9월 26일 四谷區民이 市役所에 진정	
10.3	동아	총독부 제7회 안부조사	재동경 조선총독부 출장소 조사(제7보) /동경 각처 학생	
	조선	동경진재지방 생존 동포 (제7보)		
		재동경 인천인은	인천 출신 대략 30명, 귀향 12명, 무사 10여 명, 나머지 행불	
	매일	재동경이재조선인에게	위문품 2천 개 전달	
10.4	조선	동경진재지방 생존 동포 (제8보)	재동경 조선총독부 출장소 조사(제8보) /습지야수용소	
	동아	총독부 제8회 안부조사 도착		

10.4	동아	재동경 조선학생에게	문부성에서 유학생 1,000명에게 한 달 간 백미와 반찬 급여	
	매일	재동경조선동포 소식	총독부 출장소 조사 제8보	
10.5	조선	동경진재지방 생존 동포 (제9보)	재동경 조선총독부 출장소 조사(제9보) /습지야수용소	
	매일	조선인 안부 조사		
	동아	본사특파원 5회 안부조사 도착	동아일보 특파원 조사/총독부 학생조사	
	동아	구제에 전력하노라	조선사람은 조선사람이라는 까닭으로 진재 이외에 참혹한 해독을 당한 사람이 있었는 바, 부당한 행동에 대하여 범인을 조사 검거케 하였고 또 사법관들도 굳은 결심을 가지고 조사하여 보고하겠다고	齋藤 총독 淡
10.6	조선	동경진재지방 생존 동포 (제10보)	재동경 조선총독부 출장소 조사(제10보) 大森署 관내/各所/大塚署 관내/계림장	
	동아	총독부 제10회 안부조사 도착		
	매일	조선인 안부 조사		
	동아	위해에 흥분하여 동경유학생이 자살	정인영 9월 27일 면도칼로 자살, 진재의 위험을 당하고 신경 이상, 경암 하동군 청암면 본적	
	매일	백여 명 학생이	광제환으로 귀국하였다.	
10.7	조선	동경진재지방 생존 동포 (제11보)	재동경 조선총독부 출장소 조사(제11보) 埼玉縣下/	
		진재지 유학생 전학 신청 상황	국내로 24명 신청, 여학생은 1명, 합계 100명 이상	
	동아	참혹한 정인영군의 최후	관동대지진에 대한 트라우마로 자살/동경에 진재가 있은 뒤로부터 그는 깊이 무엇을 감동한 일이 있는 듯이 한 번도 웃는 것을 본 적이 없어 같이 있는 친구들은 그를 위로키 위하여 여러 가지로 유희도 하고 권고도 하였으나 그는 조금도 재미있는 일이 없었고 (하략)	
10.8	조선	동경진재지방 생존 동포 (제12보)	재동경 조선총독부 출장소 조사(제12보) 富山縣/愛知縣/靑山수용소	
	동아	총독부 제12회 조사 작 7일에 도착한 것		
	매일	조선인 안부 조사		
	동아	동경에서 위무반 조직	재동경이재조선동포위문반 조직, 재무부원 오기선 박사직, 사교부원 이동제 김봉성, 통신부원 유기태 이재희, 위문부원 이철 최승만 이창근 김재문 이근무 민석현, 위치 천도교회	

〈표 14〉에 의하면 전체적으로 볼 때 재일조선인에 대한 기사는 관동대지진이 일어난 지 3일, 기사화된 지는 이틀만이었다. 첫 기사는 앞서 언급하였듯이 『동아일보』의 「염려되는 조선인의 소식」이고, 마지막 기사 역시 『동아일보』의 「동경에서 위무반 조직」이라는 기사이다.

이들 재일조선인에 대한 기사는 네 가지로 분류할 수 있다. 첫째는 재일조선인의 폭동설이라는 '유언비어'에 대한 기사이다. 재일조선인 폭동설은 관동대지진이 일어난 다음날인 9월 2일부터 유포되었다. 이 폭동설에 대해 국내 언론에도 초기에 많이 기사화되었는데, 주로 일본 정책 책임자 즉 야마모토(山本) 수상, 후쿠다(福田) 계엄사령관, 마루야마(丸山) 경무국장 등의 담화들이다. 주요 내용은 다음과 같다.

> 참화를 타서 폭행, 유언비어로 다시 확대된 듯/재난민 일반의 신경은 극도로 흥분된 때에 일부 소수의 조선 사람이 이 같은 참해를 타서 폭행을 한 일이 있었음으로 일반 민중의 반감을 사서 조선 사람과 일본 인민과의 생긴 예가 하나 둘이 아니다. (丸山 경무국장 談)[8]

> 불량 조선인들이 무슨 폭행을 하는 듯 풍설이 있으나 일반의 조선인들은 극히 선량, 보호대책 강구, 약간의 불량 조선인의 행동에 대하여 민중과 감정이 충돌이 있어 쟁론이 있었으나 극히 경미(내무성 경보국장 → 총독부 경무국장)[9]

> 이번 진재를 틈타서 일시 불온사상을 가진 조선 사람의 폭동이 있어서 조선인에 대하여 매우 불쾌한 감정을 갖게 되는 일이 있다고 들었다. 이러한 일이 있으면 군대와 경관에게 알게 하여 조처케 함이 당연하거늘…(山本 수상 고시)[10]

- - - - -

[8] 「朝鮮人에 對한 感情이 疏隔된 此時 東京行은 위험」, 『동아일보』 1923년 9월 7일자.
[9] 「一般 朝鮮人들은 極히 善良하였다.」, 『매일신보』 1923년 9월 7일자.

불령선인의 폭행 有하여 선인에 대하여 頗히 불쾌한 感을 懷하는 자가 有하다 聞하였도다. (중략) 이를 취체 경고, 이는 내선융화 근본주의에 배척할 뿐, 아국의 절제와 평화의 이상에 발휘하고자 함(山本 수상 고시)[11]

　　在京의 조선인 중에 불온한 행동을 감행한 자가 有하였다는 一事가 有하여 余는 실로 의외로 憂하였도다. (중략) 동경에 在하여 次第에 생활을 營할 조선인이 何理由로 불온의 행동을 감행할 이유가 有하리오. 人이 된 이상에 결코 可行할 일이 아니라 余는 思하게 (중략) 我조선동포 전체가 세계의 전인류에게 소외케 됨을 우려하는 바이라. (하략, 丸山 경무국장 談)[12]

　　진재 당초에 삼삼오오의 재일조선인이 폭동을 일으킨 것은 사실, 횡빈 부군의 일부 조선인이 강도와 강간, 방화를 계획, 지금은 배일조선인의 폭동이 진정됨(福田 계엄사령관)[13]

　　조선 사람의 일에 대하여 여러 가지 풍설이 생기여 동경에서는 모든 악한들이 유언비어를 하여 인심을 소동시킨 후 그 기회를 타서 좋지 못한 일을 하려는 자가 있었으므로 그 즉시 검거하였으며(藤岡 내무서기관 談)[14]

위의 인용문에 의하면, 관동대지진 초기에는 재일조선인 폭동을 일으키는 것처럼 일본 정부에 의해 왜곡된 기사가 많았다. 관동대지진으로 민심이 흉흉한 틈을 타 재일조선인이 폭동을 일으키거나 일부이지만 실제 일어났으며, 이로 인해 조선인과 일본인과의 적대적 관계로 만들었다. 나아가

─────────

10) 「朝鮮人 迫害와 內閣 告示의 發表」, 『동아일보』 1923년 9월 8일자.
11) 「朝鮮同胞를 愛護하라」, 『매일신보』 1923년 9월 8일자.
12) 「少數 同胞의 暴行은 朝鮮人의 名譽를 悔辱하는 行爲」, 『매일신보』 1923년 9월 일자.
13) 「在留同胞에 關한 戒嚴司令官의 發表」, 『동아일보』 1923년 9월 10일자.
14) 「朝鮮人에 一層 同精, 職業 없는 者에게는 職業을 紹介」, 『매일신보』 1923년 9월 13일자.

일제의 식민통치론인 '일선융화'에도 적지 않은 영향을 미치며 뿐만 아니라 재일조선인의 폭동은 '전 인류의 疏隔'이라는 반인류적 행동이라고 부추기기까지 하였다.

이와 같은 재일조선인 폭동설에 대해『동아일보』는「횡설수설」에서 "조선인의 폭동설에 대한 의문, 조선인의 민족성으로 보아 그럴 이유가 없다. 일본은 재난 때마다 조선인 행동에 대한 특별 경계와 감시"한다고 제국일본의 식민통치를 비판하였다.[15)]

이와 같은 재일조선인의 폭동설은 유언비어이고 사실이 아닌 것으로 판명이 났다. 이와 관련하여 9월 15일 조선일보사 주최로 동 신문사 사회부장 노자키(野崎眞三)의 보고회를 가진 바 있는데, 이를『동아일보』가 유일하게 기사화하였다. 관련 내용은 다음과 같다.

> 조선인 폭행사건에 대하여 일부 주의자들이 폭행을 하였다 함은 전연 근거가 없는 풍설이며, 모모 단체를 조직하였으니 폭탄을 가지고 건물을 파괴하며 인명을 살상하였느니 하는 등 사실도 무근한 일일 뿐만 아니라 당장 독약(毒藥)을 우물에 넣었다는 그 물을 먹어보아도 아무 상관이 없었고, 그 밖에 여러 방면으로 이러한 사실의 유무를 조사하여 보았으나 도무지 그러한 사실을 발견하지 못하였다는 의미로 보고하였더라.[16)]

보고 내용에 의하면, 재일조선인 폭동설은 전혀 근거가 없었으며, 우물에 독을 탔다는 것도 '허설'이라는 것이었다. 이와 같은 재일조선인 폭동설이 유언비어였다는 기사를『동아일보』만 유일하게 관심을 가지고 다루었으며,『조선일보』와『매일신보』에는 전혀 언급하지 않는 차이점도 보이고 있다. 이후 재일조선인의 폭동설과 관련된 기사는 더 이상 보도되지 않았다.

• • • • •
15)「橫說竪說」,『동아일보』1923년 9월 3일자.
16)「朝鮮人 暴動은 虛說」,『동아일보』1923년 9월 17일자.

둘째는 재일조선인 학살에 대한 기사이다. 재일조선인 학살은 관동대지진이 발생한 다음날 유포된 유언비어, 그리고 3일째 되는 날부터 자행되었다.17) 그러나 일본과 마찬가지로 식민지 조선의 언론은 실제적으로 재일조선인 학살과 관련되어 구체적으로 기사화되지 못하였다. 이는 조선총독부의 언론통제 때문이었다.

『조선일보』는 9월 3일과 9월 5일자 신문이 "當局의 忌諱에 觸하여 發賣禁止"를 당하여 부득이 호외를 발행하였다. 이에 『조선일보』 9월 9일자에 사설 「금회 관동진재에 대한 당국의 언론취체」를 게재하고 당국의 언론통제에 대한 불만을 제기하였다. 그렇지만 조선총독부는 언론통제를 해제되지 않았다. 때문에 관동대지진 당시 자행된 재일조선인 학살은 '학살'이라는 표현이 아닌 '참화' 또는 '○○'이라고 하였다. 즉 "품천(品川)에서 조선동포 삼백 명을 ○○하였다는 기사를 보았는데 대개 우리 동포의 소식은 어찌 되었는지를 모른다고",18) "일본 사정이 서투른 사람 뜻밖에 참화를 당한 사람이 많으며, 다른 외국인 자유롭게 돌아갈 수 있으나 조선인은 통제를 하고 있다"19) 등으로, 기사에서는 '학살'이라고 표기는 할 수 없었지만 재일조선인이 일본에서 학살을 당하고 있음을 암시하였다. 더욱이 사이토(齋藤) 총독이 "무고한 조선인에게 대한 위해를 가한 자를 용서 없이 엄벌

---

17) 관동대지진에서 재일조선인 학살에 대해서는 宮川寅雄, 「關東大震災の殺人」, 『三千里』 36, 三千里社, 1983.12을 비롯하여 강덕상, 「1923년 관동대지진(關東大地震) 대학살 진상」, 『역사비평』 45, 역사문제연구소, 1998; 강덕상, 「관동대지진 조선인 학살을 보는 새로운 시각: 일본 측의 '3대 테러사건' 사관의 오류」, 『역사비평』 47, 역사문제연구소, 1999; 노주은, 「관동대지진과 일본의 재일조선인 정책: 일본정부와 조선총독부의 '진재처리' 과정을 중심으로」, 연세대학교 대학원 석사학위논문, 2007; 야마다 쇼지, 「관동대지진 조선인 학살에 대한 일본국가와 민중의 책임」, 논형, 2008; 강덕상·야마다 쇼지, 『관동대지진과 조선인 학살』, 동북아역사재단, 2013 등을 참조할 것.
18) 「중도에 귀환한 유학생」, 『조선일보』 1923년 9월 8일자.
19) 「군경의 보호로 생명은 안전하다」, 『동아일보』 1923년 9월 19일자.

에 처할 것"을 요구한 것 역시 재일조선인에 대한 학살을 염두에 둔 것이라 할 수 있다. 그러나 이와 같은 기사는 매우 제한적이었다. 이는 일제의 식민통치에 불리한 보도는 철저하게 통제하였음을 알 수 있다.[20]

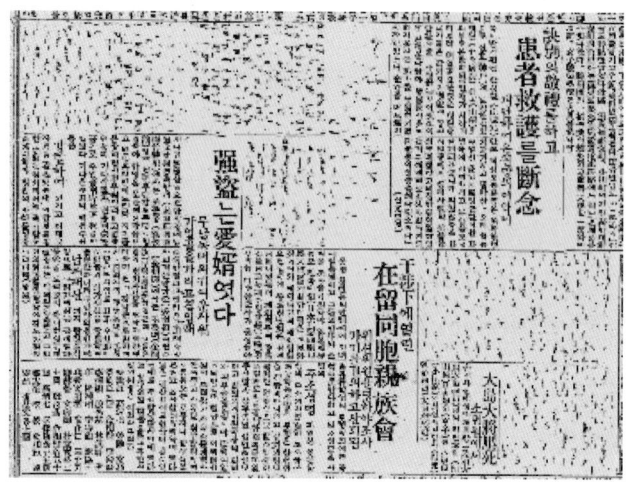

〈『동아일보』 1923년 9월 9일자의 삭제된 기사〉

셋째는 유학생을 비롯하여 재일조선인이 안전하게 보호를 받고 있다는 보도이다. 재일조선인의 폭동설, 유언비어 등으로 재일조선인과 일본인의

- - - - -

[20] 사이토 총독은 관동대지진이 일어나자 일본으로 갔다가 돌아올 때 그 과정을 기자회견을 통해 밝혔는데, 제대로 기사화되지 못하였다. 이와 관련하여 『동아일보』는 다음과 같이 가십 기사로 처리하였다.
"동경의 진재로 인하여 창황히 건너갔던 재등 총독은 그 편쪽 일을 우선 급한 것이나 다 처리되었는지 작 30일에 동경을 떠나 조선을 향하였다. 그래서 동경을 떠나서 조선을 향하던 때에 어떤 통신기자에게 그동안의 경과와 감상을 대강 이야기하였다. 그런데 그 이야기가 전보로 조선을 나올 때에는 중간에서 홀륭하게 발송정지를 당하고 말았다. 조선통치의 정말 책임자인 재등 총독도 유언비어를 하였던가. 이렇게 되어서는 조선통치의 책임자가 누구인지 좀 알기가 거북하게 되었다. 재등 총독은 그렇게도 무책임한 말을 하였던가. 총독된 재등실 군도 이렇게 언론압박을 당하거든 그 나머지 언론기관이야 더 말하는 것만 서투른 수작이지."

감정이 격화되고 있지만, 일본 정부는 재일조선인을 안전하게 보호하고 구제를 하고 있다는 것이다. 이러한 내용의 기사는 앞서 언급한 폭동설이나 학살과 관련된 기사보다 그 게재량이 훨씬 많다는 점이다. 그런데 재일조선인을 안전하게 보호하고 구제하는 것은 자율적 보호와 구제가 아니라 메구로(目黑) 경마장, 각 경찰서, 나라시노(習志野) 병영 등에 임시수용소를 마련하고 여기에 수용당하는 타율적 보호와 구제였다는 점이다. 즉 "일반 조선인 15,000명 죽음의 큰일에서 벗어나 나라시노 병영에 수용되어 구호 중",21) "鎌倉, 藤澤, 大崎, 毛崎 부근의 조선인, 경찰에서 한 곳에 모아 보호",22) "조선인과 지나인들 사이에 언어의 불통으로 불미한 사건 발생을 미연에 방지하고 그를 보호하기 위해 습지야 임시수용소에 조선인 800명"23) 등 무엇보다도 재일조선인이 안전하다는 것을 강조하고 있다. 이와 같은 기사는 『동아일보』나 『조선일보』보다 조선총독부 기관지인 『매일신보』가 보다 많이 게재하였다. 그리고 이와 같은 기사의 주체는 제국일본의 수상, 계엄사령관 등 식민통치 담당자들의 말을 대변하고 있다는 점이다. 이는 '내선융화'라는 식민지배 기조에서 그대로 유지하기 위한 방편이기도 하였다.

넷째는 재일조선인의 안부와 관련된 내용이다. 관동대지진이 일어나자 무엇보다도 가장 위급한 것은 재일조선인의 생사여부 즉 안부였다. 때문에 이와 관련된 기사를 가장 많이 지면에 할애하였다. 간토(關東) 일대 나아가 일본에 유학을 보낸 학부모, 방학을 맞아 귀국하였던 유학생들이 발빠르게 안부를 확인하려는 활동을 즉시 진행되었다. 가장 먼저 일본유학

- - - - -
21) 「조선인 만오천명 습지야 병사에 수용 중」, 『매일신보』 1923년 9월 8일자.
22) 「鎌倉 藤澤 부근의 재류동포 역시 일처에 집중하고 군대로 경호」, 『동아일보』 1923년 9월 10일자.
23) 「조선인 팔백 명」, 『매일신보』 1923년 9월 11일자.

생들이 대회를 개최하고 개벽사에 연락소를 두는 한편 조사위원 3명을 파견하기로 하였다.24) 그러나 유학생대회는 경찰의 적지 않은 방해가 있었는데, 일반인은 방청할 수 없도록 통제하였다. 이어 유학생의 학부모, 친지들을 중심으로 재학생친족회를 개최하고 재일유학생의 안부를 확인하고자 하였다.25)

〈도쿄 후카야(深谷)수용소의 재일조선인의 모습〉

이외에도 재일조선인의 생사여부를 확인하려는 재류동포친족회도 조직되었다.26) 서울 이외에 지방에서도 유학생들을 중심으로 안부를 확인하고

- - - - -

24) 「일본유학생대회」, 『동아일보』 1923년 9월 5일자; 「재경일본유학생대회」, 『조선일보』 1923년 9월 5일자.
25) 「유학생친족회」, 『조선일보』 1923년 9월 9일자. 유학생친족회는 의연금을 모금하는 한편 조사위원을 파견하기로 하였다. 그리고 상무원으로 李協在, 朴箕祚, 金相璧, 殷萬基, 李泰喆 魚英善 尹泌 李時馥 외 12인이다.
26) 「재류동포친족회」, 『동아일보』 1923년 9월 7일자.

자 하였다.27) 뿐만 아니라『동아일보』,『조선일보』,『매일신보』등 언론사는 도쿄에 특파원을 파견하여 재일조선인의 생사 등 안부를 확인해서 국내로 보고하였으며, 조선총독부도 도쿄에 관리를 파견하여 역시 안부를 조사하여 국내에 보고하였다. 이에 각 신문사는 10월 중순까지 자체적으로 또는 조선총독부가 제공한 자료를 지면을 통해 게재하였다.28)

2. 관동대지진과 재일조선인의 귀향과 도항

9월 1일 오전 11시 58분에 발생한 관동대지진은 수많은 사상자가 발생하고 삶의 터전을 잃어버림에 따라 피난 행렬이 끊이지 않았다. 재일조선인은 일단 지진의 진원지뿐만 아니라 도쿄를 비롯한 관동 일대를 벗어나는 것이며 무엇보다 안전한 것은 비록 식민지만 고국으로의 귀환이었다. 이에 따라 재일조선인은 귀환을 위해 필사의 노력을 하였고 적지 않은 수가 돌아왔다. 관동대지진이 일어난 후 가장 먼저 고국으로 귀환한 재일조선인은 유학생 이주성과 한승인이었다. 이들의 귀환은 동아일보와 조선일보에서 대대적으로 기사화하였다.29)

이주성은 함남 원산 출신으로 도요대학(東洋大學), 한승인은 평남 강서

- - - - -

27) 『조선일보』 1923년 9월 9일자에는 마산유학생회와 군산유학생회가,『동아일보』 9월 8일자는 함흥유학생구호회 등이 조직되었다. 이외에도 일본에 유학생이 많은 지역은 유학생 또는 학부형을 중심으로 활동하였다.
28) 총독부는 15차례 생존 동포에 대한 조사 정보를 언론사에 제공하였고, 이를 신문사에서는 별도로 게재하였다. 「동경진재지방생존동포: 조선총독부출창소 조사 제15보」,『조선일보』 1923년 10월 14일자.
29) 「만력의 力으로 동경에서 고국에」,『조선일보』 1923년 9월 7일자;「구사일생으로 동경을 탈출한 二學生」,『동아일보』 1923년 9월 7일자.

출신으로 메이지대학(明治大學)에 각각 재학 중이었다. 하숙집에 있던 중 관동대지진이 일어나자 이주성은 가지바시(鍛冶橋) – 긴자(銀座)를 거쳐 마루노우치(丸之內)에서 한승인을 만나 니쥬바시(二重橋) 앞 마장선(馬場先)에서 하루를 지낸 후 시부야(澁谷) – 아오야마(靑山) – 다마가와(玉川)을 지나 메이지신궁(明治神宮)에서 일박하고 미우와(浦和) 경찰서 – 쇼세이(藻井)에서 기차로 나고야(名古屋) – 고베(神戶) – 시모노세끼(下關)를 거쳐 쇼케이마루(昌慶丸)를 타고 부산으로 귀환하였다.

〈관동대지진으로 일본에서 최초로 귀환한 유학생 한승인과 이주성 기사〉

이들은 귀환 도중 야마구치(山口)에서 쇼세이로 오는 도중 기차 연도에서 "자경단이 조선 사람인 줄을 알면 끌어내리게 되었으므로 매우 위협하였다"라고 하였을 뿐만 아니라 기사 중 이하 5행이 삭제되었다.30) 또한 "여

･････
30) 「구사일생으로 동경을 탈출한 二學生」, 『동아일보』 1923년 9월 7일자.

러 가지 말을 하고자 하였으나 다 하지 못한 것에 대해 용서를 바란다"31)고 한 것으로 보아 재일조선인이 학살된 것을 실제로 목격한 것으로 추정된다.

이 기사는 『동아일보』와 『조선일보』에서는 비교적 비중이 있게 보도하였지만 『매일신보』에서는 전혀 다루지 않고 있는데, 이는 귀환자보다는 구제의연에 대해 좀 더 많은 지면을 할애하였기 때문으로 보인다.32)

이밖에도 구사일생으로 귀환한 유학생들을 소개하였다. 서산 출신 최동설은 시즈오카(靜岡)의 시미즈항(淸水港)에서 글래스코호를 타고 시나가와(品川)에 내렸다가 위험을 느끼고 다시 시미즈항으로 돌아온 후 기차로 시모노세끼를 거쳐 부산으로 귀환하였다. 귀환 과정 중 시미즈항에서 80명의 학생들을 만났지만 이 중 27명만 같이 귀환하였다.33) 마산 출신으로 무사히 귀환한 이주만도 고향에서 위로회를 받는 한편 친지, 친구들에게 경험담을 들려주기도 하였다.34) 방학 중 국내에 있다가 관동대지진 소식을 듣고 바로 도항하였던 이주천은 도쿄 인근 가와구치(川口)까지 갔다가 도쿄로 들어가는 것을 거부당하여 다시 돌아오기도 하였다.35)

재일조선인의 귀환은 생사의 문제로 무엇보다 중요하였기 때문에 그때그때 기사로 다루어졌다. 재일조선인의 귀환 관련 기사는 정리하면 다음 〈표 15〉와 같다.

- - - - -

31) 「만력의 力으로 동경에서 고국에」, 『조선일보』 1923년 9월 7일자.
32) 『매일신보』는 구제활동 중에서도 일본인 중심의 의연활동을 보다 심층적으로 다루고 있다. 주로 일본인의 의연금 활동과 일본인 및 조선인이 합동으로 의연하는 내용을 주고 기사화하였다.
33) 「27명은 무사 귀국하였다」, 『동아일보』 1923년 9월 9일자.
34) 「진재지로부터 생환한 이군 위로회」, 『조선일보』 9월 15일자.
35) 「중도에 귀환한 유학생」, 『조선일보』 1923년 9월 8일자.

<표 15> 재일조선인 귀환 관련 기사 현황

신문	날짜	기사 제목	내용
동아	9.7	구사일생으로 도경을 탈출한 二學生	메이지대 한승인, 도요대 이주성 처음으로 귀국, 경험담
	9.13	선편마다 귀래하는 수백 명의 동포	326명 귀래, 대부분 고베와 오사카 노동자
		임시 급행선에도 250명의 동포 귀환 동포	하관 출항 新羅丸으로 250명 중 도쿄는 29명 50명 의주 방면으로 출발
	9.14	昌慶丸으로 또 3백여 명 귀환	하관에서 출항 창경환, 부산 도착, 귀환 조선인 300여 명, 이 중 유학생 57명
		귀환 동포의 대부분은 관서지방에서	창경환 귀환 조선인 300여 명 중 대부분이 관서지역에서 옴
	9.15	14일 朝 창경환에	262명 귀환, 유학생 24명, 여자 23명
	9.16	덕수환으로 110명	13일 오후 부산 도착, 도쿄 지역 유학생 25명, 대부분 도쿄 지역에서 귀환
		동경으로부터 귀향한 2인	전주 출신 유학생 김완철, 김득철 형제
	9.17	동경을 탈하여 귀향	진해 출신 도쿄 유학생 김진석
	9.18	17일 오전에 407명이 귀국	창경환으로 407명 부산 하륙, 신라환으로 193명 하륙
	9.19	연락선 결항으로 하관 채류 3천 명	16일 오후 6시 부산항 313명 하륙,
		덕수환으로 224명	17일 오후 224명, 이 중 여성 14명, 유학생 17명
	9.20	또 365인	19일 아침 창경환으로 365명, 이 중 동경 23명
	9.21	19일 夜에도 163명	덕수환으로 556명 중 조선인 163명, 동경 21명
	9.22	20일에도 수백 명이 귀환	20일 아침 덕수환으로 부산 도착한 피난민 397명 중 조선인 135명, 도쿄 부근 33인
	9.23	21일 朝에도 335명	21일 아침 창경환으로 335명 귀환, 여자 27명
		21일 夜 128명	21일 밤 덕수환으로 부산항에 185명 중 조선인 128명, 여자 14명
	9.23	591명 22일 또 귀환	22일 아침 창경환으로 591명 부산항 귀환
	9.25	여행 증명은 시정촌장이 내주게 되었다	23일 덕수환으로 9명 입항, 학생 4명, 여학생 1명, 노동자 4명
	9.26	160명 귀환	24일 160명 귀환, 학생 7명
	9.28	또 68인이	26일 아침 창경환으로 68명 입항, 학생 21명, 노동자 47명
	9.30	97명이 29일에	29일 도쿄 시바우라(芝浦)를 출항, 학생 97명, 노동자 100명 부산에 도착
		광제환 회항편에 학생 340명을	도쿄 근방 학생 귀국하려고 신청하였으나 일체 불허, 계엄지역을 벗어났으나 다시 붙여 와, 온건한 학생 340명

동아	10.1	앵도환에 3백 명	도쿄 시바우라를 출발한 광제환으로 학생 및 노동자 100명, 요코하마에서 창복환 거절로 앵도환으로 노동자 300명 싣고 출항
	10.2	광제호 着釜는 10월 5일	나라시노 수용 조선인 중 제1회로 200여 명 귀환키로
	10.3	앵도환에는 4백 명이	조선인 300명 동경을 출항
	10.6	181명 광제환으로 귀국	28일 시나가와를 출항한 광제환 5일 오전 부산항 입항, 181명 귀환, 학생 109명(여학생 6인), 노동자 72명
		동포 속속 귀환	4일 밤 창경환 학생 12명, 5일 아침 신라환으로 학생 45명, 여학생 5명, 노동자 100명 귀환
	10.9	동포 260 西京丸으로 귀국한다	나라시노에 수용되었던 유학생 262명 4일 아침 동경 출항, 9일 부산 입항 예정
조선	9.7	만사의 力으로 동경에서 귀국	귀국한 도요토 이주성, 메이지대 한승인의 실지체험담
	9.8	피난 동포 3백 명	8일 아침 德壽丸으로 부산
	9.9	피난 동포의 喜耗頻至	光州군에 1명 생환, 군산에도 학생 1인, 평택에도 1인 안착
	9.14	재일동포의 속속 귀환	12일 오후 9시 5명 경성역 도착, 인천에 1학생, 坂東新市로 變名, 해주 청년 1명
	9.17	喜報와 凶報	태천에 1학생 귀가, 청주에도 2인 청년, 재령에도 학생 2인,
	9.18	피난 동포	경성역에 4인, 진남포의 학생, 광주는 11인, 전남 청년 2인
	9.19	진재지 동포의 안부	도쿄에 출장한 경성부리원의 전보, 무사한 13명 명단, 경성역에 9명 도착, 유학생 8명 무사
		피화 동포	평양과 진남포에도 반갑게 입에 돌아온 사람
	9.20	진재와 동포	光州역에 6명 도착, 개성에도 一學生, 제주에도 피난동포, 경성부에 15인, 경성역에 5인, 인천에도 또 희소식
	9.21	진재와 동포	군산 동포의 소식, 함평에도 1인 귀환
	9.22	災後 동포 소식	경성에 도착 동포 14인 귀향
	9.24	서산 청년 형제	이봉주와 이백룡 귀향, 함평 유학생 강이영 귀향
	9.30	매일에 백 명씩	29일 광제환으로 동경에서 귀환, 학생 30명, 노동자가 70명
	10.4	조선인 귀환의 상황	귀국한 조선인 1만여 명, 연말까지는 3만 명 될 듯
	10.9	조선 학생 귀환	나라시노에 수용되었던 유학생 260명 4일 서경환으로 시바우라를 출발, 9일 부산 입항 예정

	9.12	무사 귀향	9월 8일과 9일 귀향한 학생 太自極 등 8명
매일	9.14	무사 귀환한 학생	12일 오후 9시 경성역에 도착한 학생 韓昇馥 등 5명
	9.14	귀향자 14명	13일 귀환한 학생 李洛九 등 11명
	9.16	귀환 학생 8명	14일 오후 9시 경성역 도착한 학생 孫東滿 등 8명
	9.17	피난 학생 1명	15일 오후 9시 경성역 도착 孫覺栢
	9.18	又復 4명 생환	17일 아침 경성역 도착 학생 吳韓信 등 4명
	9.19	귀향자 又 9명	17일 경성역 도착 金冲燁 등 5명
	9.20	학생 4명 귀환	18일 오후 9시에 돌아온 학생 金在煥 등 4명
	9.21	귀환 유학생	19일 오후 9시 경성역 도착 학생 金東哲 등 4명
	9.22	귀향자 4명	20일 오후 9시와 21일 오전 6시 경성역 도착 金永泰 등 4명 논산으로
		귀환 학생 9명	21일과 22일 귀환 학생 梁月降 등 9명
	10.4	피난 동포 5백 명 탑승한 광제호 명일 입항	피난 이재민 500명 부산항 입항 예정
	10.9	귀환한 조선인	벌써 1만 명

〈표 15〉에 의하면 귀환하는 재일조선인의 동향은 『동아일보』가 가장 많이, 그리고 전체적인 동향을 보도하였으며, 『조선일보』는 지역별 귀환한 재일조선인의 동향을 주로 보도하였다. 이에 비해 『매일신보』는 기사의 분량도 적었을 뿐더러 노동자를 제외하고 귀환한 유학생만 간략하게 기사로 취급하였다. 이는 『동아일보』가 그만큼 재일조선인의 귀환에 가장 관심을 가지고 많이 다루었음을 알 수 있다. 재일조선인의 생사여부 뿐만 아니라 귀환에 대해 『동아일보』가 관심이 많았던 것은 자사에서 파견한 특파원의 활동이 그만큼 적극적이었음을 알 수 있다. 이에 비해 『조선일보』와 『매일신보』는 조선총독부에서 제공한 것이나 경성부에서 파견한 조사원의 보고를 주로 기사로 취급하였기 때문이다.

귀환하려는 재일조선인들이 노동자 80여 명, 유학생은 30여 명씩 매일 부산항으로 몰려들었다. 귀환 첫 기착지인 부산 부두는 그야말로 대혼잡을 이루었다. 당시의 상황을 『동아일보』는 다음과 같이 보도하였다.

> 7일부터는 일본 관서(關西)지방에서 노동하던 동포들이 당국의 '귀국 명령'으로 인하여 연일 배마다 백여 명씩 무료승차, 승선의 편을 쫓아 부산에 상륙하니, 본시 그날부터 그날 살던 노동자들이므로 상륙하면서 부터 즉시 '배고프다'는 타령이 일어나도 도저히 구제할 방법이 없음으로 아직은 각 관공서의 조선으로 밥을 지어 먹이며 한편으로는 만철에 교섭하여 무료승차권을 배부하여 각각 귀향을 시키려 하나 만철에서는 아직 쾌락이 없음으로 더욱이 대혼잡을 이루는 중이더라.36)

9월 7일부터 연일 부산항에 도착하는 배에서는 귀환하는 재일조선인이 1백여 명씩 쏟아져 나왔으며, 이들은 대부분 제국일본에서 하루 벌어 하루 생활하는 노동자들이었기 때문에 귀환은 하였지만 생계 자체가 불가능하였다. 관공서에서 밥을 제공하였으며, 고향으로 돌아갈 방법이 없자 부산항 일대에서 노숙생활을 할 수밖에 없어 대혼잡을 이룬 것이다. 관동대지진으로 인한 노동자들의 귀환은 간토(關東)지역뿐만 아니라 간사이(關西)지역에도 영향을 미쳤다.

앞서 인용한 기사에 의하면 7일부터 간사이지역 노동자들이 귀환하기 시작하였는데, 이들은 관동대지진의 영향으로 더 이상 일자리를 구할 수 없었기 때문이었다. 9월 12일에도 쇼케이마루(昌慶丸)로 귀환한 재일조선인들의 대부분도 고베와 오사카 등 간사이지역(關西地域)의 노동자들이었으며,37) 부산 외에 목포에도 간사이지역 노동자 150명이 귀환하였다.38)

이러한 귀환은 10월 초순까지 이어졌다. 『동아일보』에 의하면 "21일 아침에도 조선 사람이 4백 명이 도착하였고, 또 동일 오후에 부산에 도착한 도쿠주마루(德壽丸)에는 승객 397명 중에 조선 사람이 135명"이라고 하였

---

36) 「부산 부두는 귀국동포로 혼잡」, 『동아일보』 1923년 9월 11일자.
37) 「선편마다 귀래하는 수백 명의 동포」, 『동아일보』 1923년 9월 13일자.
38) 「대판 재류동포 일백오십명이 귀국하였다고」, 『동아일보』 1923년 9월 11일자.

으며, 또 "21일 아침에 부산에 입항한 쇼케이마루(昌慶丸) 편에도 335명의 동포가 하륙하였다"고 보도하였다.[39]

이와 같이 재일조선인은 관동대지진 현지에서 안전한 고국으로 돌아왔지만, 조선총독부는 "지금 여행하는 것은 매우 위험하다", 또 사이토(齋藤) 총독은 "얼마 동안 귀국하지 말고 정돈이 될 때까지 기다리라"고 귀환을 만류하였다.[40] 그러나 무엇보다도 일본 정부에서는 특히 유학생들의 귀국을 행정적으로 억제하였다. 즉 "동경에 있는 학생들은 당국에서 귀국하는 것을 즐겨하지 아니하여 증명 같은 것도 얼른 내어주지 않아"[41] 귀국하는 유학생의 9월 중순 이후 점차 감소하였다. 재일조선인의 귀국증명서는 관동대지진 직후에는 군과 경찰서에서 발급하였지만, 9월 21일부터는 시정촌장(市町村長) 행정조직으로 전환되었다.

이러한 상황에서 부산항에 귀환한 재일조선인들을 통해 재일조선인 학살, 제국일본의 피해 상황 등에 관한 이야기들이 회자됨에 따라 조선총독부 당국은 이를 강력하게 단속을 하였다. 즉 "일본 지방에서 피난을 하여 나오는 사람들이 날로 증가하여 감에 따라 일본 지방에서 조선 사람에게 대한 일본 사람들의 감정으로 흘러나오는 난폭한 행동이 점차로 부근에 전파"되기도 하였는데, 이를 '유언비어'라고 하는 한편 치안을 염려케 할 우려가 있으므로 재일조선인은 물론 일본인까지 엄중하게 단속하였다.[42] 실제로 도쿄닛신영어학교(東京日進英語學校)의 변산조와 김충, 와세다공수학교(早稻田工修學校)의 차정빈 등 유학생 3명은 고향으로 돌아가던 중 관동

• • • • •

[39] 「20일에도 수백명이 귀환」, 『동아일보』 1923년 9월 22일자.
[40] 「수용 중의 재일조선인」, 『동아일보』 1923년 9월 22일자.
[41] 「21일 夜에도 128명」, 『동아일보』 1923년 9월 23일자.
[42] 「피난민 답지와 부산 부군의 인심단속, 유언비어 날로 늘어가서」, 『동아일보』 1923년 9월 16일자.

대지진에 대한 말을 하였다고 구류 21일의 처벌을 받고 대구형무소에 수감되었다.[43] 평양의 한경식도 도쿄에서 목격한 것을 말하였는데 이 역시 유언비어를 유포하였다고 하여 평양경찰서에 잡혀 구류 21일을 처해졌다.[44]

관동대지진으로 재일조선인이 귀환하였지만 일부에서는 귀환선의 승선을 거부당하기도 하였다. 그 이유는 '불령선인'이었기 때문이었다. 그 내용은 다음과 같다.

> 동경진재지 안에 있는 조선 사람 2천 명을 기선 창복환(昌福丸)이 조선을 갈 배에 태워가지고 가기로 하고 각각 준비를 하여 배가 떠나려고 할 때에 착복한 선장은 절대로 거절하였는데, 그 이유는 불량한 조선 사람 단체를 태우는 것은 위험하다고 거절한 것이며[45]

쇼후쿠마루(昌福丸)은 재일조선인 2천 명이 승선한 후 출항을 기다리고 있었지만 선장은 재일조선인을 '불량선인'이라 하여 출항을 거부하였다.[46] 쇼후쿠마루의 귀환 거부로 사꾸라지마마루(櫻島丸)이 3백여 명의 노동자를 태우고 귀환하였다.[47] 이러한 승선 거부 행위는 여전히 재일조선인에 대한 차별, 나아가 학살과 폭행의 연장선에서 일어난 것으로 보인다.

그럼에도 불구하고 관동대지진 이래 9월 한 달간 귀환한 재일조선인은 1만 명에 달하였으며,[48] 10월 8일까지 귀환한 재일조선인을 대략 2만 5천여 명에 이르렀다. 이를 구체적으로 살펴보면 다음과 같다.

─────

[43] 「학생 3명 구류」, 『동아일보』 192년 9월 24일자.
[44] 「평양에도 유언죄」, 『동아일보』 1923년 10월 1일자.
[45] 「창복환 선장 조선인 편승 거절」, 『동아일보』 1923년 9월 30일자.
[46] 「조선인의 승선을 거절」, 『조선일보』 1923년 9월 30일자.
[47] 「앵도환에 3맥명」, 『동아일보』 1923년 10월 1일자.
[48] 「조선인 귀환의 상황」, 『조선일보』 1923년 10월 4일자.

▶ 9월 중 귀래한 자
　진재지로부터 학생 675명, 노동자 877명, 기타 72명
　진재지 이외로부터 학생 71명, 노동자 12,329명, 기타 589명
▶ 10월 1일부터 8일까지 귀래한 자
　진재지로부터 학생 553명, 노동자 1,142명, 기타 48명
　진재지 이외로부터 학생 10명, 노동자 3,248명, 기타 165명[49]

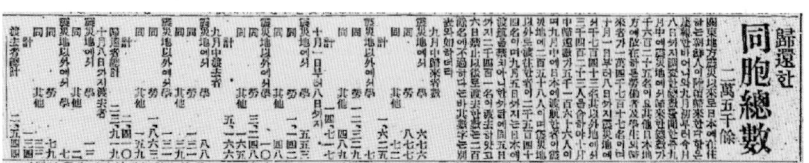

〈관동대지진으로 일본서 귀환한 재일조선인을 보도한 『동아일보』 1923년 10월 13일자 기사〉

이 기사에 의하면 관동대지진 이후 귀환 재일조선인 중 학생은 관동대지진이 발생한 지역, 노동자는 그 이외의 지역이 더 많았으며, 9월보다는 10월에 더 많은 재일조선인이 귀환하였음을 알 수 있다.

관동대지진이 발생한 후 조선총독부는 제국일본으로의 도항을 제한하였다. 무엇보다도 관동대지진이 일어난 현장에 자식과 친지를 둔 가족, 그리고 방학을 맞아 귀국하였던 유학생은 현지에서 생활하고 있는 재일조선인의 안부가 우려되었다. 이에 따라 현지에 조사위원을 파견하고자 하였다. 그리고 가능하면 직접 가족과 친지, 동료들의 생사를 확인하기 위해 지진 현장으로 건너가고자 하였다. 그렇지만 일본 도항은 재일조선인의 폭동설과 유언비어로 인해 조선인과 일본인 사이의 '신경이 극도로 흥분'되어 충돌할 수가 있기 때문에, 조선총독부는 가능하면 도항하지 않을 것

- - - - -
[49] 「진재 후에 귀래와 도항」, 『조선일보』 1923년 10월 13일자; 「귀환한 동포 총수」, 『동아일보』 1923년 10월 13일자.

을 당부하였다.[50]

　이와 같은 상황에서 일본 정부에서도 9월 5일부터 일본으로의 도항을 전면 제한하였다. 이에 따라 이날 밤 75명이 부산을 떠나 일본으로 출항하였지만 다음날 6일 저녁에 부산으로 되돌아와야만 하였다.[51] 심지어 공무 출장으로 인한 도항까지도 금지시켰다.[52] 이 조치는 조선총독부에서 그대로 수용하여 일본으로의 도항을 사실상 폐지한 것이다. 그런데 이와 같은 조치는 관동대지진 직후 재일조선인 학살 또는 폭행과 무관하지 않았을 것으로 추정된다. 그럼에도 불구하고 조선인에 대한 일본인의 감정이 극도로 흥분되어 위험한 상황에서 조선인을 보호하기 위한 것이라고 해명하였다.[53]

　그러나 9월 7일부터 전면 제한된 도항은 일본 대학의 2학기 개강을 즈음하여 유학생뿐만 아니라 일반인도 가능성이 제기되었다.[54] 또한 관동대지진으로 무질서하였던 도쿄도 점차 질서를 회복함에 따라 일본 정부와 조선총독부는 한동안 제한하였던 도항을 해제하기 위해 협의를 하였다.[55] 유학생 등 도항 제한이 해제될 즈음 도쿄의 여택회(麗澤會)는 도쿄 유학을 일지 정지해달라는 경고문을 제출하기도 하였다.[56] 이에 따라 많은 수는 아니지만 조선인들이 도항을 하였는데, 1923년 10월 7일 현재 도항한 조선인은 다음과 같다.

・・・・・

[50] 「조선인에 대한 감정이 소격된 차시에 동경행은 위험」, 『동아일보』 1923년 9월 7일자.
[51] 「조선인 도항 절대 금지」, 『조선일보』 1923년 9월 8일자.
[52] 「내지 도항 제한은 조선인 보호 목적」, 『매일신보』 1923년 9월 9일자; 「조선인의 일본행 금후 절대 불능」, 『동아일보』 1923년 9월 8일자.
[53] 「조선인의 일본행 금후 절대 불능」, 『동아일보』 1923년 9월 8일자.
[54] 「진재와 일본 유학」, 『동아일보』 1923년 9월 21일자.
[55] 「해금이 近한 도항 제한」, 『매일신보』 1923년 9월 21일자; 「일본 도항 解禁乎」, 『동아일보』 1923년 9월 2일자.
[56] 「동경 유학은 일지 정지하시오」, 『매일신보』 1923년 9월 24일자.

▶ 9월 중에 도항한 자
　진재지에 학생 88명, 노동자 131명, 기타 39명
　진재지 이외에 학생 131명, 노동자 1,862명, 기타 159명
▶ 10월 1일부터 8일까지 도항한 자
　진재지에 학생 13명, 기타 2명
　진재지 이외에 학생 7명, 노동자 79명, 기타 33명[57]

관동대지진 직후에는 도항에 직접적인 제한은 없었지만, 앞서 보았듯이 9월 7일부터 도항은 전면적으로 제한되었다. 앞에서 본 9월 중 도항한 조선인 전면 제한된 9월 7일 이전이라 할 수 있다. 그렇지만 10월 3일 유학생들에게 도항이 해금[58]됨에 따라 20명의 학생이 2학기 개학으로 도항을 하였으며, 노동자는 지진이 일어난 관동 일대를 이외의 지역에 80여 명이 도항할 수 있었다. 그밖에 10월 4일부터 관공리, 유학생, 상인 등에 한하여 경찰서에서 도항증명서를 발급받은 후 도항이 가능하였다.[59]

그렇지만 1924년 들어 관동대지진으로 인한 복구사업에 저임금 조선인 노동력의 필요[60]와 생계를 위해 도항하려는 노동자가 부산으로 몰려들면서 도항 제한은 사회문제로 야기되었다.[61] 도항으로 생활고를 해결하기 위해 4천여 명의 노동자들이 부산으로 몰려들자, 이해 5월 17일 부

· · · · ·

[57] 「진재 후에 귀래와 도항」, 『조선일보』 1923년 10월 13일자; 「귀환한 동포 총수」, 『동아일보』 1923년 10월 13일자.
[58] 「진재지 도항 3일 해금」, 『동아일보』 1923년 10월 5일자; 「동경 도항 해제」, 『조선일보』 1923년 10월 5일자.
[59] 「동경행의 조선인은」, 『동아일보』 1923년 10월 7일자.
[60] 「도일 조선노동자 입국 금지를 해제」, 『동아일보』 1924년 5월 22일자.
[61] 관동대지진 이후 일본 내무성은 9월 7일부터 도항의 전면 금지 조치를 하였고, 이를 조선총독부도 수용하였다. 그렇지만 제한적이나마 도항은 꾸준히 이어졌다. 1924년 4월 중 경상북도에서만 학생 48명, 노동자 465명, 기타 69명 등 572명이 도항하였다(「노동자를 도일 방지」, 『동아일보』 1924년 5월 21일자).

산지역 유지들은 시민대회를 열고 제한된 도항을 해제할 것을 요구하였다.[62] 그러나 당국은 "함부로 건너가면 부랑하게 놀고, 내지나 조선은 물론하고 상호간에 큰 손해"[63]라는 이유로 제한적 도항을 해제하지 않았다. 그렇지만 값싼 조선인 노동자의 필요성과 도항에 목숨을 건 노동자의 요구에 따라 1924년 6월 1일 제한적 도항을 완전 철폐하였다.[64] 이로써 관동대지진 이후 9개월 동안 제한된 도항은 폐지되었고 이후 도항하는 조선인이 늘어남에 따라 1924년에는 12만 2천 명 이상 제국일본으로 도항하였다.

관동대지진은 비록 식민지 모국 일본에서 일어났지만 당시 식민지 조선도 그 영향에서 벗어날 수가 없었다. 관동대지진이 일어난 직후부터 재일조선인은 적국의 국민이었다. 재일조선인의 폭동설과 각종 유언비어가 난무하면서 피난민으로서가 아니라 적대적 감정으로 학살도 자행되었다. 이와 같은 상황에서 재일조선인은 안전이 무엇보다도 중요하였다. 때문에 국내의 언론인『동아일보』,『조선일보』,『매일신보』는 경쟁적으로 현지의 상황과 재일조선인에 대한 기사를 제공하였다. 이들 언론에 나타난 재일조선인의 동향을 정리하면 다음과 같다.

관동대지진 이후 재일조선인에 대한 기사는 9월 3일부터 10월 9일까지 게재되었다. 이들 기사는 크게 네 가지로 분류할 수 있다. 첫째는 재일조선인의 폭동설이라는 '유언비어'에 대한 기사이다. 재일조선인 폭동설은 관동대지진이 일어난 다음날인 9월 2일부터 유포되었다. 이 폭동설에 대해 국내 언론에도 초기에 많이 기사화되었는데, 주로 일본 정책 책임자 즉 山本

- - - - -

62) 「실업 도일 증가」,『동아일보』1924년 5월 16일자;「부산 시민대회의 경과」,『조선일보』1924년 5월 21일자;「부산시민대회」,『동아일보』1923년 5월 22일자.
63) 「부산 부두에 蝟集하는 노동자 도항문제」,『매일신보』1924년 5월 27일자.
64) 「조선 노동자의 도일제한 철폐 결정」,『동아일보』1924년 6월 2일자.

수상, 후쿠다(福田) 계엄사령관, 미루야마(丸山) 경무국장 등의 담화들이다. 이들 담화는 재일조선인 폭동을 일으키는 것처럼 일본정부에 의해 왜곡된 기사가 많았다. 관동대지진으로 민심이 흉흉한 틈을 타 재일조선인이 폭동을 일으키거나 일부이지만 실제 일어났으며 이로 인해 조선인과 일본인과의 적대적 관계로 만들었다. 나아가 일제의 식민통치론인 '일선융화'에도 적지 않은 영향을 미치며 뿐만 아니라 재일조선인의 폭동은 '전 인류의 소외'라는 반인류적 행동이라고 부추기기까지 하였다. 그러나 점차 시간이 지남에 따라 폭동설과 유언비어는 사실이 아님이 밝혀졌지만 그래도 일부에서는 '불령선인'으로 조선인과 일본인의 감정이 없지 않았음을 강조하고 있다.

둘째는 재일조선인 학살에 대한 기사이다. 그러나 일본과 마찬가지로 식민지 조선의 언론은 실제적으로 재일조선인 학살과 관련되어 구체적으로 기사화되지 못하였다. 이는 조선총독부의 언론통제 때문이었다. 때문에 관동대지진 당시 자행된 재일조선인 학살은 '학살'이라는 표현이 아닌 '참화' 또는 'ㅇㅇ'이라고 하였다. 기사에서는 '학살'이라고 표기는 할 수 없었지만 재일조선인이 일본에서 학살을 당하고 있음을 암시하였음을 알 수 있다.

셋째는 유학생을 비롯하여 재일조선인이 안전하게 보호를 받고 있다는 기사이다. 재일조선인의 폭동설, 유언비어 등으로 재일조선인과 일본인의 감정이 격화되고 있지만, 일본정부는 재일조선인을 안전하게 보호하고 구제를 하고 있는 것이다. 이러한 내용의 기사는 앞서 언급한 폭동설이나 학살과 관련된 기사보다 그 게재량이 훨씬 많다는 점이다. 이와 같은 기사는 『동아일보』나 『조선일보』보다 총독부 기관지인 『매일신보』가 보다 많이 게재하였다. 그리고 이와 같은 기사의 주체는 수상, 계엄사령관 등 식민통치 담당자들의 말을 대변하고 있다는 점이다. 이는 '내선융화'라는 식민지배 기조에서 그대로 유지하기 위한 방편이기도 하였다.

넷째는 재일조선인의 안부와 관련된 내용이다. 관동대지진이 일어나자 무엇보다도 가장 위급한 것은 재일조선인의 생사여부 즉 안부였다. 때문에 이와 관련된 기사를 가장 많이 할애하였다. 유학생대회, 유학생친족회 등 중앙뿐만 아니라 지방에서도 일본 유학생이 있는 곳이면 재일조선인의 안부를 특파원을 파견하여 생사를 확인하고자 하였다. 이에 총독부는 생존 재일조선인을 파악하여 제공하였고 이를 각 언론에서는 게재하였다. 그리고 동아일보는 특파원의 활동으로 독자적인 생존 재일조선인을 확인하여 보도하였다.

한편 관동대지진 이후 재일조선인의 귀환도 적지 않았다. 그러나 일본 정부의 귀환 제한으로 인해 적지 않은 어려움이 따랐다. 9월 7일 한승인과 이주성의 첫 귀환으로 시작된 재일조선인의 귀환은 10월까지 이어졌으며, 2만 5천 명에 당하였다. 이는 단일 시기 해방 전 가장 많은 재일조선인이 귀향한 것이다. 관동대지진으로 일본으로의 도항 역시 철저하게 통제되었다. 9월 5일부터 제한된 도항은 10월 초순 관공리, 유학생, 일부 상인에게 제한적으로 허용되었지만 여전히 통제되었다. 이후 1년이 지난 1924년 6월에 가서야 전면적으로 도항이 해제되었다.

관동대지진이 일어나자 일본정부와 조선총독부는 재일조선인을 통제하였다. 재일조선인은 보호라는 명문으로 수용소에 강제 수용되었으며, 이를 안전하다고 기사화하였다. 그러나 이러한 보호조치는 '내선융화'라는 식민통치의 일환으로 추진되었던 것이다. 뿐만 아니라 관동대지진으로 인한 귀환과 도항도 철저하게 식민통치의 일환으로 활용하였다고 할 수 있다.

제2절 관동대지진과 조선총독부의 민심 동향 파악

1. 조선총독부의 민심 동향 파악

관동대지진 발생 당일, 그 소식은 조선에도 전해졌다. 9월 1일 오후 반경 조선호텔 연회석상에 있던 마루야마(丸山鶴吉)에게 무선통신으로 요코하마에서 큰불이 일어났다고 전달되었다. 그때까지만 해도 관동대지진에 대한 구체적인 사실이 제대로 전달되지 못하였다. 그러나 이날 밤 2시경 도쿄에 대지진이 발생하였다는 전보를 받았다.[65] 사이토 총독은 9월 1일 밤 10시 30분 일본의 지진 소식을 접하게 되었다.[66] 날이 밝자 마루야마(丸山) 경무국장은 경무국에 전해진 소식들을 가지고 총리 관저로 가서 사이토 총독을 방문하였다.[67]

관동대지진 소식을 접한 총독부는 곧바로 정보를 수집하기로 하는 한편 구호시설을 설치하기로 하였다. 조선총독부는 관동대지진의 실황 조사를 위해 경무국 소속 구니도모(邦本) 사무관, 문서과 구라하시(倉橋) 사무관, 그리고 체신과 우에다(直田) 부사무관을 대지진 현장으로 파견하였다.[68] 이들로부터 수집된 정보에 따라 구호에 관한 협의를 하고, 위문 의연금 모금, 구호반 파견, 이재 재일조선인 구호, 위문품 수송 등 제반

- - - - -

[65] 琴秉洞 編, 『朝鮮人虐殺に關する植民地朝鮮の反應』(關東大震災朝鮮人虐殺問題關係史料 Ⅳ), 綠蔭書房, 1996, (2)쪽(해설).
[66] 『齋藤實日記』 9월 1일자(국사편찬위원회, 마이크로필름); 노은주, 「관동대지진과 일본의 재일조선인 정책: 일본정부와 조선총독부의 '진재처리' 과정을 중심으로」, 연세대학교 대학원, 석사학위논문, 2007, 39쪽.
[67] 丸山鶴吉, 『五十年とこるどこる』, 講談社, 1934; 『朝鮮人虐殺に關する植民地朝鮮の反應』, 93쪽.
[68] 琴秉洞 編, 『朝鮮人虐殺に關する植民地朝鮮の反應』, (2)쪽(해설).

사항을 정하기로 하였다.

관동대지진 소식을 알게 된 사이토 총독은 다음날인 9월 2일에 취한 행동은 총독부 주요 인사들69)과 식민지배에 협력하는 조선인이나 유력인사들70)을 만난 것이었다. 이들은 어떤 이야기를 나누었는지 확인할 수는 없지만, 관동대지진에 대한 소식과 이에 따른 식민통치에 협조를 구한 것으로 추정된다. 그리고 이날 마루야마(丸山) 경무국장은 국경 지역 및 경상남도지사에게 전보를 보내는데, 그 내용은 다음과 같다.

> 이번 도쿄 기타 내지 각지에 지진의 피해를 승하여 불령 무리들이 언제 과격한 운동을 할지도 모르니 조선 인심의 동요와 내지 및 조선 밖 불령선인과 연락을 하려는 행동이 나타날지도 모르는 때에, 특히 경상남도에서는 내지와 조선의 조선인의 왕래 연락을, 그리고 국경 방면에서는 국외 조선인과의 왕복 연락에 주의하고 이를 틈타려는 것을 엄중 경계할 것을 명함.71)

이 전보에 의하면 두 가지를 엄중 경계할 것을 지시하고 있다. 첫째는 일본에 있는 조선인의 '과격한 운동'이 있을 경우 조선 내의 인심 동요가 있을 것으로 예상하고 경상남도에서의 일본의 조선인들이 서로 연락하는 것을 엄중 단속할 것, 둘째는 그 연장선상에서 만주와 러시아 등 국경지대에서 민족운동 세력과의 연락하는 것을 엄중 경계할 것을 명령하고 있다. 이는 일본에서의 '조선인의 과격한 운동' 즉 민족운동을 전개할 경우 식민

──────────

69) 당시 참석한 주요 인사로는 有吉忠一 정무총감, 倉橋鋕 문서과장, 原靜雄 토목과장, 志賀潔 의원장, 菊池鎌讓 등이었다(『齋藤實日記』, 9월 2일자).
70) 이때 참석한 인물은 신석린, 민영기, 박기양, 이희두, 송진우, 윤덕영, 이진호, 민대식 등이었다(『齋藤實日記』, 9월 2일자).
71) 警務局長,「電報案: 國境各道知事, 慶尙南道知事 宛」, 1923년 9월 2일자;『秘震災關係警戒取締に關する重要通牒』, 朝鮮總督府 警務局.

지 조선과 국외에서 호응할 것을 가장 경계한 것이라 할 수 있다. 특히 경상남도지사 앞으로 보낸 것은 당시 재일조선인 가운데 경상남도 출신자가 가장 많았기 때문이었다.72) 이에 따라 조선총독부는 앞서 언급한 바와 같이 관리들을 일본에 파견하였던 것이다. 그리고 같은 날 이와는 별도로 국경지방과 경남도지사를 제외한 여타 지역 도지사에게도 이와 같은 전보를 발송하였다.73)

9월 3일이 되자 관동대지진 피해 현장에서 떠도는 유언비어를 공식적으로 전하는 전보가 일본 정부로부터 왔다. 이날 오전 8시 30분 내무성 경보국장이 총독부 경무국장에게 보낸 전보에서 이를 확인할 수 있다.

> 도쿄 부근의 진재를 이용해, 재류 조선인이 방화, 투척 등 기타의 불령수단을 행하려 함. 이미 도쿄부에서는 일부 계엄령을 시행하였으니, 이때 조선 내 조선인의 동요에 엄중한 취체를 가하고, 내지 도항을 저지하도록 할 것.74)

이 전보에 의하면, 재일조선인들이 방화나 투척 등 폭력적 행동을 하고 있으며, 이를 막기 위해 계엄령을 발포하였고, 나아가 재일조선인을 엄중 취체하고 있는 것을 알 수 있다. 뿐만 아니라 조선인의 일본 도항마저도 하지 못하도록 철저하게 막고자 하였다. 그러나 이는 일본에서 재일조선인 학살을 은폐하고 왜곡하려고 하는 전보였다.

관동대지진이 발생한 당일부터 '조선인이 우물에 독을 넣었다', '조선인

･････
72) 『在京朝鮮人狀況』(1924)에 의하면 4,153명 중 경상남도 출신이 전체의 30%에 달하는 1,247명으로 그 비중이 컸다. 이러한 사정 때문에 경남 출신들이 귀국하여 소식을 전달하는 것을 가장 경계하였다.
73) 警務局長, 「電報案: 各道知事 宛(國境各道及慶南知事ヲ除ク)」, 1923년 9월 2일자 『秘震災關係警戒取締に關する重要通牒』, 朝鮮總督府 警務局.
74) 「船橋送信所關係文書」, 『現代史資料』 6, 18쪽.

들이 폭동을 일으키려고 한다'는 등 유언비어가 난무하였고, 재일조선인의 학살로 이어졌다. 심각성을 느낀 일본 정부는 9월 5일 '진재 시 국민 자중에 관한 건'이라는 내각 고시를 발표하였다. 그 내용을 『매일신보』는 다음과 같이 보도하였다.

> 今次 震害에 乘하여 一時 不逞鮮人의 暴動이 有하여 鮮人에 對하여 頗히 不快한 感을 懷하는 者가 有하다 聞하는도다. 鮮人 中의 若不穩에 步하는 者가 有함에 在하여는 速히 取締의 軍隊及警察官에게 通告하여 其 措置를 爲할 것이오. 各自 스스로 迫害를 加함과 如함은 本來 日鮮同化의 根本主義에 排斥할 뿐 아니라 世界 各國에 對하여 決코 誇 한 事가 아니로다. 事는 今回 突然히 困難한 事態에 曾際하였음에 基因한다 認하나 此 非常時에 當하여 我國의 節制와 平和의 理想을 發揮함은 本 大臣의 此際 特히 望하는 바로 民衆 各自의 切히 自省함을 望하는 바이다.75)

이 고시 역시 재일조선인 학살을 왜곡하고 있지만 적어도, 일본인이 조선인에 대해 '不快한 感을 懷하는 者'가 있어 '迫害를 加함'이라고 하여 재일조선인 학살을 우회적으로 인정하고 있다. 그리고 이러한 박해를 자제할 것을 당부하고 있다. 그렇지만 그 원인은 '재일조선인의 폭동'에 있다고 그 책임을 회피하고 있다.

우회적으로나마 일본에서 재일조선인에 대한 학살이 있었다는 사실이 전해지자, 아리요시(有吉) 정무총감은 "총리의 유고 등에 의해 조선인 학살 보도를 과장하고, 이번에 조선인을 격앙시키는 징후가 있습니다. 이에 대해서 완화의 방도를 강구하고 있습니다"76)라고 사이토 총독에게 보고하였다.

-----
75) 「朝鮮同胞를 愛護하라, 小數者의 行動과 內地人의 誤解」, 『매일신보』 1923년 9월 8일자.
76) 「齋藤實 總督 앞으로 보낸 有吉忠一의 서한」, 1923년 9월 14일자(『齋藤實文書』 307-18).

뿐만 아니라 내각이 재일조선인 학살 사건에 대해 발표하자 아리요시 정무총감은 "일본에 영향을 미칠 뿐 아니라 조선은 말할 것도 없이 멀리 외국에도 일본 국민의 신용을 실추시키는 사건"이라고 하였으며, "조선총독부와 아무런 협의도 없이 이와 같은 사건을 결정한 것에 대해서 총독으로서는 묵시할 수 없을 뿐 아니라 총독으로서는 진퇴를 결정할 수밖에 없는 사태"[77]라고 분개하였다.

이처럼 관동대지진은 식민통치에 적지 않은 영향을 미쳤다. 위협을 느낀 조선총독부는 국내외 조선인들의 민심을 우선적으로 파악하고자 하였다. 이는 4년 전 일어난 3·1운동을 염두에 두었기 때문이다. 즉 민심을 사찰하여 3·1운동과 같은 대규모의 만세시위를 사전에 막기 위해서였다.

그렇지만 사회주의 단체에 대해서는 관동대지진 이전부터 예의주시하였다. 국제청년데이를 기념하기 위해 9월 2일 서울청년회에서 강연회를 개최하고 선전물을 배포하려고 하였지만 종로경찰서에서 이를 금지시키고 선전물을 압수하는 한편 한신교, 장채극, 이영 등 11명을 검속하였다.[78] 이러한 단속은 관동대지진으로 더욱 강화되었다. 9월 3일에는 경기도 경찰부에서 조선 사회주의자들이 일본 사회주의자와 관동대지진에 대해 불리한 내용 즉 재일조선인 학살 등의 소식을 주고받을 염려가 있다고 보고 사회주의자 경계령을 내렸다.[79]

당시 조선총독부의 가장 큰 골칫거리의 하나는 '사회주의운동'이었다. 1919년 조선의 독립운동인 3·1운동 이후 조선의 민족운동에서는 새로운

• • • • •
[77] 「齋藤實 總督 앞으로 보낸 有吉忠一의 서한」, 1923년 10월 25일자(『齋藤實文書』 307-22)
[78] 「서울청년회 선전지 압수」, 『매일신보』 1923년 9월 3일자; 「다수한 선전문을 압수」, 『조선일보』 1923년 9월 3일; 「기념식도 불허」, 『조선일보』 1923년 9월 3일; 「강연회도 금지」, 『조선일보』 1923년 9월 3일자. 그러나 평양과 영동, 마산 등 일부 지역에서는 국제청년데이 기념식을 가졌다(「각지에 청년기념일」, 『조선일보』 1923년 9월 5일자).
[79] 「사회주의자 경계령」, 『조선일보』 1923년 9월 4일자.

이념적 대안으로서 사회주의 사상이 수용되고, 사회주의운동은 민족주의 진영과 함께 민족운동의 독자적인 세력으로서 성장해나가고 있었다. 특히 1920년대에 들어 사회주의운동이 점차 확산되자 조선총독부는 새로운 형태의 민족운동에 대한 경각심을 가지고, 이를 방지하기 위한 탄압정책을 펼치고 있었다.[80] 그럼에도 불구하고 국내외에서 활발히 활동하던 사회주의 세력은 1923년 3월 말경 사회주의 청년단체인 서울청년회의 주도로 '전조선청년당대회'를 개최하였다.[81]

이 시기에 상하이(上海)에서도 국내외의 독립운동단체가 참여하여 1923년 1월부터 5월 중순까지 '국민대표회의'를 열었다. 상하이에서 열린 '국민대표회의'는 3·1운동 이후 국외에서는 최초로 전개된 '민족연합전선운동'이었다.[82]

이와 같이 관동대지진 직전 식민지 조선에서는 사회주의 세력이, 국외에서 연합전선운동 등의 민족운동이 활발하게 전개되었다. 조선총독부는 이에 대한 촉각을 곤두세우고 있던 긴장된 상황 속에서 '재일조선인 학살 사건'이 일어난 것이었다. 이로 인해 조선총독부는 어느 때보다도 식민지배의 안정화를 위해 '민정사찰'의 필요하였던 것이다.

그렇다면 조선총독부는 언제부터 민심 동향을 파악하였을까. 조선총독부는 관동대지진일 일어났다는 소식이 전해진 다음날 즉 9월 2일부터 동향을 파악하기 시작하였다. 이날 종로경찰서는 서울청년회와 천도교청년당의 활동, 사회주의자 및 지식 유산 계급자 등의 동향을 파악하여 경성지방

・・・・・

[80] 황민호,「전시통제기 조선총독부의 사상범 문제에 대한 인식과 통제」,『사학연구』79, 한국사학회, 2005, 312~213쪽.
[81]「3분과를 置하고 신중 토의」,『동아일보』1923년 3월 29일;「청년당 대회는 금지」,『동아일보』1923년 3월 31일자.
[82] 이현주,『한국 사회주의 세력의 형성;1919~1923』, 일조각, 2003, 233~234쪽.

법원에 보고하였다.83) 더욱이 관동대지진 소식을 들은 동아일보 편집부장 이상협이 일본 현장으로 출발하려고 하는 것까지도 수집하였다.84)

이후 조선총독부의 각종 정보를 수집을 위해 경찰서, 헌병대, 법원, 군대, 관 등을 동원하여 전방위적으로 식민지 조선인을 사찰하였다. 민정사찰의 대상은 다양하였지만 조선헌병대 사령부의 경우 사회주의자, 배일자, 친일인사, 종교가, 교육가, 학생, 상공업자 등을 대상으로 관동대지진에 대해 어떻게 '감상'하고 있는지를 수시로 파악하였다. 그러나 중요한 것은 단순히 관동대지진에 대한 감상만이 아니라 재일조선인 폭동이라는 유언비어에 대해서도 사찰하였다.85)

관동대지진의 소식이 조선 일반에 퍼진 것은 9월 3일부터이다.86) 하지만 그 이전부터 지진뿐만 아니라 관동대지진의 재일조선인에 대한 유언비어 상황까지 알고 있던 조선총독부는 관동대지진의 상황이 식민지 조선에 알려져 만세운동과 같은 폭동이라도 일어날까 미리부터 각종 활동에 대한 단속을 시작하였다. 앞서 언급한 바와 같이 9월 2일 오후 1시에 서울청년회에서는 국제청년일 기념회를 개최하려 했으나, 총독부는 서울청년회의 집회가 조선 내의 질서에 해를 가하는 것이라고 여기고 서울청년회 회원을 검거하였다.87) 뿐만 아니라 경성 종로경찰서는 2일 당시 경성의 정황에 대

─────

83) 鐘路警察署長,「市內狀況報告ノ件」, 1923년 9월 2일자(국사편찬위원회 홈페이지 역사통합시스템)

84)「市內狀況報告ノ件」, 1923년 9월 2일자.

85) 朝鮮憲兵隊司令部,「震災ニ伴フ感想ト流言ニ關スル件」, 朝憲警秘 第613號, 1923년 9월 11일.

86) 관동대지진과 관련하여 9월 2일에『매일신보』호외가 발행되었지만 본격적인 보도는 9월 3일자『매일신보』,『동아일보』,『조선일보』등 신문에서 보도하면서부터였다.

87)「서울청년회원 기소될 듯, 간부 열세 명」,『동아일보』1923년 9월 4일자. 당시 기소된 청년회원은 全富一, 韓眞敎, 閔泰興, 金裕寅, 崔甲春, 李同和, 李英, 金●玉, 姜永淳, 任鳳淳, 鄭泰重, 李允植, 張彩極 등이다.

해서도 조사를 했는데, 아직 관동대지진이 일반에 공식화되지도 않은 상황 속에서 "과격한 공산주의자들이 극단적인 폭언을 퍼뜨리고 다닌다"고 하면서 사회주의 세력의 움직임을 주시하고 있었다.88) 이와 같은 사실은 『동아일보』의 기사를 통해서도 확인할 수 있다.

> 동경에 대지진 사건이 있고, 따라서 인심이 흉흉한 사회주의자들이 모 활동을 계획한다는 보도들은 경기도 경찰부에서는 돌연히 긴장한 빛을 띠고 시내 각 경찰서와 연락하여 경계를 엄중히 하는 중이며, 더욱이 각서 형사를 비상 소집하여 경성에 있는 주의자들의 가택을 방문하고 또는 그들과의 통신을 엄중히 경계 중이라더라.89)

이 기사에 의하면, 관동대지진으로 인한 혼란한 틈을 타서 식민지 조선의 사회주의자들이 일본의 사회주의자들과 연계하여 사회적 혼란을 야기시킬 수 있다는 판단 아래 서로 주고받을 수 있는 통신을 포함한 모든 연락 관계를 엄중 경계하고 있다. 단순히 여기서 그치는 것이 아니라 사회주의자들의 집을 찾아가 정탐까지 하고 있음을 밝히고 있다. 이는 이를 통해 사회주의자들에게 일종의 경고라고 할 수 있다.

9월 3일이 되자 신문 보도를 통하여 관동대지진이 일반에 알려지자 조선총독부에서는 보다 적극적으로 일반인의 민심을 주의 깊게 살피고 있다. 종로경찰서는 관동대지진에 대해 민족적 감정보다는 대부분 인류애적으로 동정을 하고 있지만, 다른 한편으로는 이번 재해로 인해 총독부의 보조금이 줄어 식민지 조선 경제에 영향을 미칠 것이라는 우려와 재해로 인해 다수의 일본인이 조선으로 이주하여 조선인의 생활을 어렵게 할 것이라는 불

---

88) 경성종로경찰서장, 「市內狀況報告 ノ件」, 1923년 9월 2일자.
89) 「在京城 主義者들 警戒, 만일을 염려하여서」, 『동아일보』 1923년 9월 4일자.

안감 등이 일반사회에 있다고 조사·보고하였다. 뿐만 아니라 천도교청년 당 및 조선교육협회, 노동연맹회 등 기타 단체에서 이번 기회를 이용하여 적극적인 행동을 하려 할 것이며, 조선에 있는 사회주의자와 일본의 사회주의자가 이 기회를 틈타 활동할 것이라고 하는 민심과 각 단체의 동향을 보고하였다.[90]

이러한 상황에서 조선총독부는 9월 4일자로 각 지역에서 시국에 대한 비방이나 상황을 보고할 것과 '요주의 인물'에 대한 본격적인 단속을 개시하고 있다. 특히 "요시찰 또는 요주의 인물의 움직임 특히 조선 밖의 주의 인물과의 연락을 엄밀 감시할 것, 도회지에서 만일 사건이 발생할 경우 언제라도 상당의 비번 순사를 출동할 수 있도록 하고 도내 전체에 빠르게 동원에 대응할 수 있도록 계획을 세울 것, 만일 폭동 등 불온한 사변 발생할 때는 당국에 즉보함과 동시에 신문에 게재를 금지할 것" 등을 지시하였다. 뿐만 아니라 사회주의자 이외에도 보천교, 천도교 등 민족종교 단체의 행동을 보다 엄밀하게 사찰할 것도 포함하고 있다.[91]

이와 같은 '민심 파악'이라는 사찰은 『동아일보』를 통해서도 확인할 수 있는데, 그 내용은 다음과 같다.

> 동경에 지진이 있은 후에 경찰의 활동은 비상하여 재작 4일에 경기도 마야(馬野) 경찰부장은 관내 각 경찰서장에게 엄중한 비밀명령을 내렸다 한다. 이제 그 내용을 들은 즉 동경에 지진이 있은 후 일반의 형세는 매우 악화하여 계엄령을 포고하고 군대까지 출동한 터이라, 조선에도 어떠한 영향이 있을는지 알지 못하는 터인즉 관내를 엄중히 경계하여 요시찰인의 조사는 물론이요, 관내 각 단체에 대하여 조금도 게으르지

---

[90] 鐘路警察署長,「東京地方災害ニ對スル一部部民ノ感想ニ觀スル件」, 1923년 9월 3일자.
[91] 警務局長,「電報案: 各道道知事 宛」, 1923년 9월 4일자;『秘震災關係警戒取締ニ關する重要通牒』, 朝鮮總督府 警務局.

말고 엄중히 경계를 하라는 것이라 한다. 이로써 인하여 방금 시내 각 경찰서에서는 형사의 비상 소집을 행하고 다시 정복 순사에게까지 사복을 입힌 후 요시찰인의 일반 행동과 그의 출입과 통신과를 조사하고 그와 동시에 청년회, 노동단체, 기독교 단체, 기타 종교단체 등 지극히 적은 단체라도 하나도 빼지 아니하고 형사가 그곳에 출장하여 만일을 엄중히 경계 중이라더라.[92]

〈민정사찰을 알리는 『동아일보』 1923년 9월 6일자 기사〉

이 기사에 의하면 사복한 형사와 순사들이 요시찰 인물, 청년단체, 종교단체뿐만 아니라 미미한 단체까지 사찰을 하고 있음을 알 수 있다. 민정사찰은 서울뿐만 아니라 평양 등 지방의 주요 도시에서도 진행되고 있었다.[93]

- - - - -
[92] 「각 경찰 대활동」, 『동아일보』 1923년 9월 6일자.

9월 7일에 이르러서는 관동대지진 피해지에서 재일조선인 학살과 차별로 인해 조선으로 귀국하는 조선인이 늘어나자 이들에 대한 단속도 시달하였다. 『동아일보』와 『조선일보』는 관동대지진 이후 일본에서 최초로 귀국한 유학생 한승인과 이주성[94]의 대해 「생지옥의 실황을 목도한 최신 소식」이라는 기사를 1면 톱기사로 게재하였다. 이 기사는 피해지의 상황, 귀국하기까지의 과정, 조선인에 대한 피해 등을 생생하게 전하고 있다.[95]

이처럼 귀국한 조선인들은 피해지에서의 체험담뿐만 아니라 '재일조선인 학살'에 대해서 보고 들은 상황을 전달하였기 때문에, 이들의 동향을 조사하는 한편 유언비어에 대해 강력하게 단속하도록 한 것이다. 뿐만 아니라 이들을 초청하여 개최는 강연과 집회도 절대 금지할 것을 지시하였다.[96] 이와 관련하여 아리요시 정무총감은 담화를 발표하였는데, 그 내용은 다음과 같다.

> 日本 內地에서 今番 大災에 罹하여 不幸을 當한 多數 朝鮮人은 氣車가 通하게 됨을 隨하여 着着히 歸來하는 中인 觀이 有한 바, (중략) 現在에 朝鮮人의 被害 云云의 宣傳을 하는 것은 臺端히 不可하니 朝鮮人이 最初에 若干의 不穩行動이 有하였으므로 日本人의 感情이 極度로 勃興하였을 뿐 아니라 朝鮮人에 對하여 그 感情上 不美한 點을 記載한 新聞은 着着 發賣禁止를 斷行하여 日本人과 朝鮮人의 感情을

- - - - -

[93] 「平壤 警察 警戒」, 『동아일보』 1923년 9월 6일자.
[94] 韓昇寅은 평남 강서 출신으로 明治大學에 재학 중이었고, 李周盛은 함남 원산 출신으로 東洋大學 재학생이었다.
[95] 「九死一生으로 東京을 脫出한 二學生」, 『동아일보』 1923년 9월 7일; 「萬死의 力으로 東京에서 故國에 歸還한 二學生의 實地冒險談」, 『조선일보』 1923년 9월 7일자.
[96] 警務局長, 「電報案: 各道道知事 宛」, 1923년 9월 7일자; 『秘震災關係警戒取締に關する重要通牒』, 朝鮮總督府 警務局.

不和케 하는 것을 禁止하는 中인데, 오히려 朝鮮人이 其 被害를 誇張하여 宣傳하는 것은 充分히 取締치 아니할 수 없다. (하략)[97]

아리요시는 '재일조선인 피해'를 운운하는 신문은 발매금지[98]하여 일본인과 조선인의 감정을 불화케 하는 것을 금지하고 있는 가운데 조선인 피해를 과장하여 선전하는 것 즉 '재일조선인 학살'에 대해 말하는 것을 취체하지 않을 수 없다고 강조하고 있다. 이 담화에는 일본에서 귀국한 조선인을 구제하기 위해 부산에 임시사무소를 설치하여 무료로 고향으로 돌아갈 수 있도록 조치하고 있으며, 친지나 가족 등의 안위가 걱정이 되지만 일본으로의 도항은 절대 용인하지 않겠다고 밝히고 있다.[99]

이후에도 조선총독부 경무국은 각도 도지사와 총독부에서 파견한 관리, 경찰부장 등에게 귀환한 조선인의 감시, 현지 실정 유포 및 유언비어 취체, 강연회 및 집회 절대 금지를 지시 및 사찰내용을 보고토록 하였다.[100]

이를 계기로 강원도 등 도 경찰부, 종로경찰서와 춘천경찰서 등 지방 경찰서뿐만 아니라 고등법원과 지방법원, 심지어 헌병대사령부에서까지 내밀하게 사찰하여 민심을 파악하였다. 국사편찬위원회에서 확인할 수 있는 『관동진재에 대한 정보철』에 의하면 각 기관에서 보고한 민정사찰과 관련한 문건은 〈표 16〉과 같다.

- - - - -

[97] 「誇大 宣傳 絕對 不可」, 『동아일보』 1923년 9월 9일자.
[98] 「警務局도 眼鼻莫開, 押收한 新聞이 四十餘種」, 『조선일보』 1923년 9월 8일자.
[99] 警務局長, 「電報案: 各道道知事 宛」, 1923년 9월 7일자; 『秘震災關係警戒取締に關する重要通牒』, 朝鮮總督府 警務局.
[100] 警務局長, 「電報案: 各道知事・各派遣員 宛」, 1923년 9월 7일자; 「電報案: 各道知事(警察部長) 宛」, 1923년 9월 9일자; 「暗號電報案: 各道知事・各派遣員 宛」, 1923년 9월 7일자; 「電報: 各道知事 宛: 流言其他ノ言動取締方ノ件」, 1923년 9월 19일자(『秘震災關係警戒取締に關する重要通牒』, 朝鮮總督府 警務局)

〈표 16〉『관동진재에 관한 정보철』의 민정사찰 보고 건수

보고자	수신처 및 보고처	보고회수	비고
경기도경찰부장	경무국장, 지방법원 검사정	1	
강원도경찰부장	경무국장, 각도지사, 경성지방법원 검사정, 춘천지청 검사, 철원지청 검사, 함흥보병 제37여단장, 함흥보병74연대장, 도내 각 경찰서장	22	
인천경찰서장	경성지방법원 검사정	3	
개성경찰서장	경성지방법원 검사정	3	
춘천경찰서장	경성지방법원 검사정	14	
경성종로경찰서장	경성지방법원 검사정	3	
경성본정경찰서장	경성지방법원 검사정	6	
경성용산경찰서장	경성지방법원 검사국 검사정	1	
경성동대문경찰서장	경성지방법원 검사정	4	
경성서대문경찰서장	경성지방법원 검사정	9	
고등법원 검사장	지방법원 검사정, 지청 검사 및 검사사무취급	1	
경성지방법원 감사정	법무국장, 고등법원 검사장, 경성복심법원 검사장	1	
경정지방법원 수원지청 검사	경성지방법원 검사정	2	
경성지방법원 개성지청 검사	경성지방법원 검사정	1	
경성지방법원 춘천지청 검사	경성고등법원 검사장	2	
원주법원 지청 검사 사무취급	고등법원 검사장	2	
경성지방법원 철원지청 검사	고등법원 검사장	3	
조선헌병대사령부	조선군사령관, 조선양사단장, 진해요항부사령관, 관동군사령관, 관동헌병대장, 조선 각 헌병대장/육군차관, 해군차관, 헌병대사령관	3	국경지방
서무부장	본부 각 부장, 제1차 소속관서 서장	1	
미상	경성지방법원 검사정	1	

〈표 16〉에 의하면, 민정사찰 기관은 주로 각지 경찰서, 법원, 헌병대사령부 등이었다. 이들 사찰기관 중 경찰서가 가장 많이 민심 동향을 파악하는데 주력하였다. 사찰 내용을 보고받은 기관은 경성지방법원과 경무국장, 각 도지사, 군 관련 기관 등으로 구분할 수 있는데, 경성지방법원이 가장 많이 보고를 받았다. 이들 기관은 식민통치에 있어서 중요한 정보를 취급

하는 기관이라고 할 수 있다.

특히 강원도 경찰부의 경우 22회에 걸쳐 「內地震災에 대한 部民의 感想」이라는 문건을 작성하였는데, 이를 정리해보면 〈표 17〉과 같다.

〈표 17〉 관동대지진 발생 이후 강원도의 민정사찰 「內地震災에 대한 部民의 感想」 보고

차수	일자	사찰 대상 또는 지역	보고자
제1보	1923.9.5	일반인	강원도
제2보	1923.9.9	일본인, 조선인, 외국인	강원도
제3보	1923.9.11	춘천, 울진, 양구, 이천, 인제, 횡성, 회양, 금성, 김화, 고성	강원도
제4보	1923.9.13	춘천 일본인·조선인·교원, 철원 유생	강원도
제5보	1923.9.14	춘천	강원도
제6보	1923.9.15	화천의 조선인 유력자	강원도 경찰부장
제7보	1923.9.16	김화의 일본에서 보내온 우편물, 춘천 요시찰인·기독교 신자, 화천 면장, 울진, 철원, 횡성 유식자·일본인	강원도 경찰부장
제8보	1923.9.18	강릉 일본인, 양양, 원주, 평강 조림업사무소 직원, 고성, 함남 정평 노동자, 이천 유생, 회양, 울진	강원도 경찰부장
제9보	1923.9.21	인제 유식자, 이천 기독교, 고성군 기독교, 인제 재일유학생, 금성 기독교, 영월 부민, 이천 부민, 강릉 부민, 횡성 상인, 춘천 일본인 상인·조선인, 평강 부민, 삼척 상인, 일부 하층민	강원도 경찰부장
제10보	1923.9.23	춘천 부민, 이천 면장, 화천 부민, 춘천 자산가, 이천 전 군수, 정선 부민, 울진, 원주 기독교 전도사·부민, 김화	강원도 경찰부장
제11보	1923.9.25	춘천 기독교 선교사, 원주 무식자, 양구 승려, 양구 유식자, 김화, 평강, 금성 유식자	강원도 경찰부장
제12보	1923.9.26	양양 시장주민, 이천, 고성, 평강, 양구 천도교	강원도 경찰부장
제13보	1923.9.27	횡성 유식자, 춘천 동산면장, 강릉 면장, 양양 기독교, 김화, 고성	강원도 경찰부장
제14보	1923.9.27	이천 이천면장, 평강 기독교, 김화, 금성 모 처녀, 인제 기독교, 평강 유식자	강원도 경찰부장
제15보	1923.9.29	영월 대학생, 횡성 부민, 통천, 강릉 출신 메이지대 학생, 양구	강원도 경찰부장
제16보	1923.10.2	강릉 일본 도항 기도자, 횡성 상인, 김화 서당교사, 삼척 모 면장, 원주 요시찰인·요주의인,	강원도 경찰부장

제17보	1923.10.3	양양 일본대학생, 양양 도천면 대포공립보통학교 생도, 평강 조선일보 지국장 심의성, 춘천 불교부인회, 삼척 소달면	강원도 경찰부장
제18보	1923.10.3	원주 선인 유식자, 홍천, 춘천 신북면 유식자, 평강, 양양 현남면 해산물상 윤병학, 울진 평해면 반사룡	강원도 경찰부장
제19보	1923.10.4	춘천 읍내 주민, 양구 동면 임당리 고씨, 울진군 원남면 오산리 이기호, 홍천 일본인, 양양 토성면 교암리 전 면장 한치룡,	강원도 경찰부장
제20보	1923.10.6	양구 방산면 송현리 배수명, 춘천, 영월, 정선 동면 도평의원 全東夏,	강원도 경찰부장
제21보	1923.10.8	울진 기성면 봉산리 권상록, 춘천 상인, 이천 방문면 경도리 이응모, 통천, 이천 유식자	강원도 경찰부장
제22보	1923.10.10	이천 이천읍 출신 동양대학생 尹相元, 횡성 횡성면 읍상리 안명선, 평강 평강면 출신 도쿄상공학교 생도 鄭宜植, 원주, 정선 동면 북동리 김병구, 양구 면직원, 김화, 평창 천도교인	강원도 경찰부장

〈표 17〉에 의하면 강원도의 민정사찰은 9월 5일부터 10월 10일[101]까지 한 달 조금 넘게 진행되었다. 이는 거의 매일 사찰하였다고 할 수 있다. 사찰의 주체는 '강원도경찰부'였고, 사찰의 대상은 일반 부민을 비롯하여 기독교인 및 선교사, 전현직 면장, 천도교인, 지역 유식자, 일본 유학생, 요시찰인물, 상인, 승려, 학생, 노동자, 농민, 무식자, 유생 등 그 계층이 다양하였다. 사찰 지역 역시 춘천을 포함하여 강릉, 삼척, 고성 등 강원도 전 지역이 대상이었다. 민정사찰한 내용은 경무국장, 각 도지사, 경성지방법원 검사정, 춘천지청 검사, 철원지청 검사, 함흥 보병 제37여단장, 함흥 보병 제74연대장, 도내 각 경찰서장 등으로 조선총독부, 군, 법원, 도지사, 경찰서 등 식민통치 기관과 군경 기관에 제공되었다.

민정사찰의 내용은 크게 세 가지로 구분할 수 있다. 첫째는 관동대지진에 대한 민족적 감상, 둘째는 의연금 모금에 대한 감상, 셋째는 유언비어에

---

[101] 「內地震災ニ對スル部民ノ感想」, 江高 第15637號, 1923년 10월 10일, 강원도경찰부장.

대한 조사였다. 민정사찰 초기에는 단순히 관동대지진에 대한 단순한 민심과 의연금 모금에 대한 인식 파악이었지만 점차 유언비어에 대한 조사가 많아지고 있다. 이는 식민통치에 대한 저항으로 이어지는 것에 대한 우려가 있었기 때문에 보다 중요하게 파악하였던 것이라 할 수 있다.

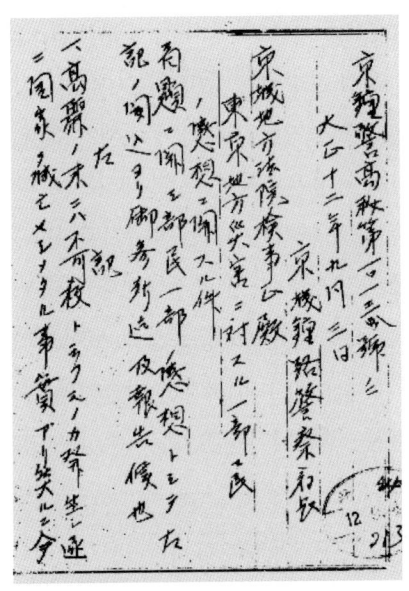

〈종로경찰서에서 작성한 관동대지지진에 대한
민정사찰 보고서(1923년 9월 3일)〉

강원도 경찰부의 첫 민정사찰은 9월 5일자에 보고되었지만, 사찰의 내용은 8월 28일과 29일 것도 포함되었다. 이는 '8월 29일' 즉 조선이 일제에 강점되어 국권을 빼앗긴 것에 대한 민심을 살펴보기 위한 것이었다. 이 민정사찰은 불온문서의 발견과 관동대지진 감상이었다. 불온문서 발견은 관동대지진이 일어나기 전인 8월 29일과 30일에 사찰한 것으로, 두 건이었다. 하나는 강릉면장 앞으로 전달된 발신자 불명의 문건으로, '조선 노동청년에게 고함'이라는 제목으로 공산주의를 선전하는 불온문서였다. 다른 하나는 8월 29일 철원경찰서장 앞으로 전달된 발신인 불명의 투서였는데, 함북 경흥군의 손학규가 독립군자금을 모금하기 위해 철원으로 간다는 내용이다.[102] 그리고 관동대지진에 대한 민정사찰은 9월 2일 발행된 『매일신보』 춘천지국에서 관동대지진이 일어났다는 호외를 각지에 부착한 것에 대한 감상이었다. 일본인은 이구동성으로 '驚歎의 소리'를 질렀지만, 조선 평양에서는 홍수로 막대한 피해에 구제에 분망하는 중에 일본 지진의 참상이 발생하자 일본인은 빨리 조선이나 만주 등 안전지대를 선택해야 한다는 내용이었다. 관동대지진에 대한 민심의 내용은 일본인으로 대상으로 파악하였다.

이와 같은 민심 동향의 파악은 지역마다, 기관마다 차이가 있지만 대체로 그 내용은 대동소이하였다. 다만 조선헌병대 사령부의 민정사찰은 국경지방의 정황을 파악하였다는 점에서 특징을 보이고 있다.

특별한 것은 관동대지진 후 첫 귀국자인 한승인과 이주성 두 유학생에 대한 사찰도 포함되었다는 점이다. 한승인과 이주성은 "청산 방면에서 내지인이 자경단을 조직하여 엄중 경계하고 특히 조선인은 내지인의 사회주의자 및 지나인 등과 단결하여 화약고에 폭탄을 투척하고 음료수에 독약을 투입하였다는 것을 들었다"고 하였지만,[103] 이러한 유언비어 내용은 『동아일보』[104] 기사에서는 삭제되었다. 이외에도 헌병대사령부는 일본에서 귀국한 이동상과 김춘백이 "조선인의 사상자가 다수"였다고 발언한 것도 사찰하였다.[105]

이처럼 총독부는 관동대지진이 일어나자 식민지배에 대해 심각성을 어느 때보다 불안하게 인식하였다. 이를 진정시키기 위해 식민지배에 협력하

• • • • •

102) 「民情彙報」, 江高 제12960호, 1923년 9월 5일자.
103) 朝鮮憲兵隊司令部, 「震災事變卜鮮內一般ノ狀況」, 1923년 9월 10일자.
104) 『동아일보』 관련 기사에는 5행 삭제 및 36행이 삭제되었다.
105) 朝鮮憲兵隊司令部, 「震災事變卜鮮內一般ノ狀況」, 1923년 9월 10일자.

는 인사들을 활용하는 한편 경찰, 군, 법원을 동원하여 민심을 파악한다는 목적으로 민정사찰을 단행하였다고 할 수 있다.

2. 언론을 통한 민심 회유

관동대지진이 일어나고 민심이 흉흉해지자 조선총독부는 언론을 이용하여 민심을 회유하고자 하였다. 당시 언론으로는 총독부 기관지 『매일신보』와 민족지로 분류하고 있는 『동아일보』와 『조선일보』가 있었다. 이들 신문 중에서 민심 회유에 활용할 신문은 조선총독부 기관지이며 식민정책을 홍보하는 『매일신보』였다. 『매일신보』는 일제강점 이전 양기탁과 베델이 편집인과 발행인으로 발행되었지만 1910년 8월 29일 강점 이후 조선총독부 기관지인 『매일신보』로 계속 발행되었다.

조선총독부는 강점 직후 『황성신문』등 한국인이 발행하는 모든 신문을 폐간하고 『매일신보』만 살려두어 시정 홍보에 적절하게 활용하였다. 때문에 『매일신보』는 관동대지진 이후 식민지배를 보다 안정적으로 유지하기 위해 식민지 조선인의 민심을 회유하는 데 가장 적합한 신문이었다. 그렇지만 『매일신보』도 때로는 식민정책의 기위(忌諱)에 배치되거나 저촉되면 기사가 삭제되었다.

『매일신보』의 관동대지진 보도는 일본 정부와 조선총독부의 식민정책을 충실히 전달, 홍보하였다. 『동아일보』나 『조선일보』처럼 기사가 삭제되거나 발매중지 등의 처분을 받은 바가 없었다는 점에서도 이를 확인할 수 있다.

『매일신보』는 관동대지진 이후 일본 정부와 총독부에서 조선인을 회유하기 위한 담화를 그때그때 보도하였다. 가장 먼저 보도된 담화는 쓰미이(住井) 삼정물산 지점장과 아리가(有賀) 식산은행 이사의 것이었다. 쓰미이은 "미증유의 관동대지진으로 상업지대이며 인가가 조밀한 도쿄와 요코하마 일대의 피해가 심대하지만 속히 거국일치 내각이 조직되어 경제적으로 치료하는 방법을 강구하기를 바란다"고 밝혔으며,106) 아리가는 "관동대지진의 피해가 크지만 조선 경제에 미치는 영향이 적지 않을 것"이라고 예단하였다.107)

이어 9월 4일자에는 일본 정부의 야마모토(山本) 내각 취임식에 대해 아리요시(有吉) 정무총감의 담화를 게재하였다. 그 내용은 다음과 같다.

> 전신전화의 불통으로 총독부에는 아직 공보에 접하지 못하였으며 다만 신문 지상으로써 견지하였을 뿐인데, 此 前古 未曾有의 大罹災를 被한 非常한 際에 當하여 早速히 山本 內閣이 成立되었음은 邦家를 爲하여 慶祝하는 바이오. 如斯한 難局에 立하여 其 救濟恢復에 當하는 閣員 諸位에게 同情의 念이 起함을 堪치 못하는 바이라. 事實 東京의 罹災狀況에 對하여는 通信機關의 不通으로 何等 公報에 接치 못하여 詳細히 知키 不能하나 其 被害의 程度를 現在에 傳하는 十分의 一이라 할지라도 非常한 額에 達할 것은 勿論이요, 今後 其 救濟恢復은 實로 容易한 事가 아닐 터이며, 惶悚하옵게 宮城에 燃燒되었으나 幸히 鎭火하여 大事에 及치 아니하였음으로 實로 慶幸에 不堪하는 바이라. 罹災民의 救濟保護를 爲하여 先히 食糧及木材의 充實을 圖하여야 할 터인데, 食糧에 對하여는 政府 所有 米及 橫濱 大阪에 在한 外米를 配給하면 甚한 不足을 感치 아니할 터이요, 朝鮮에서 糧米를 移入치 아니하면 補充키 不能함과 如한 境遇에는 至치 아니하노라 思하노라. 그리고 如斯한 不時의 災變을 當하면 往往 奸商輩의 暴利를 貪함이 多하며 此等의 影響이 不少한 바이나, 그러나 今回와 如한 未曾有의 大罹災에 對하여는 七千萬 國民은 一致團結하여 其 恢復에 努치 아니치 못할 바이오. 區區히 自己의 利益만 圖하며 些少한 感情으로 互相 忌避함과 如한 道를 取함이 不可함은 勿論이로다. 何如하던지 知斯한 非常時에 在하여 卓越한 手腕과 豐富한 經驗을 有한 山本 內閣이 成立되었으므로 實로 慶幸이라 謂할 바이라 하더라.108)

• • • • •
106) 「嗚呼 未曾有의 大火」, 『매일신보』 1923년 9월 3일자.
107) 「財界 影響 不少」, 『매일신보』 1923년 9월 3일자.

〈관동대지진에 대한 사이토 총독과 마루야마 경무국장의 담화(『매일신보』 1923년 9월 4일자)〉

아리요시는 관동대지진으로 인한 비상한 시국을 탁월한 수완과 풍부한 경험의 야마모토 내각이 성립된 것은 경하(慶幸)할만 일이라고 하였다. 하지만 그 이면에는 간상배처럼 폭리 탐하지 말고 7천만 국민이 일치단결하여 회복에 노력해야 할 것을 당부하고 있다. 그러면서 '조선의 쌀이 일본으로 이입되지는 않을 것'이라고 하여, 식민지 조선의 경제적 불안한 심리를 최소화하고자 하였다.

이후에도 조선총독부는 민심 회유를 위한 담화를 지속적으로 발표하였다. 『매일신보』는 이를 최대한 게재하였다. 9월 4일 사이토 총독도 동상(東上) 즉 도쿄로 갈 명분을 담화로 발표하였다. 이에 대해 『매일신보』와

---

108) 「未曾有의 大慘事 此時에 生한 山本 內閣」, 『매일신보』 1923년 9월 4일자.

『동아일보』가 각각 게재한 바 있다.

　　(가) 東京의 震害狀況에 對하여는 公報에 接하였음이 昨日 午後로 始하여 僅히 數回에 止하여 斷片的으로 一端을 察함에 不過하며 其 眞狀을 知키 不能하도다. 그러나 新聞紙上으로 見하면 東京의 震災는 未曾有의 慘狀을 呈하였다 하며, 且 惶悚하오나 宮城은 全滅되지 아니하였으나 一時 燃燒되었다 하는 고로 晏然히 此에 默坐키 不能하는 바이라. 如斯하여 天皇皇后 兩 陛下께 天機를 奉同하오며 攝政宮 殿下와 各宮 殿下께 奉憲하을 爲하여 東上하고자 하는데, 出發의 期日은 今後 更히 詳細한 公報를 接한 後 決定하고자 하는 바이라. 罹災民의 救濟에 對하여는 獨히 政府의 力으로 能히 할 바 아니요, 我 七千萬 同胞는 一致團結 協心努力하여 (중략) 朝鮮은 幸히 米産地로 每年 數百萬石의 米를 內地에 移出하여 왔는데, 想必 東京 橫濱은 旣히 在庫米가 不多한 터인데, 故로 米와 如함은 朝鮮에서도 移出함을 計劃하는 바인데, 此 米移出에 對하여 總督府에서 調査한 바에 의하면 一日間 白米 七千石을 移出함을 壽量 及 運搬能力에 對하여 可能한 고로 此米는 今般 東上하여 政府 當局者와 協議하여 移出하고자 하는 바 (하략)109)

　　(나) 今番 余의 渡東은 事實上 突然히 出한 바 아니요, 內閣이 新히 組織되었음으로 一次 渡東코자 하는 中인데, 東京에서 突然히 慘禍가 發生하여 遑遑 中이라 한즉 余가 渡東키로 別段의 救濟策은 無하나 如何間 此地에서 斷片의 通信으로는 眞狀을 知키 難할 뿐 아니라 糧米供給 等과 如함은 현재 조선에는 造米力이 상당히 풍부하여 매일 七千石의 白米를 製할 수 있은즉 此等 문제에 대하여 타협할 필요가 有하도다. (중략) 국경지방에 군대를 밀송하다는 설은 전연 풍설에 불과하다.110)

・・・・・

109) 「同胞는 一致協同하여 罹災民 救濟에 努力하자」, 『매일신보』 1923년 9월 5일자.
110) 「渡東 用務 如何」, 『동아일보』 1923년 9월 5일자. 한편 『조선일보』는 다음과 같이 게재하였다.

사이토 총독의 담화의 핵심은 '도쿄로 가는 명분'인데, 『매일신보』는 「同胞는 一致協同하여 罹災民 救濟에 努力하자」라는 제목으로, 『동아일보』는 「渡東 用務 如何」라는 제하로 각각 기사를 게재하였다. 두 신문은 내용에서도 상당히 차이를 보이고 있는데, 『매일신보』는 극존칭을 사용하고 있는 반면에 『동아일보』는 일반적 용어를 사용하고 있다. 일본에 건너가는 것도 '東上'과 '渡東'라 하여 그 인식의 차이가 있음을 분명하게 드러내고 있다. 이재민 구제에 대해서도 『매일신보』는 '7천만 동포가 일치단결 협심 노력'할 것을 당부하지만, 『동아일보』는 '구제책이 無'하다고 하여 전혀 언급조차 하지 않고 있다.

뿐만 아니라 국경지방에 군대를 밀송하였다는 설에 대해서도 『매일신보』는 언급조차 하지 않았지만, 『동아일보』는 '풍설'이라고 보도한 것도 차이가 나고 있음을 알 수 있다. 다만 일본에 조선 쌀을 이출하는 것에 대한 것만 동일한 의미로 취급하였다. 이처럼 『매일신보』는 총독부와 관련된 것은 비판적이기보다는 우호적으로 보도하여 민심을 회유하고자 하였다.

이외에도 『매일신보』는 마루야마(丸山) 경무국장, 야마모토(山本) 수상, 오츠카(大塚) 내무국장, 한상룡 한성은행 이사, 히라이(平井) 상공과장, 타니다키마(谷多喜磨) 경성 부윤 등의 담화를 게재하였다. 이들은 식민정책의 최고위에 해당하는 관료였다. 이 중 일제 협력 인물인 한상룡이 조선인으로 유일하였다. 그는 "我 國民이 일치하여 국내의 생산품을 가급적 국외에 수출하고 또 소비에 절약을 加하면 진재 복구는 실로 용이할 事"[111]라고 하여, 관동대지진을 국민이 일치하면 피해 복구는 어렵지 않는 일이라고 하였다.

- - - - -

"余의 東上은 確實한 災害眞狀의 公報를 待하여 決定할 터이며, 목하의 보도는 실로 단편적에 불과하고 公電은 내각이 성립하였다 하는 것이 一次 來着 回己다. 然이 平沼, 岡野 양씨가 입각이 無함을 필연 親任式에 不及함인줄로 思하노라. 余가 東上한다고 구제가 잘 될 것도 아니나 精米에 관하여 상식할 것도 有하나 東京은 물론이요 大阪에 ●在한 백미도 근소한 고로 자연 조선미를 出하게 될 터인 바, 旣히 칠천석의 供給이 가능하다고 운운"

111) 「不遠回復, 일본의 財界와 震害地」, 『매일신보』 1923년 9월 9일자.

담화의 내용은 주로 관동대지진의 참상, 거국일치의 구제, 조선인의 난폭한 행동, 유언비어 폐해와 단속, 내선융화 등이었다. 조선총독부는 이들의 담화를 통해 관동대지진으로 인한 불안을 최소화시키고자 하였다. 그리고 이를 통해 가능한 한 민심을 회유하고자 하였다. 『매일신보』에 게재된 담화 기사와 내용은 정리하면 〈표 18〉과 같다.

〈표 18〉 『매일신보』에 나타난 관동대지진 관련 담화 기사와 내용

기사제목	담화자	주요 내용	게재일자
未曾有의 大慘事	有吉 政務總監	· 관동대지진 직후 진행된 山本 내각에 대한 경하 · 이재민 보호를 위해 조선에서 糧米를 제공하지 않으면 구제불능 · 대재해에 대해 개인의 이익을 취하지 말고 국민이 일치단결하여 극복하자	1923.9.4
同胞는 一致 協同하여 罹災民 救濟에 努力하자	齋藤 總督	· 관동대지진은 미증유의 참상 · 7, 8천만 국민이 일치 협력하여 구제하자 · 朝鮮米를 일본 정부와 협의하여 이출	1923.9.5
無根의 流言으로 不測의 奇禍를 蒙치 말라	丸山 警務局長	· 군대의 출동은 생명의 구조와 식량의 배급 때문 · 일부 호사가의 억측으로 인한 유언비어에 혼동하지 말라	1923.9.5
混亂의 內地에 前往하여 危險의 渦中에 陷치 말라	有吉 政務總監	· 조선 내 諸 영향 및 주의 사항에 대한 담화 · 쌀의 매점매석을 단속과 취체함 · 조선은행의 대출 중지케 함 · 일본 내의 유언비어가 조선에서도 횡행, 이를 믿는다면 멸망의 길 · 유학생 및 노동자 등 도항 금지	1923.9.6
同胞想愛의 誠을 盡하라	政務總監	· 일본 정부가 임시진재구호 사무국 설치하고 구호에 만전 · 질서회복을 위해 계엄령 발포 · 유언비어로 인심 혼란 · 생업에 진력하고 이재자의 궁상에 동정하여 同胞想愛에 다하도록 주지케	1923.9.7
大震災와 流言蜚語 誇大히 流轉되는 朝鮮人衝突說	丸山 警務局長	· 불량선인이 참화를 기회로 일반 민중에 반감을 사서 조선인과 일본인의 충돌이 2, 3차례 유함 · 조선인이 천인공로할 난폭한 행동을 함 · 유언비어에 대해 경찰과 군대가 해명에 노력였으나 일반 민중이 전혀 받아들이지 않아 일어난 돌출행동 · 조선인의 보호를 위해 수용하고 안전에 노력	1923.9.7

朝鮮同胞를 愛護하라	山本 首相	・진재 시에 불령선인의 폭동이 있어 조선인에 대한 불쾌한 감정이 있었다. ・취체를 위해 군대와 경찰에 통고하여 조치 ・이는 日鮮同化의 근본주의에 배치 ・아국의 절제와 평화의 이상을 발휘하여 줄 것을 바람	1923.9.8
小數同胞의 暴行은 朝鮮人의 名譽를 悔辱하는 행위	丸山 警務局長	・거국일치하여 불행한 이재자의 구호에 주력해야 ・재경 조선인 중에 불온한 행동을 감행 자가 有해 ・조선인이 何由로 불온의 행동을 감행할 이유가 有한가 ・小毫라도 불온으로 思할 행동을 감행하면 神人이 증오하며, 이러할 경우 조선인의 名은 세계 下處에 住할지라도 人으로 대우치 않을 터이다 ・재경 조선인의 불온한 행동이 특별히 대단한 사가 아닌 듯하며, 조선에서 동경의 보도를 聞하고 사실을 심대하게 상상하여 경솔히 推測想定치 아니하도록 各人이 相戒하여 감히 違誤가 無케 하기를 하나니, 이를 위배하는 희망자가 有하면 엄중하게 처벌할 것 ・소수의 경솔자 流로 하여금 我 조선동포 전체가 세계의 전 인류에게 소외됨을 우려	1923.9.8
國民이 一大 試鍊	大塚 內務局長	・거국일치로 구조회복에 노력함으로써 帝都의 복구는 의외로 速할지도 ・관민이 협력 일치하여 대피해의 결과를 良方으로 導하자 ・輕佻浮薄을 戒하여 厘毛라도 절약하여 건실한 경제의 복구를 圖하는 동시에 惡朝荒를 일소하자	1923.9.9
赤心을 披瀝하여 同胞諸氏에게 懇하노라	丸山 경무국장	・國이 異하고 人種이 不同하며 平素의 利害가 相違할지라도 人類의 痛苦慘害에 대하여는 人類의 本能에 歸하여 至純至幸 高愛의 發露를 見한다 함은 確實히 증명하게 된 모양이라 思한다. 조선에서도 박영효 侯爵, 이상재 氏 등을 중심으로 救護團이 조직된다고 聞하였으며, 회중교회의 유일선 씨와 如함은 솔선하여 此의 구원에 노력하고 있으며, 기타 교회에서 열심히 인류애를 說하여 동정심을 환기하는 善美한 설교한 某 牧師가 있다 함도 聞하였다. 이는 참으로 감격스럽다. ・일부분의 동경 불량선인이 있을 것이요, 또 그것은 혹자의 선동을 受한 것이지도 未知하나 혼란한 時期에 乘하여 허용할 수 없는 暴擧을 한 者가 있었음은 경시청의 조사도 점차 명료하게 된 듯하며, 거기에 점차 유언비어가 盛起한 모양인데 其源은 가증한 불량 조선인에 在한 바이다. ・假令 朝鮮人 諸君이 희망하는 최종의 목적을 達하는 日이 來할지라도 그것은 지리적으로 역사적으로 경제적으로 不可離한 關系가 있으며…	1923.9.9

不遠回復, 일본의 財界와 震害地	漢銀頭取 한상룡	我 國民이 일치하여 국내의 생산품을 가급적 국외에 수출하고 또 소비에 절약을 加하면 진재복구는 실로 용이할 事…	1923.9.9
內地 震害와 朝鮮의 影響	平井 商工 課長	·(진재가) 그토록 恐慌이 來하는 아니할 것이라 思 ·각 은행에서 신규대출은 당분간 정지 ·피해가 점차 회복하여 안심되는 바이며, 금융도 비관적이지는 않다	1923.9.10
東都地震에 對하여	京城府尹 告示	·聖上과 大臣이 각종 방법을 강구하여 구호에 전력하는 동시에 계엄령을 실시하여 질서회복 중 ·국민이 일치 협력하고, 유언비어가 유행하여 인심이 미혹케 하는 者가 없지 않다 ·각자 생업에 厲精하여 국력 증진에 노력하는 동시에 이재자 가정에 동정하며 同胞相愛의 至誠을 盡하자	1923.9.12
朝鮮人은 極力 保護	齋藤 總督	·재류 조선인에 대한 보호의 途를 定하고 적당한 직업을 與할 외 방법은 無하니, 此等에 의하여 의식의 안정을 得케 하는 방침인 바, 此等을 박해하여 일시에 歸鮮케 함과 如한 事가 有하여서는 不可 ·조선의 통치방침에 何等 변화를 見치나 아니할까 하는 何等 懸念하는 경향도 有한 바, 통치방침은 결코 변경치 아니한다.	1923.9.16
聲明書	齋藤 總督	帝都 未曾有의 大震災에 대하여 過日 극소수의 조선인이 오해를 招함과 如한 행동을 爲한 事는 甚히 유감인데 선량한 조선인에 대하여는 少毫도 위해를 加치 아니하며 내지인과 同樣으로 구호의 遺憾이 無함을 期함으로 내지인 互相間에 오해함과 如한 事는 無하며 日鮮融和의 實을 擧하라	1923.9.17
祖國의 基를 鞏固케 하라	山本 首相	·이재동포의 구호에 應하여 동심협력하여 進하여 帝都 부흥의 難사업에 지대한 원조를 與하여써 조국의 基를 공고히 하여써 聖慮에 奉副함은 不肖의 切期하여 不己하는 바이라.	1923.9.18
國民의 道德的 向上 (告諭)	有吉 政務 總監	(9월 18일 全鮮宣敎師各派聯合會에서 한 연설) ·조선이 각 방면으로 발전되는 중이며, 당국이 이 이상의 대발전을 향하여 多大한 곤란과 상투불절의 물질적 방면의 개선에 노력하는 중 ·최근 선교사 경영의 癩病院에 조성금을 下附하였으니, 如斯한 사례는 전부 諸員과 협력 일치하여 我 半島國民의 恒久的 행복을 計하려고 하는 당국의 의지를 구체적으로 표시한 것 ·금회 大震災에 대하여 선교사 諸員으로부터 기부금으로 又는 기도로써 대대한 동정을 하신 것을 深謝하고 倂하여 諸員의 헌신적 사업상에 益益 성공함을 切祈하노라	1923.9.20

受容中 朝鮮人에 대하여(諭告)	齋藤 總督	금회의 大震災를 당하여 最히 유감인 것은 동포의 대곤혹한 何等의 기도를 敢爲한 者有하였으며, 此로써 種種의 風說을 生하여 民衆의 激昂을 買한 事이라 然이나 此樣의 流言蜚語도 漸次 終熄되어 平素狀態로 歸하였으므로 萬一을 念慮하여 受容保護한 중인 者에 대하여는 점차 직업을 소개할 考慮이니 安心하고 將來 益益 內鮮融和의 實을 擧하고자 快心함을 望하는 바이라. 朝鮮 內는 극히 평정하여 諸子의 安否를 염려하므로 총독부 출장소에서는 通報의 편의를 도모하는 중이라.	1923.9.21

뿐만 아니라 『매일신보』는 「東京地方의 大震災와 吾人의 感想」이라는 코너를 할애하여 민심을 달래려고 하였다. 이 코너에 참여한 인물은 재단법인 보린회 이사 이각종(李覺鍾), 조선총독부 사무관 장헌식(張憲植)과 이종국(李鍾國), 총독부 학무국장 나가노(長野), 조선회중교회 유일선(柳一宣), 경기도 지사 도끼자네 아키호(時實秋穗), 경기도 참여관 김윤정(金潤晶) 등 7명이었다. 이들 중 조선인은 5명으로, 이들의 경력을 간략히 살펴보면 다음과 같다.

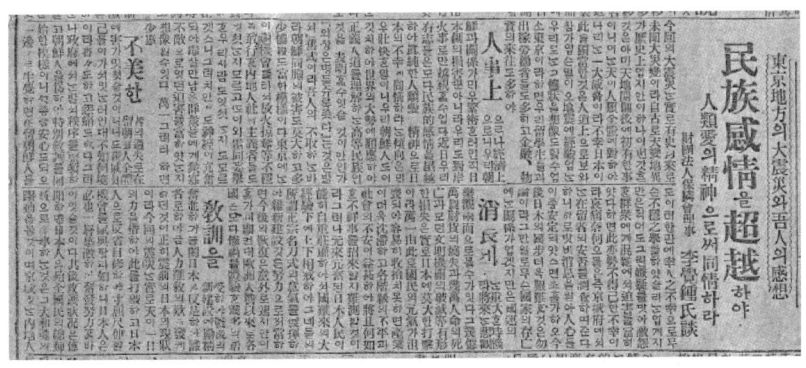

〈보린회 이사 이각종의 '동경지방의 대진재와 오인의 감상'(『매일신보』 1923년 9월 10일자)〉

이각종은 일제강점 이후 총독부 학무과 속(屬)으로 임용되어 3·1운동 당시에는 김포군수로 재직하였다. 3·1운동이 어느 정도 진정되자 이해 5

월 총독부 참사관 오츠네(大常三郎)와 함께 다시는 한국민의 독립운동이 일어나지 않도록 하는 데 일생을 바치기로 결심하였다고 한다.112) 1920년 병으로 군수를 사임하였으며, 1923년 2월 3일 설립된 보린회 이사로 참여하였다가113) 관동대지진을 맞았다.

장헌식은 강점 직후인 1910년 10월 평남 참여관으로 조선총독부에 근무하여 1917년 6월 충북도 장관과 도지사, 1921년 2월 총독 관방 외사과 사무관을 거쳐 1922년 철도부 공무과 사무관으로 발령받아 재직 중 관동대지진을 맞았으며, 1924년 12월 전남도지사로 승진하였다.114)

이종국은 강점 직후 선산군수를 시작으로 금산군수, 청도군수, 영일군수, 달성군수를 거쳐 조선총독부 식산국 사무관으로 승진한 후 농무과 사무관으로 재직 중 관동대지진을 맞았으며 이후 함남과 평남의 참여관으로 식민지배에 협력하였다.115)

유일선은 강점 이후인 1911년 판임관 대우를 받는 경성부 중부장에 임명되었으며, 일본조합교회가 설립한 한양교회 집사를 지내던 중 1913년 일본 도시샤대학(同志社大学)에서 신학 공부를 하였다. 3·1운동 당시 이를 진정시키기 위해 조직된 '3·1운동 진정운동'에 참가한 경력이 있다. 대한민국 임시정부에서 반드시 처단해야 할 '칠가살(七可殺)'에 선정되기도 하였다. 1919년 9월에는 조선총독부 중추원 회의에서 조선의 행복을 위해서는 일본을 사랑해야 한다는 내용의 '철저한 내선일체'라는 강연을 한 바 있

- - - - -

112) 다음백과(http://100.daum.net/encyclopedia/view/b17a2850a)
113) 「보린회 사회사업」, 『동아일보』 1923년 2월 5일자. 보린회 빈민을 구제하기 위하여 간편주택을 경영하는 주택구제회를 확장하여 1923년 2월 3일 재단법인으로 출범하였다. 보린회의 사회사업은 '빈민을 구호하는 한편 주택경영, 아동보호사업, 부락개선 등 인보사업, 기타 이상에 부수한 사회사업' 등이다.
114) 『기념표창자』, 33쪽(『한국근현대인물자료』, 국사편찬위원회 홈페이지).
115) 『조선총독부직원록』(『한국근현대인물자료』, 국사편찬위원회 홈페이지).

으며, 여운형을 포섭하기 위해 일본이 꾸민 공작의 밀정으로 참가하여 여운형과 장덕수의 활동을 감시하는 역할도 맡은 바 있다.116)

그리고 김윤정은 강점 직후 전북 참여관으로 조선총독부 관리가 되었으며 1921년부터 경기도 참여관으로 재직 중 관동대지진을 맞았다. 이후 충북 도지사, 중추원 참의로 활동하였다.117) 이들을 모두 일제 강점 직후 총독부 관리로 활동한 바 있는 일제 식민지배에 협력 인물이라 할 수 있다.118)

일본인 나가노와 도끼자네를 포함한 이들은 『매일신보』에서 대체적으로 인류애적인 구제, 재일조선인 특별 보호, 재일조선인 망동, 내선융화 등에 대해 언급하고 있는데, 이를 정리하면 〈표 19〉와 같다.

〈표 19〉 『매일신보』에 게재된 '東京地方의 大震災와 吾人의 感想'

기사 제목	담화자	주요 담화 내용	게재일자
민족감정을 초월하여 인류애의 정신으로써 동정하라	재단법인 보린회 이사 이각종	· 천지개벽 후에 초유의 事이어니 이는 天이 인류전체에 대하여 내리는 일대 위협이라. 불행 일본이 此를 獨當한 것은 人道上으로 보아 참 가엾은 일 · 근일 우리 유지들은 모두 민족적 감정을 초월하여 眞純한 인류애의 정신으로 일본의 불행에 동정하려는 경향은 장쾌한 일 · 조선 동포의 피해도 막대하고 다수 참살도 당한 모양, 조선인을 위해 특별 보호를 개시한 모양이니 조금 안심 · (일본인의 일치단결 복구에 대해) 일본인의 진면목을 이해하는 동시에 우리 조선 사람의 아직 劣敗치 아니한 성실한 생명이 있는 것도 그대들에게 양해시키고 싶다. … 구구한 감정을 초월하여 고결한 인류애에서 생명을 구하고자 하면 小異를 捨하고 大同에 取하고자 하며 … 금후 奮發疾走할 內地人의 進步에 比照하여 더욱 더욱 劣敗者가 되지 않도록 각오가 있고자 한다.	1923.9.10

- - - - -

116) 위키백과(https://ko.wikipedia.org/wiki/%EC%9C%A0%EC%9D%BC%EC%84%A0)
117) 『조선총독부직원록』(『한국근현대인물자료』, 국사편찬위원회 홈페이지)
118) 이들은 4명은 모두 민족문제연구소가 간행한 『친일인명사전』에 등재되어 있다.

黃人種은 大不幸, 구제에 努함은 인류 당연의 의무	총독부 사무관 장헌식	・(관동대지진이) 일본인의 불행이 됨은 물론 황인종 전체의 불행, 전 세계 전 인류의 손실 ・불측한 災禍에 際하여 在留 朝鮮人의 폭행 云云은 동경에 재류하는 조선인 중에서 극히 一少 部分이요 그것이 또한 或者의 선동으로 인하여 발생한 사실이라 할지라도 非想히 유감으로 思 ・我 同胞의 보호에 대하여 告示를 有하였음을 觀할 때에는 그 얼마나 內地에서 이재한 조선인을 구제함에 遺漏가 없음을 證할만 하며 자못 감격할 일 ・全鮮人士에 懇:食糧 소금, 건어물 등을 선편으로 공급할 사/全鮮 관공리 및 민간에서는 일치단결로 절약하여 罹災地에 供助할 사/근검절약하여써 謹愼의 意를 表할 사/비상한 천변지재의 際에 허망한 妖言妄說을 相愼하고 不良之輩의 행동을 不効할 事	1923.9.11
인류애의 分量 幾何, 경성에 설립된 震災救濟會	총독부 사무관 李鍾國	・물질적으로 어려우면 정신적으로라도 衷心으로 동정할 바 ・경성에서도 민간 측에서 진재구제회를 조직하고 금품을 모집한다고 하니 아무쪼록 우리의 성심, 다시 말하면 인류로의 본연의 양심이 있음을 表示하는 바라 ・일부 인사 중에서는 大同의 禍를 救함에 대하여 何等의 방책을 말함이 없이 在留同胞를 구제한다 함에는 沿没한 듯함은 遺憾으로 생각하는 바이오. 그는 점점 우리가 偏狹함을 세인에게 표시하는 소이가 되며, 동시에 인류애의 아름다운 마음이 적음을 노출하는 것이 아닌가. 이를 기탄없이 말하면 진재의 와중에 폭행을 감행자와 거리가 멀지 아니하다고 할만하다. ・조선 내에서 비교적 재산가이며 또 여러 가지의 의미로 물질상 정신상으로 많은 동정을 表치 아니하면 不可할 소위 귀족 중에서만도 동정이 있다 함을 듣지 못하였음은 실로 개탄할 바이다.	1923.9.12

轉禍爲福의 好機會, 大東京의 復興과 국민의 책무	長野 학무국장	・禍를 轉하여 福이 되게 함은 吾等 7,8천만 동포가 단연한 責務 ・진재 당시에는 內鮮人 彼此의 誤解로 다수 충돌된 사실이 無치 아니하며, 此로 因하여 과대한 허설을 전하여 일시 감정의 疏隔을 表한 事가 有하였으나 其後 진실의 판명과 共히 오해가 氷釋된 듯하며… 今後 내선인이 협동 일치를 견실이 함에 대하여 좋은 기회가 있었다 言할만 하며, 동경의 부흥은 물론 동양 영원의 장래를 위하여 互相衷心 努力함을 切望한다	1923.9.13
我等의 武器는 何?, 감정을 초월한 정의와 인도뿐	조선회중교회 柳一宣	・정의와 인도는 彼此의 구별이 없으며, 민족과 국경이 없고 친소의 구분도 없는 것이요, 적을 사랑하며 不親한 자에게 동정함은 이것이 정의의 정의인 소이요. 만일 此에 반하여 人이 弱할 때 그를 공격한다 하면 얼마나 卑劣한 者이며 ○惡한 者이라 하겠오.	1923.9.14
國民의 一大覺悟, 帝都는 상상 이상 速히 復興	京畿道知事 時實秋穗	・末葉에 至하여 유감으로 思함은 東京에 在한 朝鮮人의 不美한 행동으로 或者는 今番의 사건으로 내지인과 조선인 間의 지금까지의 융화는 虛地에 歸하고 自今으로 일대 溝渠를 作함이 아닌가 云爲하는 者가 有하나 東京 朝鮮人 중에도 일부 無知沒覺輩가 不良分子에 선동되었음에 불과한 즉 일시적 감정으로 장래 하등 영향은 無할 것으로 思하노라.	1923.9.15
帝都의 復興은 容易, 一部不良輩의 妄動을 痛歎	京畿道 參與官 金潤晶	・東京 조선인 중에는 금번의 참화를 기회로 난폭한 행동이 다소간 有하였다 함은 민족성의 결함을 폭로한 바는 幾個人의 無知沒覺한 행동으로 일반 우리에게 禍를 及케 하고 금일 조선인 전체의 신용을 타락케 함이니 차는 물론 노동계급이라 할지라도 沒爲覺 無知德한 者의 행동이라 하겠으며, 재차 이러한 행동을 감행할 자가 無할지나 금후 오인은 차등의 자를 경계하여 조선인된 명예를 회복치 아니치 못하겠으며… ・불원 장래에 과거 이상의 위대한 帝都가 건설될 줄 확신하노라.	1923.9.16

〈표 19〉에서 볼 때, 조선총독부에서 이들을 통해 식민지 민심을 회유하고자 한 것은 재일조선인 학살에 대한 민족적 감정의 완화였다. 이각종은

"조선 동포의 피해도 막대하고 다수 참살도 당한 모양, 조선인을 위해 특별 보호를 개시한 모양이니 조금 안심"이라고 하였으며, 장헌식은 "불측한 災禍에 際하여 在留 朝鮮人의 폭행 云云은 동경에 재류하는 조선인 중에서 극히 一少 部分이요 그것이 또한 或者의 선동으로 인하여 발생한 사실이라 할지라도 非想히 유감으로 思"하다고 하였다. 나가노는 "內鮮人 彼此의 誤解로 다수 충돌된 사실이 無치 아니하며, 此로 因하여 과대한 허설을 전하여 일시 감정의 疏隔을 表한 事"라고 하였다. 그리고 유일선은 재일조선인의 폭동설과 우물에 독을 넣었다는 유언비어를 사실로 인정하고 이는 '비열한 자'의 소행이라고 재일조선인을 폄하하였다. 김윤정도 유언비어를 사실로 받아들이고 이를 '沒知覺 無知德한 者의 행동'이라고 하며 조선인의 명예를 실추시킨다고 하였다.

이처럼 『매일신보』는 조선총독부 간부 또는 종교적 명망가의 인식을 통해 관동대지진 당시 재일조선인 학살을 왜곡하였다. 나아가 "今後 내선인이 협동 일치를 견실이 함에 대하여 좋은 기회가 있었다 言할만하며, 동경의 부흥은 물론 동양 영원의 장래를 위하여 互相衷心 努力함을 切望한다"라는 내선융화, 일선융화를 고취시키고자 하였다.

이상에서 살펴본 바와 같이 총독부는 기관지 『매일신보』를 식민지배의 홍보뿐만 아니라 관동대지진으로 재일조선인 학살을 철저하게 부정하는데 활용하였다. 그리고 『매일신보』는 조선총독부의 정책을 대변하여 식민지 조선의 민심을 회유하였다.

3. 관동대지진과 식민지배정책의 변화

정무총감 아리요시(有吉)는 관동대지진 직후 재일조선인 학살 소식이 조선에 퍼지면서 초래되는 식민통치 위기에 극도로 신경을 곤두세우고 있었다. 때문에 재일조선인 학살 소식이 식민지 조선에 전파되지 않도록 재일조선인의 귀국을 반대하였다. 그렇지만 일본 내무성은 치안을 위해 조선인을 조속히 귀환시킬 것을 주장하였다. 서로 간 입장 차이가 있었지만 결국 조선총독부는 내무성의 주장을 받아들였다.

또한 아리요시는 재일조선인 학살 사건을 계기로 3·1운동과 같은 조선인의 만세시위가 이어진다면 주둔군 2개 사단으로는 도저히 막을 수 없다는 극도의 위기감·공포감을 가지고 있었다. 실제로 재조일본인은 3·1운동 때와 마찬가지로 자위단을 조직하려는 분위기가 있었고,[119] 부산에서는 일본도를 차고 수원지를 지키는 자가 나타나는 지경이었다. 마루야마(丸山) 경무국장은 "만약 이것을 방치해 두어서는 반드시 자위단과 조선인 사이의 충돌이 일어나 심상치 않는 사태의 원인이 될 것이 틀림없다"고 생각하여 전국에 자위단의 해산을 명령하였다.[120]

이처럼 조선총독부 관료들은 재일조선인 학살이 조선 식민통치에 미치는 영향을 심각하게 받아들였고, 학살을 은폐하면서 조선인 민심의 귀추에 주목하고 있었다. 총독부 내무국 사무관 홍승균은 관동대지진으로 인해 피난 온 사람들을 수용한 부산에 장기간 출장하여 피난민 및 지역민의 동태에 대해서 다음과 같이 사이토 총독에게 보고하였다.

> 본 사건이 민심에 미치는 악영향은 표면에 나타나지 않더라도 3·1운동 그 이상이 되지 않을까 우려됩니다. 즉 이것이 배태가 되어 장래 어떠한 기회에 불행히도 사변이 일어나면 3·1운동에 비할 바가 아니라는 것을 예상해야 합니다. 그런 까닭에 그 배태를 조선인의 가슴속에서 하루라도 빨리 없애는 방법을 강구하는 것이 앞으로의 긴급과제라는 것을

─────
119) 警務局長, 「內地人ノ自衛團組織ニ關スル件」, 1923년 9월 18일.
120) 丸山鶴吉, 『五十年ところどころ』, 大日本雄弁會講談社, 1934, 351쪽.

말할 필요가 없습니다. 이것은 때를 씻어 내는 것과 같이 단시일로 해결
할 수 있는 문제가 아니라 일정한 방침을 세워서 부단한 노력을 필요로
합니다.121)

조선총독부 관료들에게 관동대지진에서의 재일조선인 학살은 3·1운동
에 비견될 만큼 커다란 식민통치의 위기였던 것이다.

이후 조선총독부는 학살을 은폐하기 위해 '내선융화정책'을 적극적으로
추진하게 된다. 마루야마 경무국장은 제회, 유민회, 국민협회, 대정친목회,
교풍회 등 친일단체 12단체가 참가한 각파유지연맹을 결성시켜122) 관동대
지진 이후의 반일감정을 완화시키고자 하였다.123)

이러한 상황 하에서 재조일본인을 중심으로 한 새로운 단체를 출범시켜
그들을 통해서 조선인 유력자를 포섭하면서 조선총독부와 보조를 맞추게
하였다.124) 1924년 4월 마루야마 경무국장의 주도 아래 일본의 '황민화'125)
를 모델로 내선융화를 목적으로 설립한 '동민회'가 대표적인 단체이다.

이처럼 관동대지진은 조선총독부 관료에게 조선 식민통치의 위기감을
가중시킨 커다란 계기였다. 사이토 총독의 개인 정치고문인 호소이 하지메
(細井肇)126)는 1923년 9월 17일 등사한 『대일본제국의 확립과 조선통치 방

・・・・・

121) 平形千惠子, 大竹米子 編集, 『關東人震災政府並每軍關係史料1』日本經濟評論社, 1997, 251쪽.
122) 京城鍾路警察署長, 「大同團結各派有志聯盟宣言式擧行情況ノ件」, 1924년 3월 26일; 「소위
각파유지연맹에 대하여」, 『동아일보』 1924년 3월 30일자.
123) 마루야마 경무국장은 1924년 11월 15일 貴族院定例午餐會講演에서도 이러한 단체가 자발
적으로 결성되었다고 말하고 있지만, 國民協會나 矯風會 등의 단체가 총독부의 원조로
결성되었기 때문에, 그 자발성이 의심스럽다.
124) 內田じゅん, 『植民地朝鮮における同化政策と朝鮮人一同民會を事例として一』『朝鮮
史研究會論文集』 41, 2003.10, 178쪽.
125) 皇民會는 警務局長 丸山鶴吉의 장인은 호죠 토키유키(北條時敬, 前 學習院長)가 간부로서
속해 있는 단체로 동경에 거점을 두고, 반사회주의, 반공산주의의 기치 아래 국가를 기초로
하는 흥국운동을 표방하고, 기관지 『皇民會報』를 발행하고 있다.

침의 변경』이라는 의견서를 총독에 제출해서 "一視同仁, 內地延長은 主義가 아니라 궁극 이상입니다. 수십 년, 수백 년, 수천 년 뒤에 도달할 수 있는, 혹은 도달할 수 없을지도 모르는 궁극의 이상입니다"라고 하여 내지연장주의, 동화정책의 폐기를 주장하였다.[127] 호소이는 도쿄의 오모리(大森)에서 조선인으로 오인되어 살해당할 뻔한 체험도 있고 해서, 9월 10일 내각서기관장 가바야마 스케히데(樺山資英)에게 서한을 보내어 조선통치방침의 대변경하여 대일본주의의 확립을 주장하였다.[128]

이처럼 관동대지진 당시 발생한 재일조선인 학살은 조선총독부 관료에게 커다란 충격을 안겨주었을 뿐 아니라 식민지 조선 사회에서 큰 영향을 주었다. 관동대지진 처리를 둘러싸고 일본 내각과 조선총독부 사이에는 적지 않는 불협화음을 내었다. 친일단체를 재편성하고 내선융화를 표방하는 단체를 조직하여 민족 간의 감정 악화를 조금이라도 완화하려 하였다. 또 재일조선인 학살은 동화정책=내지연장주의에 대한 검토를 촉진시키는 한 계기가 되었을 것으로 보인다.

・・・・・

126) 호소이 하지메(細井肇)는 조선총독부의 통치정책에 협력한 대표적인 어용언론인이었다. 東京日日新聞 記者 시절 『政爭과 黨弊』을 저술해서 정당정치의 폐해를 비난하는 언론활동을 전개한다. 그 후 사이토 총독에게 고용되어 조선 관련 출판과 선전활동을 하면서 총독의 개인 고문으로서 고등정책을 획책하였다. 『ㅁㅁㅁ關係文書』에는 328통의 서한이 포함되어 있다. 細井肇에 대한 연구로서 欄木ロ男, 『大正期における朝鮮觀の一典型一一『朝鮮通 細井肇を中心として一』, 『法政大學近代史研究會報』 8, 1965; 高崎宗司, 『細井肇の朝鮮觀一日本認識との關連から一』, 『韓』 110, 1988이 있다. 靑野는 細井의 朝鮮統治觀의 변화를 놓치고 있고, 高崎는 호소이가 내지연장주의를 조선인에게 일본인 만큼의 권리를 갖게 해서 조선인을 伸長시켰다고 비판하였다고 파악하고 있으나, 필자는 이 주장에는 동의하지 않는다.

127) 細井肇 『大日本主義の確立と朝鮮統治方針の變更 1923년 9월 1일 등사』(前揭 『齊藤實文書』 44-39). 호소이는 關東大震災 이후 일관되게 내지연장주의에 반대하는 의견을 사이토 총독에게 제출하였다.

128) 1923년 9월 10일자 樺山資英 앞 細井肇 서한(일본국회도서관 헌정자료실소장 『樺山資英文書』 31).

제3절 관동대지진과 국외 한인사회의 동향

1. 중국 관내와 만주지역 한인사회의 대응과 동향

조선총독부는 관동대지진이 일어나자 경무국장 명의로 국경지방과 국외 지역에 대해 평소보다 엄중한 사찰 경계를 지시하였다.[129] 사찰의 대상 지역은 일본 이외에도 간도, 봉천, 길림, 하얼빈, 천진, 상해, 철령, 장춘, 안동 등 한인사회가 형성된 만주와 중국 관내, 연해주 등이었다. 총독부는 경계 뿐만 아니라 이들 지역의 민족운동 세력에까지 동향을 감시하였다. 이들 지역의 민족운동 세력과 식민지 조선, 나아가 일본의 민족운동 세력과 연락을 하거나 연대하여 3·1운동과 같은 대규모의 시위를 전개할 가능성이 있다고 판단하였기 때문이다.

만주와 연해주 지역의 민족운동 세력은 관동대지진에 대해 '一大 痛快事',[130] '일본의 국력 감퇴', '조선 독립운동의 호기회'[131]로 인식하였다. 이에 따라 관동대지진을 계기로 민족운동을 보다 적극적으로 전개하고자 하였다. 길림 김창숙과 강우구 등은 이번 기회를 놓치면 하등의 활동을 함께 할 재동경지방선인이재자위문회를 조직하기로 협의하고 위문위원을 현지에 파견하기로 하고 이 기회를 이용하여 적극적 활동을 도모하려는 움직임이 있었다.[132] 일본 측 사찰 정보에 의하면, 관동대지진이라는 호기를 맞아 의열단이 활동을 개시할 것이라든가, 북간도

-----

[129] 朝鮮總督府 警務局長, 「國外の形勢に鑑み査察警戒を嚴密ならしむ件」, 1923년 9월 13일자.
[130] 朝鮮總督府 警務局, 「京浜地方震災に關する國外情報(其二)」, 1923년 9월 17일. 이러한 인식을 보인 민족운동가는 김창숙, 강우구 등이었는데, 관동대지진은 일대 통쾌사라고 하면서 축배를 들었다고 하였다.
[131] 朝鮮總督府 警務局, 「京浜地方震災に關する國外情報(其四)」, 1923년 9월 21일.
[132] 朝鮮總督府 警務局, 「京浜地方震災に關する國外情報(其二)」, 1923년 9월 17일.

기독교인들이 식민지 조선에서 개최하는 노인회에 참석하여 독립운동을 재흥하려고 한다는 움직임이 보이고 있다133)고 할 정도로 예의주시하였다.

관동대지진이 대한민국 임시정부에 전해진 것은 1923년 9월 3일 이전이었다. 임시정부 기관지『독립신문』은 9월 4일자로 관동대지진 소식을 전하는 '호외'를 발행하였다.134) 9월 4일 호외를 발행하였다는 점은 늦어도 4일이지만, 호외가 발행되었다는 것을 고려한다면 9월 3일에 관동대지진 소식이 전해졌다고 보아야 한다. 이는 9월 3일자 중국 상하이에서 발행된 신문을 통해 그 소식을 알게 된 것으로 추정된다. 식민지 조선에도 9월 3일자 각 신문에 대대적으로 보도하였다는 점에서 중국에서도 9월 3일에도 각 언론이 대대적으로 보도하였다.

9월 4일 발행된 호외판『독립신문』은 "도쿄를 중심으로 한 적(敵) 국내의 대진재-지진, 폭풍, 해일, 대화(大火)가 병기(竝起)하여 전 시가 초토로 화(化)함"이란 기사 제목으로 도쿄와 그 주변 지역에서 대지진이 발생하여 막대한 인명 및 건물의 피해가 발생하였다는 소식과 당해 지역 거주 한인들의 동향을 전하고 있다. 그렇지만 9월 19일자로 발행된『독립신문』에는 간략하지만, "某 外國 避難人의 目觀한 바에 依하건데, 橫濱에 囚監되었다가 脫出한 韓人 二十名(敵은 그들이 刀로써 殺人 行脚을 하였다 함)을 日本 救火員이 捕捉하여 當場에 打殺하였다 하고 (중략) 이번 橫濱에 大火災가 起함은 韓人이 同地 美孚石油倉庫에 衛火함으로 되었다 하여 郞徒를 시켜 지난 一日에 韓人 五十名을 打殺하였다 하는데, 日人 一群이 竹杖과 鐵棒을 가지고 韓人 頭部를 亂打하여 死케 하는 것을 記

---

133) 朝鮮總督府 警務局長,「國外の形勢に鑑み査察警戒を嚴密ならしむ件」, 1923년 9월 13일자.
134)「東京을 衆心으로 한 敵國內의 大震災: 地震・暴風・海嘯・大火가 竝起하여 全市가 焦土로 化함」,『독립신문 호외』1923년 9월 4일자.

제3장 관동대지진과 식민지배 정책   205

者가 目觀하였다 하고, 同地에 或 井中에 毒藥을 投하여 人을 死케 하며 人의 物品을 劫奪하는 等의 暴行이 우리 韓人들의 所爲라고 宣傳하여 지금 많은 韓人을 모다 虐殺하는 모양이더라"135)라고 하여, 재일조선인 학살에 대해 보도하였다.

이 기사는 요코하마에 수감되어 있다 탈출한 조선인 20명과 모바일석유공장에 불을 붙였다는 조선인 50명이 일본인에 의해 학살당하였다는 사실을 그대로 전하고 있다. 뿐만 아니라 우물에 독을 넣었다, 물건을 훔쳤다는 선전 즉 유언비어에 의해 조선인들이 학살당하고 있다고 하였다. 또한 같은 일자 신문 다른 기사에도 "日人이 韓國人은 보는 대로 虐殺하며"136)라고 하여 조선인 학살을 보도하였다. 뿐만 아니라 이 기사는 "중국인에 대해서는 차별적 구제를 하고 조선인에게는 섬멸책"137)을 쓰면서, 재일조선인에 대해 무차별적인 학살이 자행하는 일본인의 잔인성을 보도하였다.

이처럼 관동대지진으로 재일조선인이 학살당하고 있다는 소식을 접한 임시정부는 무엇보다 먼저 일본 정부에 항의서를 발송하였다. 항의서의 내용은 다음과 같다.

> 天地가 合力하여 禍를 日本에 降함에 三都의 火片이 一切 幾空함에 聞者는 惻怛하여 思讎의 間이 없거늘, 何期 此時에 사람이 殺氣를 發하여 天災地變으로써 禍를 韓人에 嫁하야 日 放火者도 韓人이요, 擲彈者도 韓人이라 하야, 動兵宣戰하고 大敵에 臨함과 같이 하야 民軍을 激動하여 武器를 借與하여 老幼나 學工을 勿論하고 韓人이면 다 屠戮하라고 水深火熱을 不分하고 韓人이면 戮하라 하야, 九月 一日부터

----

135) 「在留同胞의 動靜」, 『독립신문』 164호, 1923년 9월 19일자.
136) 「外國人의 同情과 日人의 殘忍」, 『독립신문』 1923년 9월 19일자.
137) 「外國人의 同情과 日人의 殘忍」, 『독립신문』 1923년 9월 19일자.

七日까지의 間에 韓人이 大道에 亂殺된 者 每日 五十人이요, 軍營에 囚禁된 者 一萬 五千人임을 中外記者가 目覩하고 報道한 者이니, 韓人을 收容함은 保護함이라 하고 韓人을 慘殺함은 狂民의 亂行이라 藉稱하나 그 뉘가 信하고 宥하리오. 敵 政府는 此를 참아 容認치 못할지라. 大抵 敵과 敵의 間에 戰하되 法을 守할 것이거늘 災民을 虐殺함은 人의 敢爲할 바 아니라. 況且 此災區에 在한 韓人은 子子肉塊로 遑遑히 圖生함인즉 力으로도 可히 戰할 者 아니오. 情으로도 可히 殺할 者 아니라. 이제 戰하고 殺함은 이 蠻者의 蠻行이라 天의 大警을 受코도 悔禍의 望이 無하고 人의 同情을 求하나 스스로 人에 絶할지라. 此는 人과 天으로 더불어 挑戰함이니 敵 政府가 日本 人民을 爲하여 痛哀함이 甚하도다. 冀컨대 빨리 補救하되 조금도 緩弛치 못할지니 此 書를 受한 지 五日 以內에 左開 各項을 査明辦理하고 곧 敵 政府의 抗議에 對한 答覆을 與하라.

　一. 非法强囚한 一萬 五千의 韓人을 곳 放釋할 일.
　一. 무릇 災區에 屬한 韓人 生死者의 姓名, 年齡, 住所를 切實히 調査하야 公布할 일.
　一. 韓人을 虐殺한 亂徒는 無論 官民하고 嚴重 懲辦할 일.138)

임시정부 외교총장 조소앙의 명으로 제출한 항의서는 해당 지역에 거주하는 한인들도 일본인과 같은 대지진의 피해자로서 일체 경황이 없음에도 불구하고 근거 없는 유언비어를 광신한 일본 관민이 한인들을 학살한 것은 도저히 인간으로서 할 수 없는 천벌을 받을 일이므로 강제 수용된 한인들의 석방, 재난 지역의 한인들에 대한 생사여부 조사, 학살 가해자의 엄중 징계 등을 요구하고 있다. 이는 임시정부가 자국민에 대한 최대한의 보호와 학살에 대한 책임이 일본 정부에 있다는 것을 분명하게 밝히고 있다는

-----
138) 「我臨時政府에서 敵政府 抗議 提出」, 『독립신문』 1923년 9월 19일자. 이 항의서는 한문으로 작성되어 일본 정부에 전달하였다.

점에서 중요한 의미를 지닌다고 할 수 있다.

이와 같은 임시정부의 조치에 일본 정부는 유언비어를 기정사실화하고, 학살의 원인을 조선인이 제공하였다는 '한인을 모함하는 궤변'의 답변서를 보내왔다.[139] 이후 임시정부가 관동대지진에 대해 구체적인 대응은 더 이상 확인할 수 없어 아쉬움을 남기고 있다.[140]

임시정부와 밀접한 관련이 있는 상하이교민단에서는 재일조선인 학살의 진상조사와 이를 국내외 선전하기 위해 집행위원회를 조직하고 진상조사를 추진[141]하는 한편 구제의연금을 모금하였다. 이를 위해 교민대회를 개

• • • • •

[139] 「한인학살에 대한 적의 발표」, 『독립신문』 1923년 10월 13일자. 답변서의 전문을 소개하면 다음과 같다.
"一. 災害에 對하야 一部 鮮人은 石油와 爆彈 等을 使用하여 火災를 蔓延케 하려하고, 또 毒藥을 井中에 投하며 或은 掠奪 强姦을 行하는 等의 暴行을 한 事實이 있고, 또 避難 路上의 橋梁 及 船橋와 無線電信局을 爆破하려한 形跡이 있으며, 引續的 犯行을 調査 中에서 韓人의 暗號 爆藥 等을 發見하는 中이오.
二. 大震災를 繼하여 起한 大火災의 當時는 民衆의 昻憤이 其極에 達하여 第一項과 如한 韓人 외 現行 或은 少數 誤解的 風說 때문에 雜沓하는 民衆의 間에 鬪爭混亂을 生하여 一般 罹災民으로서 傷害된 者가 不少한 바, 其中에 現行犯 其他의 事情으로 因하여 殺傷된 韓人이 있을 터이오.
三. 韓人의 暴行 等에 關한 風說은 震災地 及 其附近의 極度로 昻憤된 民心에 큰 刺戟을 與하여 風評이 風評을 生하였으니, 대개 從來 在留의 不良韓人이 上海 及 西比利亞 方面의 不逞韓人 及 邦人 中 不穩分子로 더불어 氣脈을 通하여 極히 暴虐한 擧措를 行하려 한다는 說이 一部의 民間에 信聽됨에 依함이오.
四. 一部 不良의 徒를 除한 外의 一般 韓人은 順良하여 震災가 나자 곧 官憲은 最善을 다하여 韓人 救護에 努力하야 軍隊, 警察, 團體 及 個人 等이 充分한 保護를 加하고 規定한 場所에 收容하여 衣食을 供給하였으니, 其 數가 目下 五千에 達하고 其中의 數百名은 벌써 安頓되어 復舊事業에 服務하며, 震災地 外에서는 官憲과 會社가 共히 保護에 意를 加하여 平常과 如히 業務에 服케 하며,
五. 支那人 中에도 傷害된 者 數名이 있으나 第二項의 混亂한 渦中에서 或은 韓人으로 誤認된 者인대, 邦人으로서도 同樣의 難을 當한 者가 多數이니 非常한 混亂 中에 不得已한 일이라."

[140] 관동대지진이 있었던 시기에 임시의정원이 개최되지 않았으며, 1924년 2월부터 6월까지 개최되었던 제12회 임시의정원 속기록에도 관동대지진에 대한 기록이 보이지 않는 것으로 보아 논의조차 하지 않은 것으로 추정된다.

최하고 "一. 今後로 그 眞狀을 더욱 仔細히 調査하며 또는 必要한 計劃을 進行할 일, 二. 內로 同胞에게 警醒의 檄文을 發하며 外로 列强에 對하야 日本의 不道德的 蠻行을 宣布하는 同時에 助桀爲虐과 同一한 義捐의 供給을 中止하기를 要求할 일"142)을 결의하였다.

이날 교민대회에서는 윤기섭, 여운형 등 집행위원 명의로 경고문을 1천 매를 간도, 노령, 하와이 등지로 발송하였다.143) 그리고 무엇보다도 중요한 것은 재일조선인 학살 진상을 조사하여 『독립신문』에 발표하였다.144) 교민단은 11월 17일 추도회를 개최하고 학살당한 재일조선인을 추모하였다.145)

- - - - -

141) 「광고」, 『독립신문』 1923년 10월 13일자. "敵이 震災의 際, 災區에 在한 我韓人을 慘殺하고 虐待한데 對하야 其眞相을 繼續 調査하면서 必要한 計劃을 進行하며 아울너 其眞相을 內外에 宣布하야 世人으로 하야 適宜한 手段을 取케 하기 爲하야 上海在留의 我僑民들이 本人 等을 執行委員으로 擇定하온지라 本人 等은 僑民의 委托에 依하야 그 眞相을 國漢文과 純漢文으로 記錄하야 本國 同胞와 中國人에게 宣布하는 外에 다시 此를 英文으로 小冊子를 만드러 西洋人에게 廣布하려 하압는 바, 此에 要하는 費用은 有志 諸氏의 捐助에 依할 수밧게 업시 되엿사오니 被殺된 可憐한 同胞를 爲하야 우리로 더부터 寃恨이 갓치 깁흐신 諸氏는 金額의 多寡는 不拘하고 上海法界 望志路 永吉里 四十一號로 傳하여주심을 바라나이다. 上海 韓人 僑民大會 執行委員 尹琦燮 趙德津 呂運亨 趙琬九 趙尙燮 李裕弼 金承學"
142) 「敵의 韓人虐殺에 對한 上海我僑民大會」, 『독립신문』 1923년 10월 13일자.
143) 在上海 總領事 矢田七太郞, 「關東震災에 對する 不逞鮮人의 警告文配布의 件」, 1923년 10월 26일.
144) 「일만의 희생자!!!」, 『독립신문』 1923년 12월 5일자. 일본에 파견된 특파원의 보고에 의하면 6,661명이 학살되었다고 보고하였다.
145) 「虐殺된 同胞를 衛하여 悽悵痛切 追悼會」, 『독립신문』 1923년 12월 5일자. 추도문 다음과 같다.
"나라가 망함은 뉘 서러하지 안으리오만은 날이 갈사록 압흠이 더욱 새롭도다. 사람이 죽음에 뉘 불쌍히 넉이지 안으리오만은 사라남은 우리의 압흠이 더욱 끗이 업도다. 하날이 미워하심인가 허물이 아직도 남음인가 져 무도하고 사람의 챵자가 업는 악독하고도 포학한 원수 왜놈이여 엇지하면 이때로록 참혹할고 다시 말하고져 할 때에 가슴이 메이고 살이 떨닌다. 지난 구월 원수의 나라 지동될 때에 져들의 독살밧아 무참한 여러동포의 죽음이여, 그 얼과 넉이 얼키여 잇으리라. 하마 한들 삭을 거나 하날이 무너지고 땅이 터지어 눈깜작일 새에 바다가 뭇이 그 자리를 밧꾸엇스니 궁둥이를 드리밀 데가 잇나 임시정부가 있는 상하이뿐만 아니라 만주지역에서도 재일조선인 학살에 대해 대응하였는데, 대표적인 단체가 적기단이었다. 적기단은 재일조선인을 학살한 일본에 대해 "我 留學生과 勞働同胞에 對하여는 萬不當한 無根의 風說을 做出하여 軍警과 平民이 아울러 大慘殺을 行하여 其數가 七千餘名에 達케 하고 其 餘毒으로 多數의 中國人까지 殺害"한 사실을 밝히고 "各 革命團體는 各各 小異를 捨하고 大同을 取하여 一致團結하여 저 殘暴한 倭敵의 蠻行을 協同 討滅하여야 할 것"과 "現下 敵이 滿洲에서 韓人에게 對한 懷柔策과 獨立團 取締에 腐心하는 此際에 在하야 偵探輩들은 더욱 搖尾橫行하고, 守錢奴들은 더욱 納媚附從하며 所謂 獨立運動에 參加하였던 者들로서도 敵에게 歸順하여 도리어 우리 運動의 內密을 告發하여 反逆의 行動을 敢行하니, 本團은 此等 不潔物 掃蕩에 對하여 別働의 手段을 取하려 한 즉 一般 同胞들도 此에 對해 深刻한 覺悟를 가지고 一致하여 對抗하기를

......

목구녕을 넘길 것이 잇나 빨간 고깃덩이 되굴을 뿐이니, 사람의 챵자로는 서로 붓들고 서로 가엽겟거늘 내 것을 다 빼앗고 나 목숨을 가저 가면서도 무엇이 차지 못하여 아죠 싹까지 업새려는가. 그 창자가 지다위를 내여 가지고 모죠리 돌살푸리로 삼으니 쇠뭉치는 머리를 따리고 참대창은 가슴을 찔은다 묵거 놋코 짓발브며 몰아 놋코 총을 쏘니 피는 쏫쳐 내가 되고 살은 모혀 뫼되엿네. 하날이 놉하 보지 못하는가, 귀신이 어두어 들임이 잇는가, 흐미한 안개 갓치 가븨여운 먼지처럼 업서지고 나라가는 이 목슴은 파리보다 구덕이보다 다름이 조곰도 업구나. 어머니를 부르나 들음이 잇는가 아들을 웨치나 알미 잇는가 뷔인 산에 나무들은 이슬로써 대신 울며 도라가는 갈마귀는 떼를 지어 죠샹할뿐 뫼는 푸르고 물은 말가 따뜻한 옷과 기름진 밥에 아비어미 봉양하고 아들딸을 길으면서 잘 살고 즐겁든 힘고 원동안 내버리고 만리 바다 한데를 무엇하려 가섯든가 아나갈 수 업섯고나 등을 미러 내쫏츠며 집을 허러 모라 내니 목숨붓터 잇는 동안 아니 가고 엇지하나 불면 날가 쥐면 꺼질가 만지고 어르든 아가 자라 절문이들 애쓰면서 배주리고 속태우고 참으면서 무어하려 가섯든가. 아니 갈 수 업섯구나, 아니 가면 엇지하나. 두 억개에 지운 짐이 나를 모라 보내나니, 아니 가고 엇지하나. 밤은 깁허 고요하고 별은 홀노 반짝이는데 담아 싸인 이 원통이 넉이 어니 업고 잇고 눈물지어 피가 된다. 언제나 이 원수를 갑허 볼고 멀지 안으리로다. 물이 되여 쏫치리다. 불이 되여 타일세라. 슬프다. 아프다. 목숨남아 붓터 잇는 우리들은 설음위에 붓그럼 약하나마 힘쓸지니, 얼이 얼킨 모든 분네 도움 잇고 가라치리 압만 보고 나서리니 불거주오. 압길을낭 업스나마 모히리니 글거주오 뒤터진걸 굿친 비는 구슬구슬 우리 정성 그러나고 빗난 국긔 펄덩펄녕 무슨 언약 긋던 듯이 후유! 설은 지고 아픔이여 오직 눈물 뿐이로다."

바란다"는 통고문을 발포하였다.146)

적기단은 통고문을 통해 일본인에게 학살당한 재일조선인이 '7천여 명'이라고 밝히고, 각 혁명단체가 일치단결하여 일본의 만행을 토벌할 것을 제안하고 있다. 이와 함께 일본의 밀정을 소탕하는데 일반 한인의 특별한 각오로 대항할 것을 밝히고 있다.

적기단 외에도 블라디보스토크(浦潮) 공산당 고려부와 대한민국 판의단(判義團)에서도 각각 선전문과 비격문을 발표하였다. 고려부는 의연금을 모금하여 무산자 및 노동자를 구제하자고 하였으며,147) 판의단은 남북 만주와 러시아, 중국 관내에 있는 일본 공관을 파괴하기 위해 복수단을 조직하자고 하였다.148) 그렇지만 이들 민족운동 단체가 제기한 활동에 대해서는 확인할 길이 없다는 한계를 보이고 있다.

1923년 10월 들어 일본에서나 식민지 조선에서 어느 정도 진정되어 갔지만149) 만주지역과 중국 관내 민족운동 세력은 일본 정부에 항의하는 성명서 또는 조선인 학살 진상에 관한 선전문을 지속적으로 발표하였다. 북경대학에 재학 중인 한중 학생이 작성한 것으로 알려진 '일본 정부의 오스기 사카에와 무고한 한인을 참살하고 구휼에 열심인 제군에 경고한다'라는 유인물을 배포한 바 있으며,150) 북경한교회도 11월 18일 '야만 폭살하게 일본 관민이 한민을 도살한 참상'이라는 유인물을 작성하여 중국인에게 배포

- - - - -

146) 「敵地 災變에 對하여 赤旗團 通告文」,『독립신문』1923년 12월 26일자; 在長春領事 西春彦,「赤旗團の不穏文書配布に關する件」, 1923년 12월 10일자
147) 朝鮮總督府 警務局,「京浜地方震災に關るす國外情報(其十七)」, 1923년 10월 10일.
148) 在鐵嶺領事 岩村成允,「不穏印刷物に關する件」, 1923년 9월 28일.
149) 식민지 조선의 경우 1923년 11월 들어서 관동대지진에 관한 기사가 현저하게 줄어들고 있다. 이는 관동대지진이 어느 정도 진정되어 가고 있는 과정이라 할 수 있다.
150) 朝鮮總督府 警務局,「京浜地方震災に關るす國外情報(其十九)」, 1923년 10월 11일. 일설에 의하면 이 유인물은 공산주의 계열의 한진산, 남공선, 장건상 등 작성하였다는 설과 김대지, 임우동, 김천, 김재희 등이 작성하였다는 설도 있다.

하는151) 등 조선인 학살을 자행한 일본의 야만성과 잔인성을 널리 선전하였다.

2. 일본지역 한인사회의 대응과 동향

1923년 관동대지진이 발생하고 재일조선인들이 무참히 죽어가는 상황에서 일본지역 민족운동세력은 적극적인 활동을 하지 못하였다. 그 이유는 민족운동세력의 주요 인물들이 투옥되거나 감금, 요시찰의 대상 상태였기 때문이다. 그렇지만 일본 내에서 관동대지진이 어느 정도 진정되자 조선인 구제와 학살의 진장 조사를 서둘렀다.

관동대지진으로 도쿄 일대의 대부분의 건물들이 무너지거나 화재로 파괴되었지만 유일하게 남아있는 곳이 천도교 도쿄종리원이었다.152) 1923년 학살 이후 죽을 고비를 넘긴 조선인들은 당시 소실을 면한 유일한 조선인 단체였던 천도교청년회 사무실에 모였다. 유학생과 천도교, 기독교의 주요 인물인 한위건, 김은송, 이동제, 최승만, 박사직, 이근무 등은 관동대지진으로 피해를 입은 이재조선인 구제활동과 조선인 학살 진상조사에 대해 논의를 하였다.153)

천도교청년회는 관동대지진 이전부터 조직적 역량을 갖추고 있었다.154) 천도교에서 파견한 박달성이 도요대학(東洋大學)에 입학함으로써 유학을 위해 도쿄로 온 직후 본격적으로 천도교청년회 도쿄지회의 설립이 추진되

-----

151) 在奉天 總領事 船津辰一郎,「不穩文書入手の件」, 1923년 11월 21일.
152) 유동식,『재일본한국기독교청년회사 1909-1990』, 재일본한국기독교청년회, 1990, 190쪽.
153)『조선일보』1923년 10월 8일.
154) 천도교청년회 도쿄지회에 대해서는 성주현,「천도교청년당 도쿄당부의 조직과 활동」,『재일코리안운동과 저항적 정체성』, 선인, 2916, 99~124쪽 참조.

었다.155) 이를 계기로 1921년 1월 10일 천도교청년회 도쿄지회를 설립할 것을 발기하였다. 설립준비 모임에는 어린이운동으로 알려진 소파 방정환을 비롯하여 김상근, 이기정, 정중섭, 이태운, 박춘섭, 김광현, 박달성 등 10여 명이 모였다. 이어 1월 23일에는 방정환, 이기정, 박달성 등 천도교 청년들은 계림사에서 시일 예식을 거행하였다.156) 이후 천도교청년회 도쿄지회를 조직하고 이를 기반으로 천도교 도쿄종리원을 설립하였다.157) 앞서 언급한 바와 같이 조직적 기반을 갖추고 유일하게 파괴되지 않은 천도교 도쿄종리원을 관동대지진으로 인한 조선인 피해 수습을 위한 임시사무실로 활용되었다. 이에 따라 도쿄의 천도교 조직은 1923년 관동대지진 이후 조선인 피해와 학살 사후 처리에 일정하게 역할을 할 수 있었다.

천도교청년회 도쿄지회와 기독교청년회 등 종교 및 사회단체, 그리고 유지들은 관동대지진으로 인한 조선인의 피해와 학살에 주목하고 이를 수습하기 위해 연대하였다. 당시 『동아일보』에 보도된 내용은 다음과 같다.

> 동경(東京)에 있는 조선인 기독교청년회(基督敎靑年會)와 천도교청년회(天道敎靑年會) 및 기타 다수한 유지의 발기로 재난을 만난 조선 동포의 구제회를 조직하여 경성(京城)에 있는 구제회에서 제일회로 보내온 동정금을 가지고 우선 구제 사무를 시작하기로 결정하고 그 사무소는 동경부하(東京府下) 대총정(大塚町)과 및 판하정(坂下町)에 있는

- - - - -

155) 崔文泰, 「듣느냐 보느냐 靑年同德아」, 『天道敎會月報』 127, 1921. 2, 78쪽. 최문태가 도쿄의 천도교의 장래를 위하여는 박달성 1인이 있다고 할 정도로 1921년 천도교청년회 도쿄지회를 설립할 때 그의 역할은 상당하였던 것 같다. 박달성은 도요대학에 1학기를 마치고 돌아와 천도교청년회 및 천도교청년당의 핵심인물로 활동하였다. 이외에도 개벽사 기자로도 활동하였다.
156) 朴春坡, 「東京에 잇는 天道敎 靑年의 現況을 報告하고 아울러 나의 眞情을 告白함」, 『天道敎會月報』 (126), 1921. 1, 54~58쪽.
157) 성주현, 「천도교청년당 도쿄당부의 조직과 활동」, 『재일코리안운동과 저항적 정체성』, 도서출판 선인, 2016, 110~111쪽.

천도교청년회관에 두고 동포의 안부 조사와 재난을 만난 이들의 구호사업과 기타 곤궁한 동포의 구제 및 주선 등의 사무를 개시하였다는데, 물론 그곳에서도 될 수 있는 대로 힘을 다하려니와 조선 안에 있는 동포들은 이 때에 일층 더 열렬한 동정을 하기를 바란다더라.158)

관동대지진 이후 도쿄 일대는 재일조선인 폭동설 등 유언비어의 확산과 조선인 학살 등으로 인해 재일조선인의 피해 상황을 제대로 파악할 수 없었던 사회적 분위기였지만, 조선인의 조난 현황을 파악하고 이재조선인에 대한 구호사업의 단초를 열었다. 여기에는 식민지 조선에서 재일조선인 구제활동으로 모은 의연금이 전달되었기 때문에 가능하였다. 식민지 조선에서는 관동대지진 직후 이재를 당한 재일조선인을 구호하기 위해 '도쿄지방이재조선인구제회'를 조직하였다.159) 이 구제회는 천도교청년회에서 경영하는 개벽사에 임시사무소를 두었는데, 도쿄의 천도교청년회를 파트너로 활용하기로 하였다. 이를 계기로 도쿄에서는 본격적인 조선인 학살 조사와 이재 조선인에 대한 구호 활동이 본격적으로 전개되었다. 이외에도 기독교청년회와 천도교청년회는 위문반보다는 '조선인박해사실조사회'를 조직하고 동아일보사로부터 받는 2천 5백 원의 지원금160)으로 백무, 변희용, 한위건, 이동제, 박사직, 이근무 등이 활동하였다. 그리고 보고대회를 1923년 12월 25일 개최하였다.161)

• • • • •
158) 『동아일보』 1923년 10월 1일자.
159) 「참화에 죽어가는 동포를 위하여 동경지방이재조선인구제회 성립」, 『동아일보』 1923년 9월 10일자.
160) 「동경지방 재류 이재동포를 위하여 재외동포위문금 이천오백원을 지출」, 『동아일보』 1923년 9월 6일자.
161) 「朝鮮總督府事務官古橋卓四郞 작성, 수신; 亞細亞局第三課長」, 『在京朝鮮人狀況』 大正 13년 5월 31일, 81~82쪽; 윤소영, 「관동대진재와 한일갈등 해소를 위해 힘쓴 사람들」, 『關東大震災90周年國際심포지엄 발표문』, 立命館大學코리아硏究센터·독립기념관한국독립운동사연구, 2013년 9월 7일, 132쪽.

이와는 별도로 1923년 10월 3일 도쿄 고이시가와구(小石川區) 오츠카사카시타마치(大塚坂下町)에 있는 천도교 도쿄종리원에 '이재조선동포위문반'이 조직되었다. 이 위문반은 유학생 이동제가 책임위원이 되어 식민지 조선과 도쿄 간의 연락과 구호 활동을 지휘하였다.162) 위문반은 조직 당시에는 '재일조선동포피학살진상조사회'라고 하려고 하였지만 계엄령 하에서 경시청으로부터 '학살'이라는 명칭은 불온하다는 이유로 허가받지 못하고 압박을 받게 됨에 따라 부득이 '이재조선동포위문반'으로 정하였다.163) 위문반은 도쿄조선유학생학우회가 중심이 되었고 이외에 천도교청년회와 기독교청년회 등이 참가하였다.164)

위문반의 활동에 대해 거의 알려진 바가 없는데, 관동대지진이 어느 정도 진정된 1923년 11월 11일자 『동아일보』에 게재된 「재동경이재조선동포위문반 통신」을 통해 어느 정도 확인할 수 있다. 위문반의 활동은 "여러 가지 부족한 동경 겸하여 부족함이 많은 우리의 일이므로 이재에 신음하는 그들을 단순한 뜻으로 방문함도 마음대로 되지 못하였나이다"라고 하였는 바, 상당히 제한적으로 이루어졌음을 알 수 있다. 위문반은 1923년 10월 6일부터 8일까지 3일 동안 가나가와현(神奈川縣)의 나라시노(習志野) 수용소, 상애회에서 대여한 일본산업주식회사 수용소, 금강동(金剛洞)에 있는 유학생 기숙사, 아오야마(靑山)의 임시가옥, 요코스가(橫須賀), 유학생 기숙사 장백료(長白寮)를 각각 방문하고 이재조선인을 위문하였다. 위문반의

・・・・・
162) 山田昭次, 『關東大震災時と朝鮮人虐殺とその後: 虐殺の國家責任と民衆責任』, 創史社, 2011, 100쪽.
163) 『關東大震災時と朝鮮人虐殺とその後: 虐殺の國家責任と民衆責任』, 99~100쪽.
164) 「朝鮮總督府事務官古橋卓四郎 작성, 수신; 亞細亞局第三課長」, 『在京朝鮮人狀況』 大正 13년 5월 31일, 81~82쪽; 윤소영, 「관동대진재와 한일갈등 해소를 위해 힘쓴 사람들」, 『關東大震災90周年國際심포지엄 발표문』, 立命館大學코리아硏究센터・독립기념관한국독립운동사연구, 2013년 9월 7일, 132쪽.

활동 중 일부를 소개하면 다음과 같다.

> ▶ 神奈川 習志野 訪問記
> 關東戒嚴司令官의 紹介書를 가진 우리 慰問班 一隊는 習志野豫備隊長의 案內로 來意를 어려움 없이 達하게 되었나이다. 이는 目下 戒嚴令 下에 있는 戒嚴 地帶이므로 戒嚴官의 文字를 가지지 못하면 通行이 危險한 까닭이니이다. 이곳은 本是 戰時 外國 俘虜를 受容하는 곳인데, 이번 罹災朝鮮人을 受容하게 되었느니 勿論 그 內容의 모든 設備는 言及치 않더라도 쉽게 推測할 터이오이다. 現今 受容된 朝鮮人이 一千七百七十五人인데 就中 患者가 百五十人 罹災의 寡婦가 十一人이며 食料는 每日 安南米와 粟으로 四合式 配給하며 衣服은 民間團體에서 들어오는 寄贈品의 キモノ로서 配給하며 患者는 赤十字社에서 出張하여 診斷한다 하는데, 그 內容에 들어가 悲哀恐怖의 慘景이야 말로 形키 어려운 中 戰場에서 故國人을 맞는듯한 반가운 表情이 얼굴에 나타나며 다만 목숨이 사라지고 있음을 萬幸으로 生覺할 따름이더라. 一行은 準備하였던 防寒服 三百枚를 傳하여 주고 簡單한 別辭로 떠났으니 十月 六日 上午 六時 半이었나이다.
>
> ▶ 橫須賀 訪問記
> 本是 橫濱에 在留하던 六七百名은 이번 震災에 得生하여 橫須賀 華山丸 餘他 二三 軍艦에 搭載하였다 하여 그를 訪問한즉 警察署長의 말은 各處로 보내고 或 歸國한 者도 있다 하나 그의 말은 모두 前後가 不同하여 可信할 수 없으나 近方에 남은 것은 다만 燒蹟地의 灰炭과 人骨뿐이매 可히 물어볼 곳이 없다.[165]

위의 인용문에 의하면, 위문반이 찾은 나라시노 수용소는 원래 전쟁포로를 수용하는 시설이었는데, 관동대지진으로 1,775명의 이재조선인이 수용되었으며 이 중 환자가 150명일 정도로 환경이 열악하였다. 더욱이 환자들

......

[165] 「在東京罹災朝鮮同胞慰問班 通信(1)」, 『동아일보』 1923년 11월 11일자.

은 '戰場에서 만나는 心情'으로 생명줄을 연명하고 있었다. 이에 비해『매일신보』에 의하면 나라시노 수용소의 조선인은 평온하고 잘 지낸다고 하였지만 실상은 '비애 공포의 참경'일 정도로 참혹하였다. 재일조선인 학살의 현장이기도 한 요코스카는 7백여 명의 조선인이 있었지만 흔적도 찾을 수 없다고 하였다.

인용문에는 없지만 위무반이 방문한 상애회에 운영하는 수용소는 지진으로 창벽이 없어 초석으로 방풍하였으며 침구도 없었으며 한습의 곤란이 막심한 상태였다. 특히 총무 김영일과 6,7명의 수용된 조선인은 "○○○○○○○○○하였다"라고 하였는데 이는 검열과정에서 삭제된 내용이다. 아마도 재일조선인 학살과 관련된 것으로 추정된다. 김강동 유학생 기숙사에는 70여 명의 학생이 불편하였지만 불안하게 지내고 있었으며, 노동자를 수용한 아오야마 빠락수용소는 370여 명이, 장백료에는 유학생 40여 명이 지내고 있었다.

그밖에 위문단의 통신에 의하면 "貸間이 있더라도 조선 학생에게 빌려주기를 무서워하며 개인의 집이라도 마을 주민들이 전부 동의가 있어야 방을 빌려 준다"고 할 정도로 재일조선인에 대한 불신이 가중되고 있었다. 이는 앞에서도 언급하였듯이 조선인 폭동설이나 우물에 독을 풀었다는 유언비어로 인한 일본인의 트라우마로 나타난 현실이었다.

그런데 위문단의 통신은 원래 두어 차례 연재하려고 하였던 것으로 보이는데 1회만 보도되었다. 이는 1회 기사에서 삭제된 부분이 있었듯이 이후에는 보도되지 못하였다. 이 역시 언론통제로 인한 것으로 보인다.

이와 같은 상황에서 도쿄지방이재조선인구제회에 고문으로 활동한 후세 다츠지(布施辰治)는 재일조선인 학살의 진상조사와 고발에 앞장서서 활동하였다. 그는 이를 위해 자유법조단(自由法曹團)의 선두에서 활약하였다. 1923년 9월 20일 개최한 자유법조단 제1회 진재선후총회(震災先後總會)에서 일본 정부에 재일조선인 학살 진상과 책임에 대해 집중적으로 따지기도 하였다.166) 1923년 12월 28일 도쿄 일화청년회관에서 개최된 '피살동포추도회'에서 재일조선인 학살에 대한 일본 정부의 태도를 비판하였다.

> 생각하면 생각할수록 무서운 인생의 비극입니다. 너무나도 가혹한 비극이었습니다. 특히 그중에서도 조선에서 온 동포의 최후를 생각할 때 저는 애도할 말도 찾지 못했습니다. 또 어떠한 말로 추도한다고 해도 조선 동포 6천 명의 영혼은 성불하지 못할 것입니다. 그들을 슬퍼하는 1천만 개의 추도의 말을 늘어놓더라도 그들의 원통함이 가득 찬 최후를 추도할 수 없을 것입니다. ○○○ 학살은 계급투쟁의 일부였습니다. 우리의 동지가 살해당한 것도, 6천 명의 동포가 그와 같은 처지에 직면한 것도 우리가 계급투쟁에서 패배하였기 때문입니다. 우리는 졌습니다. 원통하기 그지없습니다. 왜 우리가 졌는지 생각해 주십시오.167)

후세 다츠지는 추모 연설에서 재일조선인 학살을 인간이 저지른 인재이며 제노사이드로 인식하였음을 밝히고 있다. 그는 1926년 3월 두 번째로 조선을 방문한 바 있는데, 이때 후세 다츠지는 도착 직후 관동대지진에 대한 사죄의 글을 『조선일보』와 『동아일보』에 각각 보낼 정도로 재일조선인 학살에 애도를 표명하였다.168)

• • • • •

166) 오이시 스스무 등, 『조선을 위해 일생을 바친 후세 다츠지』, 지식여행, 2010, 36~42쪽.
167) 『大同公論』 2권 2호, 1924년 11월.
168) 후세 다츠지가 두 신문사에 보낸 사죄문은 다음과 같다.
"전 세계의 평화와 전 인류의 행복을 추구하는 우리 무산계급 해방운동자는 일본에서 태어나 일본에서 활동의 근거를 두고 있다고 해도 일본 민족이라는 틀에 사로잡히는 일 없이, 또 실제 운동에 있어서도 민족적인 틀에 얽매이지 않는다는 것을 증명하기 위해 지진 직후의 조선인 학살 문제에 대한 정직한 나의 소신과 소감을 모든 조선 동포에게 전하려고 합니다. (중략) 일본인으로서 모든 조선 동포에게 조선인 학살 문제에 대해 진심으로 사죄를 표명하고 자책을 통감합니다."(布施辰治, 『朝鮮旅行記』; 이규수, 2003, 「후세 다츠지(布施辰治)의 한국인식」, 『한국근현대사연구』 25, 420쪽. 재인용).

한편 1923년 관동대지진으로 재일조선인이 학살당하는 상황에서도 제국 일본 협력단체 상애회[169]의 박춘금은 경시총감 유아사 구라헤이(湯浅倉平)를 찾아가 상애회의 신변을 보호해 줄 것을 요청하였다. 하지만 유아사는 이를 거절하였다. 그럼에도 상애회는 조선인과 일본인의 화합을 보여주듯이 노동자 3백여 명을 동원하여 도쿄 시내 청소를 하는 등 복구공사에 참여하였다.[170] 그리고 위문단 통신에서도 언급하였듯이 상애회는 임시수용소를 마련한 후 재일조선인을 수용하는 등 구제활동에 나서기도 하였다.[171]

이외에도 상애회는 관동대지진의 여파가 어느 정도 진정된 1923년 12월 27일 관동대지진으로 희생당한 재일조선인 추도회를 개최하였다. 도쿄 고이시카와(小石川)에서 '이재귀유선인(罹災歸幽鮮人)'을 위해 열렸는데, 이 자리에는 일본 정부의 고위 관료와 조선총독부 대표, 재일조선인들이 참석하였다. 식민지 조선의 경성일보사와 매일신보사는 경제적으로 후원하였다.[172] 상애회는 관동대지진 1주년인 1924년 9월 14일에도 추도회를 개최

· · · · ·

[169] 상애회에 대해서는 김인덕, 「상애회연구」, 『한국민족운동사연구』 33, 한국민족운동사학회, 2002를 참조.
[170] 「相愛會員 三百 復舊工事에 종사」, 『동아일보』 1923년 9월 25일자.
[171] 「재동경이재조선동포위문반 통신」의 상애회 활동은 다음과 같다.
"本會는 朝鮮同胞 勞動 兼 苦學生으로 組織한 會의 名稱이니, 總務 韓鍾錫君의 案內로 諸般을 聽取 或 視察하였으니, 現在 受容人 五百七十六人이며 全部는 勞動者인데 婦人이 十二人 食料는 總督府와 市役所에서 配給한다 하며 그 位置는 日本橋 日鮮産業株式會社의 집을 빌려씀인데 五層의 적지 않은 建物이나 地震에 窓壁이 없어졌으므로 草席으로 防風하는 모양이며 全部가 罹災民이므로 衣服은 입고 나온 것뿐 寢具 全部는 遺失되었으므로 寒襲의 困難이 莫甚하며 四方에는 建物 하나도 남지 않았으므로 電燈도 없어서 밤에는 暗黑의 두려움이 마치 雜鬼가 부르짖음과 같다 하며 總務 金英一氏 與 六七人은 ○○○○ ○○○○하였다 하며 行方不明이 六七十人이라 하는데, 目下 勞苦에 從事하는 모양인 바, 班員 一行은 不足하나마 婦人과 小兒와 患者를 爲하여 多少의 金錢을 配給하였으니 이는 十月 七日 上午 十一時 半이러라."(『동아일보』 1923년 11월 11일자)
[172] 『東京日日新聞』 1923년 12월 28일자.

하였다. 상애회가 이처럼 일본 정부의 비호를 받으면서 추도회를 할 수 있었던 것은 내선융화를 꾀하고자 하는 식민정책의 일환이었다. 왜냐하면 관동대지진 조선인 학살에 대한 비판적 시각을 가지고 개최된 추도식은 대부분이 행사 도중에 해산당하였기 때문이다. 1924년 9월 13일 도쿄의 재일조선인들은 관동대지진 당시 학살당한 조선인을 위한 추도회를 개최하였는데 60여 명의 경관이 추도회장을 포위하고 이근무가 강연을 위해 연단에 오르자 중지를 당하였고, 마침내 해산명령을 내린 바 있다.173) 이처럼 관동대지진 재일조선인 학살 추도회에서 재일조선인 학살에 일본 정부가 개입하였던 사실이나 제국일본에 대해 비판할 경우 즉시 중단되거나 해산당하였다.

도쿄 일대에서 관동대지진으로 재일조선인 폭동설과 학살로 이어진 일본에서 민족운동 세력은 적극적으로 활동하지 못하였다. 이는 무엇보다도 자신의 생명이 위험하였을 뿐만 아니라 민족운동 또는 사회활동을 하던 활동가174)들이 대부분 검거되었거나 활동하는 데 제한을 받았기 때문이었다. 그러한 가운데서도 민족운동 및 사회운동 세력의 연대하여 관동대지진 당시 희생된 재일조선인을 위한 추모행사를 개최하기도 하였다.

1920년대 대표적인 사상단체인 북성회는 관동대지진 재일조선인 희생이 발생하자 재일본조선노동자조사회, 도쿄조선노동동맹회, 일본노동총동맹의 후원으로 이재조선인의 조사, 구호 활동을 전개하였다. 1923년 11월 말에는 도쿄조선노동동맹회, 오사카조선노동동맹회, 고베조선노동동맹회 등과 함께 회합을 갖고 다음과 같이 결의하였다.

──────
173) 「追悼會를 解散 後 二十三名이나 檢束」, 『시대일보』 1924년 9월 15일자. 이날 추도회는 주최 측과 경관이 격렬하게 격투를 하였으며 23명이 검속되었다.
174) 이들은 대부분 '요시찰인'이라는 명목하게 늘 감시와 통제를 받았다. 때문에 자유스러운 활동은 매우 제한적이었다.

첫째, 진재 당시의 조선인 학살사건에 대해 일본 정부에 그 진상의
발표를 요구할 것.
둘째, 학살에 대해 항의서를 제출하고 피해자 유족의 생활권 보장을
요구할 것.
셋째, 사회의 여론을 환기시키기 위해 조선과 일본의 주요 도시에서
연설회를 개최하고 격문을 반포할 것.
넷째, 관동진재 당시 가메이도서(龜戶署)에서 살해당한 일본의 동지
9명의 유족을 위해 조위금을 모집할 것.
다섯째, 기관지 『척후대』를 금년 내에 속간할 것.[175]

결의사항에 의하면, 이들 단체는 재일조선인 학살의 진상규명을 일본 정부에 강력하게 요구하였을 뿐만 아니라 유족을 위한 모금운동을 전개할 것을 다짐하였다. 이 같은 결의는 식민지 조선에서 활동하던 회원에게도 전달되었고, 그 영향으로 대구 부근의 회합에서도 결의되었다.[176]

그러나 무엇보다도 재일조선인사회에서 관동대지진 당시 조난 재일조선인의 피해상황은 1923년 12월 15일 개최한 추도회와 도쿄이재조선인위무반의 보고회였다. 이날 추도회는 재일조선인 17개 단체가 연합으로 준비하였는데, '조선인 학살 사건에 관한 조사보고'가 있었다. 이어진 도쿄조선인대회에서도 "1923년 11월 말일까지 조사된 피살동포의 수효, 조선인의 폭행 여부와 유언비어의 출처, 유언비어의 전파자, 유언비어를 내이게 된 동기" 등에 관하여 성명을 내기도 하였다.[177] 이어 3일 후인 12월 28일에도 일화청년회관에서 재일조선인 학살 추도회를 개최하였는데, 『동아일보』는

----

[175] 朴慶植, 『在日朝鮮人運動史: 解放以前』, 三一書房, 1976, 114쪽.
[176] 김인덕, 「관동대지진 조선인학살과 일본 내 운동세력의 동향: 1920년대 재일조선인 운동세력과 일본 사회운동세력을 중심으로」, 『동북아역사논총』 49, 동북아역사재단, 2015, 430쪽.
[177] 「罹災朝鮮人慰問班의 報告會」, 『동아일보』 1924년 1월 6일자. 동아일보는 당시의 보고회에 대해 "자세한 내용은 발표할 자유가 없으므로 대강만 보도"한다고 하였다.

당시의 상황을 다음과 같이 보도하였다.

> 지난달 28일 오후 한 시에 일화청년회관에서 학살당한 동포의 추도회를 열었는데, 수십 개의 조기(弔旗) 아래에 모인 천여 명의 동포는 일제히 추모가(追慕歌)를 불러 개회하고 벽두에 옥선진(玉璿珍) 씨의 아프고 쓰인 추도가 있었고 일일이 비통한 추도문을 낭독한 후 조선 각처에서 도착한 30여 장의 조전(弔電)도 낭독한 뒤에 수십 명의 눈물반 말반의 소감이 있었고 마지막 또다시 추도가로써 회를 마쳤는데[178]

식민지 조선과 마찬가지로 관동대지진 1주년을 맞는 1924년에도 재일조선인 사회에서는 관동대지진 당시 조난당한 동포들을 위해 추도회가 이어졌다. 우선 조선기독교청년회에서 1924년 9월 5일 기독교인들이 추모기도회를 가진 바 있으며,[179] 9월 13일 흑우회, 북성회, 여자학흥회, 조선기독교청년회, 도쿄조선유학생학우회, 천도교청년회, 불교청년회, 무산자청년회, 조선노동동맹회, 조선노동공생회 등의 10여 개의 사회단체와 종교단체가 도츠카(戶塚)에서 추도회를 개최하였는데, 얼마 지나지 않아 참가자들을 체포하는 한편 추도회 자제를 강제로 해산하였다.[180]

관동대지진 1주년 재일조선인 추도회는 도쿄가 아닌 간사이(關西) 지역에서도 개최되었다. 1924년 9월 1일 고베에 거주하는 재일조선인 유지들은 간사이학원에서 '관동진재 때에 참혹하게 죽은 동포의 영혼을 위로키 위하여 추도회'를 갖고 강연회 및 추도식을 가졌다. 또한 고베의 조선인동지단(朝鮮人同志團)와 조선인노우화합회(朝鮮人老友和合會)에서도 이날 '진재시 참사동포 추도회'를 개최하였다.[181]

• • • • •
[178] 「暗涙에 嗚咽하는 被殺同胞 追悼會」,『동아일보』1924년 1월 6일자.
[179]『東京日日新聞』1924년 9월 13일자.
[180]『東京日日新聞』1924년 9월 14일자.

오사카에서도 9월 1일 학생단체 오사카학우회(大阪學友會)와 삼일청년회(三一靑年會) 공동으로 '진재 통에 참혹히 죽은 조선동포의 고혼을 위로하기 위하여 추도회'를 거행하였다. 이날 추도회에서는 69세의 일본인 요시무라(吉村秀藏)가 관동대지진 당시 일본인의 폭행을 폭로하였는데, 임석경관이 중지를 명령하였으나 계속 연설을 하자 경관을 악을 쓰며 '중지' 소리치면서 사복경관과 함께 요시무라를 검속하였다. 그리고 추도회 사회를 보던 이중환도 함께 검속되었다.[182]

1925년 9월 20일에는 재일본조선노동총동맹, 도쿄조선노동동맹회, 일월회, 삼월회, 도쿄조선무산청년회, 흑우회, 학우회, 여자학흥회, 무산학우회, 고학생형설회, 노사공생회 등의 11개 재일조선인 단체들이 연대하여 관동진재조선인학살추도회를 개최하였다. 이날 추도회에는 조선인뿐만 아니라 일본인도 참가하는데 800명이 참가할 정도로 대성황을 이루었다.[183] 관동대지진 3주기를 맞는 1926년 9월 1일에는 기독교청년회 등 기독교 관련 단체들이 중국 기독교청년회관에서 추도식을 거행하였다.[184] 천도교청년회 도쿄지회에서도 이해 9월 5일 관동대지진 3주년을 맞아 추모회를 개최하고 강연회를 통해 민족의식의 고취시시키도 하였다.[185] 이와 같은 분위기에서 재일본조선노동총동맹도 관동대지진 재일조선인 학살 3주년 기념 집회를 갖기도 하였다.[186] 그밖에도 9월 2일 요코하마조선합동노동회가 주도한 추모 연설회를 개최하였고, 9월 28일에는 학우회와 일월회 등 8개의 단

• • • • •

181) 「震災時 慘死同胞 神戶에서 追悼會 開催」, 『조선일보』 1924년 9월 6일자.
182) 「震災 當時 日人의 暴行 吉村氏의 口로 暴露」, 『조선일보』 1924년 9월 8일자.
183) 『사상운동』 2-3, 11쪽.
184) 유동식, 『재일본한국기독교청년회사(1906-1990)』, 재일본한국기독교청년회, 1990, 195쪽.
185) 「재경조선인상황」, 『재일조선인관계자료집성』 1, 삼일서방, 1975, 222쪽.
186) 「大正十四年中二於ケル在留朝鮮人ノ狀況」, 김정주 편, 『조선통치사료』(7), 871쪽.

체가 주도한 추도회가 스콧트 홀에서 열렸다.[187]

신간회 도쿄지회는 1927년 12월 18일 제2회 대회를 개최하고 관동대지진과 관련하여 보고한 바 있었다. 이 보고에 의하면 신간회 도쿄지회 관동대지진 당시 조선인에 대한 학살을 규탄하여, 「죽어도 잊을 수 없는 9월에 전조선 2천 3백만 동포에게 격한다」, 「관동진재 당시 학살 동포 추도기념일에 際하여 조합원에게 격함」이라는 선전문을 배포하였다.

관동대지진 5주년인 1928년에도 추도행사는 이어졌다. 재일본조선노동총동맹은 활성화된 지부, 반 조직을 통해서 민족운동을 보다 강력하게 전개하면서 관동대지진이 일어난 9월 1일 제국일본의 식민지 조선 지배정책을 비판하였다. 도쿄조선노동조합 서부지부는 8월 20일자에 「관동진재 당시 학살 동포 추도기념 제5주년을 당(當)하야 전 조합원에게 소(訴)함」이라는 선전문을 배포하여 관동대지진 5주년을 기억하는 투쟁을 전개하였다.[188]

1928년 9월 30일에는 도쿄의 조선인단체협의회 주최로 '관동진재 조선인 학살 추도회'가 열렸다. 조선인단체협의회는 조선인 학살 동포를 추도(追悼)하는 것은 일어나 싸우는 것이라고 전제하고 "최후의 일각까지! 최후의 1인까지! 노동자는 총파업으로! 농민은 철경(撤耕)으로! 시민은 철시(撤市)로! 학생은 파교(罷敎)로! 싸우자"라는 슬로건을 내세우며 배일의식을 고취시켰다.[189]

- - - - - -

[187] 『社會運動の狀況』, 1928, 246쪽.
[188] 早稻田大學 마이크로필름실 소장.
[189] 김인덕, 「관동대지진 조선인 학살과 일본 내 운동세력의 동향: 1920년대 재일조선인 운동세력과 일본 사회운동세력을 중심으로」, 『동북아역사논총』 49, 동북아역사재단, 2015, 432쪽.

3. 미주지역 한인사회의 대응과 동향

관동대지진으로 한인 대학살이 일어났다는 소식은 일본 정부의 계엄령 선포와 철저한 언론통제로 은폐되어 좀처럼 전파되지 못하였다.[190] 그런 중에 관동대지진 당시 도쿄에서 구사일생으로 생존한 유학생 한승인과 이주성은 다행히 식민지 조선으로 돌아와 9월 6일 서울에 도착하였다. 이를 『동아일보』 1면 톱기사로 보도하였다. 이를 계기로 재일조선인 학살의 진상을 처음으로 공개되었다. 두 학생은 자경단을 조직한 일본인들이 조선인들을 무조건 끌어내 학살을 자행하였다고 증언하였지만 제대로 보도되지는 못하였다.[191] 그렇지만 이 기사를 주의 깊게 보면 재일조선인의 학살을 충분히 예상할 수 있었다.

그러나 총독부의 검열로 기사 내용 중 한인 학살과 관련된 40줄 이상을 삭제시키는 바람에 소기의 성과를 거두지 못하였다. 두 사람은 첫 강연회를 개최하는 서울 중앙YMCA로 출발하려던 길에 종로경찰서장이 지진에 관한 오보를 퍼트리고 다닌다는 죄목으로 체포해 투옥시키는 바람에 한인 대학살의 진상을 알릴 수 있는 기회를 잃고 말았다. 『경성일보』는 이들 두 사람이 투옥된 것은 불온한 낭설을 유포하고 선동한 때문으로 보도하였다.[192]

이처럼 일본 정부와 조선총독부는 가능한 한 재일조선인 학살에 대한 모든 정보를 차단시키려 하였다. 한인들의 인심이 요동쳐 제2의 3·1운동과 같은 독립운동이 다시 일어날 것을 몹시 경계하였기 때문이다.

- - - - -

190) 일본 정부의 언론통제에 대해서는 이연, 1992, 「관동대지진과 언론통제」, 『한국언론학보』 27호, 355~358쪽 참조.
191) 한승인 편, 『동경진재 한인 대학살 탈출기』 뉴욕: 갈릴리문고, 1983, 90~94쪽; 「지진에 구사일생으로 귀국한 학생의 말」, 『신한민보』 1923년 10월 4일자.
192) 「東京った帰鮮人学生不穏な事舌って検束さる」, 『경성일보』 1923년 9월 6일자.

상하이 대한민국 임시정부는 관동대지진 발생 소식을 듣자마자 『독립신문』 9월 4일자 '호외'를 발행해 대지진 사실을 보도하였다. 그렇지만 '호외'에서 한인 학살문제에 대해선 전혀 언급하지 않았다. 그러다가 대한민국 임시정부는 9월 10일자로 외무총장 조소앙의 명의로 일본 외무대신에게 처음으로 한인 학살문제에 대한 공식 항의문을 발송하였다. 이로 보면 '호외'를 발행한 직후에야 비로소 한인 학살 소식을 접하고 곧바로 행동에 착수하였음을 알 수 있다.

이에 반해 미국 본토 내 한인들은 미국 언론을 통해 단순히 관동대지진의 발생 소식만을 접하였다. 대한인국민회 기관지 『신한민보』는 1923년 9월 6일자에 「역사에 처음인 9월 1일 일본 지진」이라는 제목으로 관동대지진 소식을 처음으로 보도하였다. 그리고 베이징의 미국 적십자회가 중심이 되어 구호활동에 착수하였다는 것과 대지진으로 조선인과 일본 헌병들 사이에 격렬한 충돌이 발생하였다는 사실까지 보도하였다. 미주 한인사회의 동향을 확인할 수 있는 『신한민보』에 보도된 관동대지진 관련 기사를 정리하면 〈표 20〉과 같다.

〈표 20〉 『신한민보』의 관동대지진 관련 기사 현황

일자	기사 제목
1923.09.06	역사에 처음인 9월 1일 일본 지진
	생명 손해는 백만, 재산 손해는 부지
	총리를 암살하려고
	1만 명을 일시에 화장
	한국 적십자도 구제
	한인과 경찰의 충돌
	3백만이 죽었다고
	미국이 병선을 파견
	대통령 외교령으로
	일본 황태자의 안전과 구휼
	서양인 사망자 무려 1백여
	제4등국 지위를 잃었다고

1923.09.13	한인 1만 5천 명을 가두어
	일본 해군 국방의 대타격
	수천 명 아동의 일시 화장
	일 황태자는 경도로 전왕
	지진의 총수가 1030
	지진 후 일본! 개조사업을 어떻게 할까?
1923.09.20	일본에 탕수가 나서 5만 명이 익사
	일본 이재민이 시애틀에 도착
	미국이 일본 구제금 1천만 불
	일본은 러시아 구제금을 거절
	일본 지진 후 소식
1923.09.27	지진의 손해는 매명 13원
1923.10.04	재외동포위문회에 반 만 원으로 구제
	지진에 구사일생으로 귀국한 학생의 말
1923.10.11	동경 신전구 재류 6백 명 6백 명 학생은 안전
	동경에 거류하던 5천 동포의 생사를 몰라
	한인이 배일운동 하였다 함은 거짓말
	경상도 동포가 지진에 손해 많아
	피난민이 부산에 탑지하여 당지 경찰은 특별 경계
	일본 지진 후 한국 제정계, 한성은행 지배인의 담이라
1923.10.18	일본 동경 전 시장이 외채반대
	선편마다 귀국 동포가 수백 명
	임시 급행 선편으로 다수인 귀국
	동경과 부근에 이재동포를 위하여, 경성 유지신사들이구제회를 발기
	한인의 일본행을 절대 금지, 일본 경찰당국의 통첩을
	동경유학생의 안전
	27인은 무사 환국, 80여 명이 동행하다가
	일인 백만 명이 감소, 각 지방으로 피난도 하고 죽기도 하고 함
	경찰의 간섭하에서 친족회 조직, 우선 위원을 선정하여 조사하기로
	이재동포를 위하여 유지신사 분기, 중앙청년회관에 모여서
	일본 지진학 박사의 진원 연구
	일본의 천재/김현구
1923.10.25	재류동포의 식량 공급에 진력, 관계 관청에 교섭이 불만족하여
1923.11.01	진재의 동정금을 강제로 모집, 정평군 리민들은 회의 후 반대
	일인의 무도, 동경 한인을 학살 후 거짓말로 발명
1923.11.08	일본 진재시에 학살당한 동포를 위하여, 호놀룰루 한인 5백 명이 대회를 열고, 미국 국무성에 청원하여 사실하여 달라고 요구하였다
	유감되는 3개사건, 한인문제=주의자 검속 문제=헌병대장 위법행위 문제/일미보 로곡생

1923.11.15	쩌맨이 일본진시 한인학살을 목도하고, 유덕고려학우회는 일본에서 한인학살 사건을 선전하며	
	귀국동포 2만 5천	
	유감되는 3개사건, 한인문제=주의자 검속 문제=헌병대장 위법행위 문제/일미 보 로곡생	
1923.11.23	일본은 미국에 진재 특사를 파견	
1923.11.29	톰킨스 박사는 국무성에 항의서 제출, 일본 진재시 한인 5백여 명 학살했다고, 눈을 보고 온 사람들이 증거서를 첨부하여 제정하였다	
	진재동포 동정금 수합에 관한 건	
1923.12.06	톰킨스 박사와 서재필 박사의 변호, 일본 진재시 한인학살에 대하여, 미국인 중 친일파와 주일공사의 일본을 변호하는 비루 태도	
1923.12.20	진재동정금(광고)	
	재동경 동포 2백52명!, 3천여 명 중 학생이 6백여 명	
	일인의 간흉한 수단 – 한인학살 관련	
	진재 후 동양 경제	
1923.12.27	한인이 복수운동을	
	진재동정금(광고) – 34원 15전, 장인환, 백일규, 이대위 등 등 35명	
	재일 노동동포의 상황, 우마의 대우를 받는다고 하였다	
	일인의 눈에는 한인이 사람으로 보이지 않는가?	

〈표 20〉에 의하면 『신한민보』가 관동대지진을 보도한 것은 1923년 9월 6일이었다. 이는 관동대지진이 발생한 9월 1일보다 6일 늦은 것이지만 이는 주간으로 신문이 발행되기 때문이었다. 그렇지만 관동대지진과 관련된 기사는 12월 27일까지 지속적으로 보도하였다. 초기에는 관동대지진의 피해 상황이 주를 이루었지만 11월 1일 이후에는 재일조선인 학살과 관련된 기사가 보다 많이 되었다.

관동대지진 첫 보도를 한 9월 6일자 기사 중 흥미로운 것은 재일조선인과 경찰의 충돌이었다. 이 기사는 토미오가로부터 받은 통신인데, 내용은 다음과 같다.

> 동경에 있는 한인들은 일본이 비상한 재앙을 만난 때를 기회로 하여 동경에서 당파를 이루어 가지고 무슨 손해던지 내일 수 있는대로 하는 동시에 재산도 탈취하여 생명도 살해하며 가옥이 지진에 채 타지 않은

것이 있으면 마저 불을 놓아 몰소케 하는 바, 한인들과 일본 헌병 사이에 격렬한 충돌이 있다 하며, 병정들은 창칼로 한인들을 마구 도륙한다 하였다. 한국은 일본을 불만히 여기는 영토로서 과거에 혁명과 경정이 많이 있었는 바, 이런 기회를 이용하여 그 원수인 일본을 위협하려 한다 하였더라.193)

이 기사에 의하면, 관동대지진 당시 재일조선인이 폭동을 일으킨다는 유언비어가 있었으며, 이로 인한 재일조선인과 헌병 사이에 격렬한 충돌이 있었다는 것이다. 그런데 이 과정에서 헌병이 재일조선인을 '도륙'하였다는 것으로, 학살이 있었음을 보여주고 있다. 그렇지만 재일조선인 학살과 관련된 보도는 지속되지는 못하였다. 이후 1개월 후인 11월 1일자 「일인의 무도」라는 기사를 통해 다시 보도되었다. '재일조선인 충돌'이 있었다는 것까지는 보도하였으나 '재일조선인 학살'까지는 접근하지 못하였다.

그런데 미주 하와이에 관동대지진 당시 재일조선인 학살이 알려진 것은 관동대지진 직후인 9월 초순이었다. 『Honolulu Star Bulletin』과 『Honolulu Advertiser』는 1923년 9월 7일과 8일 양일간에 걸쳐 관동대지진의 발생과 약탈 및 방화의 이유로 무고한 재일조선인들이 살해당하였다는 사실을 보도하였다. 먼저 1923년 9월 7일자 『Honolulu Star Bulletin』은 「Tokio Kroeans Interned: Big Plot Charger」에서 관동대지진 발생 소식과 함께 커다란 음모 책동을 이유로 일본 정부가 일본인에게 살해당할 재일조선인을 보호하기 위해 나라시노에 수용하였다고 보도하였다. 1923년 9월 8일자 『Honolulu Advertiser』는 「In Fairness to the Koreans」라는 사설에서 지진 후 화재는 재일조선인에 의해 발생한 것이 아닌데 재일조선인에 가해진 학살이 무슨 근거로 이루어졌는지 일본 당국의 해명을 촉구하였다.

- - - - -
193) 「한인과 경찰이 충돌」, 『신힌민보』 1923년 9월 6일자.

이러한 보도에 대해 호놀룰루 일본 총영사관은 일본 정부의 대외지침을 근거로 재일조선인 학살은 관동대지진 당시 재일조선인이 일으킨 방화와 약탈 때문이며, 재일조선인의 소행이 각지에 큰 소문으로 확산되면서 흥분한 일본인들에 의해 일부 학살이 일어난 것처럼 해명하였다.194) 이는 명백한 유언비어였지만 진위를 파악하였음에도 불구하고 일본 정부가 군대를 동원해서 오히려 재일조선인들을 보호하였다고 주장하였다. 『Honolulu Star Bulletin』은 사건의 진상을 파악하기 힘든 상황에서 이런 일본 측의 주장이 과장되었다고 보았다.195) 이어서 1923년 9월 20일자 「Justice to the Koreans」에서는 재일조선인 학살에 대한 진상조사 요구와 함께 재일조선인들에 대한 정당한 선처를 요구하였다. 『Honolulu Star Bulletin』과 『Honolulu Advertiser』는 관동대지진 당시 5백여 명의 재일조선인이 학살되었다고 보도하였다.

이처럼 미주에 비교적 일찍 재일조선인 학살 소식을 전해졌지만 한인사회가 관심을 가진 것은 이보다 한참 이후였다. 1923년 10월 25일 하와이 호놀룰루 대한인교민단은 밀러(Miller) 스트리트(Street)에서 500여 명이 모인 가운데 관동대지진 희생자 및 가족들을 위한 조의와 위로를 표하는 추도대회를 가졌다. 이날 추모대회에서는 재일조선인 학살의 진상 규명을 위해 구미위원부를 통해 미국 국무부에 청원하기로 결의문 채택하는 한편 진상 규명을 위한 조사위원은 존박, 양유찬, 노진국, 이태성, 김영기로 선임하였다.196) 또한 이날 대회에서는 구미위원회에도 보낼 의결서도 만장일

· · · · ·

194) "Japanese Statement on Korean Violence during Earthquake," *Honolulu Advertiser*, September 19, 1923.
195) "Korean Plot an Exaggerated Rumor in Tokio," *Honolulu Star Bulletin*, September 18, 1923.
196) 「일본 진재시에 학살당한 동포 위하여」, 『신한민보』, 1923년 11월 8일자.

치로 가결하였다.[197] 추모대회에서 청원키로 한 결의문은 다음과 같다.

일인들이 일본 재류 한인에게 없는 죄를 애매히 씌운 것을 자복하나 그러나 한인을 학살한 사실에 대하여는 며칠 전까지 발표한 일이 없었다. 왜 일본 정부는 그와 같이 무리하게 냉혈적 학살사건 발간을 압수하였는가? 일본은 그의 구제 선전할 시기에 한인들이 불을 놓았느니, 도적질을 하였느니 하는 거짓 죄명을 이용하여 한국 민족에게 무수한 혹독한 죄명으로 폭발탄을 던지듯이 하였었다. 일인의 야만 행동과 학살은 과연 그 진재의 자연적 살육보다 백배나 더 악독하다. 10월 24일발 동경 연합통신에 의하면 9월 2일 후지오카 경찰서에 피난하여 있는 한인 14명을 일인들이 따라가서 죽창으로 찔러 죽이며 총으로 쏘기도 하고 칼로 베어 죽였다 하였었다. 이가 일본 경찰이 재난 중에 빠진 한인들을 보호하여 준다는 보호로다. 일본 외무성에서 소위 '적의 원수'의 활동에 대하여 반포한 것들을 보면 한인의 죽은 수효와 왜 죽였다는 이유가 서로 이동난다. 한인들과 일반 공중은 이 학살사건에 대하여 무편무이한 이가 진정한 사실을 조사하여 누가 이 학살에 책임자인지 인도의 양심의 재판에 부치기를 강력히 요구하는 바이다.

이후 『신한민보』는 1923년 11월 1일자 「日人의 無道」라는 기사를 통해 재일조선인 학살 만행을 본격적으로 보도하기 시작하였다. 기사 내용은 다음과 같다.

일본 동경 진재시에 재류 한일들을 많이 학살함이 사실이로다. 그 학

---

197) 구미위원회에 보낸 의결서의 내용은 다음과 같다.
"호놀룰루 공동대회에서 의결한 바 구미위원부를 통하여 미국 국무성에 청원하여 일본에서 한인들을 학살한 사건을 철저히 조사하여 달라 하기로 하였다. 한국 내지에서 조직된 한인학살사건조사단의 활동을 일본이 해산시키었고 또한 일본에서 한인을 위하여 구제하려는 것을 금지하였습니다. 동경으로 오는 소문을 거하면 한인의 학살당한 수효와 그 원인 말함이 사로 저축되며 믿을 수 없습니다. 한국으로부터 전보 회답이 없습니다. 그런 고로 우리는 조사함을 요구합니다."

살을 당한 우리 동포가 얼마나 되는지는 통신마다 같지 아니하여 혹은 四백 명 혹은 五백 명 혹은 二三천 명이라 하였다. 그러나 다수의 무죄한 우리 동포를 학살하고 오히려 그 죄를 숨기려고 세계 통신에 내어놓기를 한인들이 무슨 혁명을 이루었으니, 우물물에 독을 탔다니 하는 거짓 통신으로 세상을 속이려 하였고 한다. (중략) 일본이 진재시에 한일을 어떻게 무참히 학살한 것을 참고하기 위하여 이달 十七日부터 며칠 동안 계속하여 기재한 상항 '일미보'의 기서를 역등하는 바, 이 기서는 일인 중 '로고생'이라 하는 사람이 저술한 것인즉 다소간 일본 편으로 치우치는 점도 없지 않을 터인즉 한인의 참혹한 학살을 거침없이 발표한즉슨 사실상 그 참상이 어느 정도까지 미쳤는지 우리는 예측하기가 심란한 일이라고 한다. (하략)198)

  이 기사에 의하면, 제국일본이 재일조선인 학살의 원인을 불확실한 '혁명' 또는 '우물에 독을 넣었다'는 것으로 호도하고 있다고 비난하고 있다. 이는 재일조선인 학살의 원인이라고 하는 '재일조선인의 폭동설'과 '우물에 독을 넣었다' 것이 유언비어라는 점을 분명하게 지적하는 것이다. 또한 재일조선인 학살의 현장을 목격한 일본인이 미주 신문에 기고한 글을 볼 때 적어도 일본에 대한 우호적인 심정이라 하더라도 재일조선인 학살은 참혹한 사실이었음을 밝히고 있다. 학살된 재일조선인의 수도 적게는 4백 명, 많게는 3천여 명에 달하고 있다고 하였다. 이 기사에는 일본인이 기고한 기사도 3건을 소개하고 있는데, 기사의 내용은 길지만 전문을 인용하면 다음과 같다.

  ▶ 내가 처음에 이러한 비상 사변이 있는 ○회에 혹 三인 五인의 불량의 무리가 배고파서 식량을 탁랑하거나 난폭 낭자한 행위나 혹은 소위 학사당에 방화한 일이나 혹 변태성욕자가 부녀자를 능욕하는 등 자

- - - - -
198) 「日人의 無道, 동경 한인을 학살 후 거짓말로써 발명」, 『신한민보』 1923년 11월 1일자.

가 없으리라곤 단언하지 않았었다. 그러나 유독 조선사람들이 일본인 사이에서 그러한 일을 독행하여서 이라고는 알지 않았었다. 차라리 두 수가 많은 일본 사람 중에 범인이 많을 줄로 알었었다. 설령 조선사람들이 평생에 일본의 덕택에 모욕함이 없었다 치더라고 저 제국대학의 지진학 교수실과 중앙기상대의 지진 박사들도 예상하지 못한 이 천변 지진을 유독 조선사람이 무슨 특별한 두리를 가지고서 졸지간에 일어난 이 대지진 있을 줄 예지하고 각지에 산재한 조선사람들을 문득 단결하여 동경에 총화하며 도하 二백 수十만 생령을 오살하려는 계획이 있었다 함은 실공에 얹어둔 옛 소설책 가운데서나 찾아볼 사실을 대경 문명의 오늘에 있었다 함은 참으로 믿을 수 없도다.

▶ 그러나 이러한 유언비어가 날이 지날수록 더욱 심하여 오직 동경과 그 부근에만 유행할 뿐이요 천엽, 기옥, 염군, 자성 등 각지에서도 성행하여 주민들이 소위 자위단이라는 것을 조직하여 가지고 통행하는 수도와 진재에 벗어나 피난한 자와 구호의 자동차를 일일이 멈추고 누구인가 질문함에 물론 조선사람인듯한 의심만 있어도 구타하며 심한 경우에는 온갖 취조를 다하여 죽이기까지 하였었다. 그중에 무고한 조선사람들을 철사로 결박하여 손을 싹싹 부비며 살려 달라고 애걸하는 자를 조금도 사정없이 죽였었다. 이와 같이 참살하는 가운데 일본 사람을 조선사람으로 그릇 알고 참살한 것도 불소하다. 이러한 참상은 미국 남방 각주에서 흑인을 사냥하는 것과 유사하나 그러나 오직 다른 점은 미국인의 교살은 대저 흑인의 백녀를 겁탈한다는 혐의에서 나옴이되(설령 오해가 있다 치고)이제 선인에게 다하여는 무리해서 나오는 불상의 참극이라고 한다.

▶ 이러한 무참한 폭행=차라리 학살=은 다소간 계엄령을 집행하는 군대의 손에서도 되었다 할 수 있다. 대저 이러한 폭도의 비도가 있기는 소위 자경단의 포학함도 있는 바, 물론 자경단 중에서 그와 같이 혼잡한 시기에 협착한 구역 안에서 유지들이 협의하여 순라하려는 정도를 유지하려 함도 없지 않았으나 그중 재향군인들과 청년단 같은 것은 평상시에 무슨 기회가 없음을 한탄하다가 이 비상한 시기를 기회로 하여 때를 지어 나와 백두에 일본의 칼을 빼어 들며 깎아 만든 죽창을 내어 들고 폭행을 행할 때에 일시에 무경부의 상태를 이루었다. 다만 완력만 믿고

이런 행동을 하는 저들이 졸지에 사변을 만나 친척도 없고 친구도 각산하고 매일 일하며 벌어먹다가 졸연간 집이 타고 갈 바를 알지 못하여 언어도 서툴고 풍속이 다른 타국에서 방황하는 선인들을 가부도 묻지 않고 용서할 생각도 하지 않고 오직 조선사람인 때문에 무참한 학살을 가하였었다. 우리는 저 불행한 조선사람을 위하여 한 가지로 민망하며 또한 우리 흉포한 일본 동포의 무식 몰각함을 슬퍼하는 바이다. "인심이 조금 냉정하여진 오늘이 와서는 대부분이 이 비참한 참사에 대하여 통탄하는 모양이다. 우리는 다년 천애만리 이역에 방랑한 몸이 되어 더욱이 일에 대하여 가슴을 붙안고 절통하는 바이며 더구나 배일의 풍조가 팽창한 미주에 있는 일본 동포로는 이 참상을 남의 일로 볼 수 없는 바, 우리는 공명할 일인줄 생각하자 운운"199)

첫 번째 기사는 재일조선인이 관동대지진을 기회로 230만의 도쿄 주민을 살해하려고 한 계획은 믿을 수 없는 허설이라는 것이고, 두 번째 기사는 자경단이 재일조선인을 참혹하게 학살하였다는 것이며 세 번째 기사는 재일조선인을 학살한 일본인에 대한 비판과 미주 일본인의 양심적 자책을 담고 있다. 종합적으로 볼 때 재일조선인 학살은 사실이며 여기에는 자경단, 청년단 외에도 심지어 계엄군도 가담하였다는 것을 확인할 수 있다.

이 기사는 말미에서 "우리는 일본 진재시에 무참히 학살을 당한 동포들의 수만리 고혼을 위하여 슬퍼하는 동시에 일본이 멸망을 재촉하지 않거든 천재를 두려워하며 회개하기를 바란다"라고 하여, 학살당한 재일조선인의 위무와 일본의 회개를 촉구하였다.

그 연장선에서 미주 한인사회는 한국친우회 회장 톰킨스가 재일조선인 학살에 대한 항의서를 미국 국무경 후스에게 보낸 것을 적극 지원하였다.

・・・・・
199) 「日人의 無道, 동경 한인을 학살 후 거짓말로써 발명」, 『신한민보』 1923년 11월 1일자.

톰킨스가 제출한 항의서에는 관동대지진 당시 도쿄를 여행하다가 5백 명의 재일조선인을 학살하는 광경을 목격한 미국인의 증거서를 제시하였다. 증거서에 의하면 "한인을 학살하는 방법은 손과 발을 결박한 후 석유를 몸에 붓고 화장"을 하였으며, 또한 "한인 8명을 일본 병정들이 창끝으로 찔러 당장에 폐명하였는데 이 학살을 목격한 미국 여행객들은 일본 병정의 강력에 피치 못하여 그 자동차를 한인들의 죽은 시체 위를 몰아 넘어간 일도 있었다"는 등의 내용이 포함되었다.[200] 톰킨스의 항의서에 대해 주일공사 우드가 "한인을 일본인이 학살하였다 함은 사실이 없는 말"이라고 반론하였지만, 톰킨스는 "우리는 우드 공사의 발표한 말에 속지 말아야 하겠다. 우리는 일본인이 한인을 학살하는 것을 목격한 사람의 확실한 증거가 있는 바, 이 증거들은 지금 국무경 후스씨의 손에 있는 터인즉 우드 공사가 그런 말을 하려거든 먼저 그 증거서부터 가서 읽어 보고 말함이 무방할 듯하다"라고 힐난하였다.[201] 톰킨스와 우드의 논쟁에 대해 한국친우회 회원 서재필도 톰킨스를 적극적으로 변호하였다.

미주 한인사회에 관동대지진 재일조선인 조난에 대하여 알려짐에 따라 한인사회는 의연금 모금을 전개하였다. 미주에서 한인사회의 자치와 독립운동에 앞장서온 대한인민국회 총회는 이재 재일조선인을 돕기 위해 1923년 11월 24일자로 「진재동포 동정금 수합에 관한 건」이라는 통첩을 각 지방회장에게 보냈다.[202] 의연금의 모집 기한은 1923년 12월 31일로 한정하였다.[203] 그런데 관동대지진 의연금 모금에 앞서 식민지 조선의 관서 지역의 수해로 인한 이재민을 돕기 위해 이미 구제금 모금 중이었기 때문에 크

[200] 「톰킨스 박사는 국무성에 항의서 제출」, 『신한민보』 1923년 11월 29일자.
[201] 「톰킨스 박사와 서재필 박사의 변호」, 『신한민보』 1923년 12월 6일자.
[202] 도산안창호선생기념사업회 편, 2005, 『미주 국민회 자료집』 13, 경인문화사, 490쪽.
[203] 「진재동포 동정금 수합에 관한 건」, 『신한민보』 1923년 11월 29일자.

게 관심을 끌지 못하였다. 때문에 수재 구제금은 12월 24일까지 1,270달러 60센트를 모금하였지만,204) 관동대지진 의연금은 장인환, 백일규, 이대위 등 35명이 참여하여 34원 15전을 모금하였다.205)

한편 1923년 말 하와이의 한인들은 『Honolulu Star Bulletin』에 게재된 쉐바(S. Sheba)의 기사(1923. 12. 6) "S. Sheba Acknowledge the Slaying of koreans, Urges Spirit of Forgiveness Rule"의 글에서 일본 정부가 조선인 학살의 만행을 공식 시인하고 고백하였다는 사실을 접하였다. 그 소식을 접한 하와이 대한인교민단은 1924년 1월 12일 의사회를 개최하고 4천여 명의 우리 동포가 아무 이유 없이 야만적으로 학살된 사실을 인정한 일본 정부의 자복만으로 만족할 수 없다고 분개하였다.206) 이어서 대한인교민단은 5천여 명의 하와이 한인들을 대표하여 다음의 결의안을 작성하였다.

이러한 상황에서 『신한민보』는 1924년 이후에도 관동대지진 당시 재일 조선인 학살 사건을 집중적으로 다루었다. 『신한민보』는 5월 1일자에 「동경진재시에 발측한 왜놈의 잔포」과 5월 8일자부터 7월 3일자까지 「한인학살사건의 진상」이라는 제목으로 아홉 차례에 걸쳐 집중 보도하였다. 「동경진재시에 발측한 왜놈의 잔포」는 서문에 "작년 9월 동경 진재시에 일인들이 우리 동포들을 학살함을 목견한 ○○○씨가 송그레이 여사에게 보낸 편지인데, 그의 허락을 얻어 이에 소개하나이다"라고 하였다. 이름을 밝히지 않은 기고자는 이재동포위문반원으로 활동하였으며, 위문반이 조사한 바에 의하면 학살당한 재일조선인이 2,611명이라고 밝혔다.

- - - - -

204) 「내지 수재구제」, 『신한민보』, 1923년 12월 27일자.
205) 「진재 동정금」, 『신한민부』 1923년 12월 27일자.
206) "Koreans Urge Open Probe of Many Killings," *Honolulu Star Bulletin*, January 14, 1924; Korean Convention Acts on Massacres," *Honolulu Advertiser*, January 15.

케이 에이치 에스 생(K.H.S)의 필명으로 연재된 「한인학살사건의 진상」은 일본 정부의 훈령과 지시로 유언비어가 유포되었으며, 이로 인해 일본인의 인심을 격동된 것과 5천여 명의 재일조선인이 일본인에 의해 무자비하게 학살당한 사실, 그리고 재일조선인 학살 만행을 은폐한 일본 정부의 기만적인 술책 등을 상세하게 밝히고 있다.

재일조선인 학살을 규명하는 데 하와이 대한인교민단도 적극 나섰다. 대한인교민단은 이를 의사회를 열고 위해 다음의 6개 항을 결의하였다.

1. 한·미·일 삼국 사람으로 위원을 선정하여 충분한 조사를 당장에 시작할 일.
2. 아직껏 무죄히 감금에 처한 한인들을 해방하며 상당한 배상을 물어줄 일.
3. 일본 정부 관리와 기타 일인들이 한인들을 학살한 자를 법에 부치어 처벌하되 지체말고 하여 일본에 있는 한인의 안전을 담보할 일.
4. 학살당한 한인들의 유족에게 배상금을 내어줄 일.
5. 일본 정부에서 공식으로 발포하여 그 전에 한인에게 대하여 허망한 죄명으로 세상에 반포한 것을 교정할 일.
6. 공의를 완필하기 위하여 한국을 즉시 한인들에게 환부하며 한국에 있는 일본 군대와 정치기관을 철환할 일.[207]

이 결의안은 대한인교민단 단장 김영기 명의로 일본 정부[208]를 비롯하여 일본과 중국의 각 신문사에 보냈다. 이에 대해 일본 측에서는 전혀 반응

- - - - -

[207] 「교민단 의사회에서 통과한 결의」, 『신한민보』 1924년 2월 7일자. 한편 최승만의 기록에 의하면 약간의 차이가 있다. 그는 5항을 "무참하게 학살당한 것도 억울한데 오히려 하등의 근거 없이 유죄라고 하여 검거한 무고한 한인 전부를 불기소 처분하는 동시에 일본 정부는 그 뜻을 공식으로 발표할 것"이라고 하였다(崔承萬, 『2·8독립선언과 관동진재의 실상과 사적 의의』, 기독교문화사, 1984, 158~159쪽).
[208] 그런데 교민단에서는 일본 정부보다는 국제재판소에 보낼 것을 제안하기도 하였다. 실제 국제재판소에 전달되었는지는 확인되지 않고 있다.

은 보이지 않았지만 중국 상하이에서 발간하는 『The North China Daily News』는 1924년 1월 18일자에 Y.K. KIM[209]의 이름으로 하와이 대한인교민단의 결의안 내용을 게재하였다.[210]

그렇다면 미주 한인사회에서 관동대지진에 대한 인식은 어떠하였는가 하는 점이다. 초기 미주 한인사회는 재일조선인 학살 소식을 듣지 못한 채 관동대지진 당시 재일조선인 1만 5천여 명이 나라시노(習志野) 군병영장 즉 임시수용소에 보호되어 있다는 사실을 접하였다. 재일조선인 보호의 원인은 관동대지진을 기회로 조선인들이 거대한 혁명단을 조직해 활동할 계획이라는 것과 일본 황태자의 혼례 기회를 틈타 황태자와 단수의 대관을 암살하려는 계획을 미리 입수하고 사전 예방 차원에서 조치한 것이라는 일본 정부의 설명을 그대로 인용하여 보도하기도 하였다.[211] 그렇지만 관동대지진이 일어난 "9월 1일은 일본이 한국을 무력 합방한 이후 그동안 한인들을 비인도적으로 학살한 죄로 천벌 받은 날로 해석하고 천도(天道)가 무심치 않다"고 하였다. 그리고 관동대지진 이후 제국일본은 막심한 재정난을 타개하기 위해 동아시아에서 더욱더 경제적 침략을 강화할 것이라는 비난하였다.[212]

이처럼 미주 한인사회는 관동대지진 당시 무고하게 학살당한 재일조선인들을 위해 진상규명과 의연금 모금 등 적극적으로 활동하였다.

4. 유럽 한인유학생의 대응과 동향

유럽에는 일본과 미주지역처럼 한인사회가 형성되지는 못하였지만, 영

---

[209] Y.K. KIM는 김영기의 약자이다.
[210] 최승만, 『2・8독립선언과 관동진재의 실상과 사적 의의』, 기독교문화사, 1984, 158쪽.
[211] 「한인 1만 5천 명을 가두어」, 『신한민보』 1923년 9월 13일자.
[212] 「지진 후 일본」, 『신한민보』는 9월 13일자.

국, 프랑스 독일 등에 적지 않은 유학생들이 있었다. 이들 유학생들 중 관동대지진과 관련하여 가장 활발하게 대응하고 활동을 한 것은 독일의 유학생이었다. 독일의 한인 유학생은 유덕고려학우회를 조직하여 식민지 조선의 동향과 일제의 불법성을 유럽에 알리고자 노력하였다.

〈유덕고려학우회 회원 일동(『개벽』 22호)〉

유덕고려학우회는 독일 유학생을 중심으로 1921년 1월 1일 창립되었다.213) 그렇지만 유덕고려학우회가 본격적인 대외활동을 전개한 것은 관동대지진 재일조선인 학살의 소식을 접하면서부터다.

1923년 9월 1일 일본 간토지역을 중심으로 대지진이 일어난 직후 수많은 조선인들은 약탈, 방화, 폭동 등으로 소요를 일으켜 치안을 어지럽히고 있다는 유언비어로 무고히 대거 학살되었다. 이러한 재일조선인 학살 소식

---

213) 엠. 에(M, A), 一愚, 「세계일주 산 넘고 물 건너(3)」, 『개벽』 22, 1922년 4월 1일; 「歐洲에 처음 생긴 我留學生 團體」, 『독립신문』 1922년 7월 15일자.

은 일본의 계엄령과 철저한 언론통제로 국외로까지 전파되기 어려웠다. 그러던 중 독일의 『보시쉐 자이퉁(Vossische Zeitung)』지 1923년 10월 9일자에 오토 부르하르트(Otto Burchardt)가 현장을 목격한 것을 「일본에서 지진을 목격한 베를린 사람의 증언(Ein Berliner Augenzeuge des Erdbebens in Japan)」이란 글을 기고하였다.

글을 기고한 부르하르트는 당시 동양미술을 전공한 40세가량의 미술가로 평소 정치문제에 전혀 관심을 갖지 않았던 인물이었다. 그는 부인과 함께 중국 베이징 체류를 마치고 1923년 9월 1일부터 8일까지 일본에 머물면서 관동대지진의 현장에 있었다.214) 그는 그곳에서 직접 목격하거나 같은 독일인에게서 전해 들은 소식을 제일 먼저 『Vossische Zeitung』의 기자에게 재일조선인 학살의 사실을 알렸으나, 담당 기자가 사실을 제대로 전달하지 못한 것을 알고 못내 유감스럽게 생각하였다.215)

부르하르트는 관동대지진 당시 일본 사회는 재일조선인이 칼과 총으로 무장하고 일본인들뿐만 아니라 서양인들까지 공격하는 매우 위험한 부류로 선전하면서 재일조선인 학살 만행을 당연시하는 분위기였다고 한다.216) 평소 정치적인 문제에 무관심하던 부르하르트는 이 사건의 진상을 알려야겠다는 정의감을 갖고 독일로 돌아온 뒤 자신의 경험을 바탕으로 「일본에서 지진을 목격한 베를린 사람의 증언」을 신문사에 기고하였다. 이 중 재일조선인 학살과 관련된 「한국인의 학살(Massaker unter den Koreanern)」이라는 내용이 포함되어 있다. 「한국인의 대량학살」의 내용은 다음과 같다.

• • • • •

214) 「德國人이 目睹한 한인학살사건」, 『독립신문』 1923년 12월 5일자.
215) 「부박사 방문기(상)」, 『독립신문』 1923년. 12월 26일자; 「쩌맨인이 일본진시 한인학살을 목도하고」, 『신한민보』 1923년 11월 15일자.
216) 「부박사 방문기(하)」, 『독립신문』 1924년 1월 19일자.

일본 정부는 첫 번째 재난 소식 이후에 질서 유지와 약탈 방지를 위해 전함과 군인을 투입하였다. 요코하마에서는 3,000명의 죄수가 수감된 감옥이 개방되었고, 탈출한 죄수들은 도둑질과 약탈을 하기 위해 도시로 몰려가왔다. 이 수많은 일본인 죄수들 중 몇몇 한국인 강도가 있었을지도 모른다. 그러나 군인들이 처음으로 한 일은 허위사실 유포였다. 한국인들이 도시에 불을 지르고 우물에 독을 탔으며 그들이 약탈자라는 것이다. 그 결과 한국인들에 대한 지독한 대량학살이 행하여졌다. 한국인들이 보이는 곳마다 그들은 짐승과 같이 변한 무리에 의해 구타를 당하였다. 마침내 군인들은 한국인들을 '보호유치'라는 명목 아래 체포하여 군 부대로 데려가야만 하였다. 이것이 어떤 종류의 보호유치인지 독일인 목격자들이 내게 전해주었다. 잠자고 있는 한국인들에게 실탄으로 초역이 가해졌다. 그 후 누군가 뛰쳐나왔으나 그것은 포악한 군인들에게 다시 새로운 피 목욕을 개시하는 신호일 뿐이었다. 보호유치를 빌미로 붙잡힌 15,000명의 한국인 가운데 살아서 그곳을 나온 사람은 몇 되지 않았다. 한국인들이 모두 살해되었다고 주장하는 군대에 의해 그에 대한 어떠한 것도 알아챌 수 없었음에도 불구하고 유럽인들 역시 끊임없이 두려워하였다. 일본인들은 한국인들을 말살하기 위해서 간단히 이 기회를 사용하였다.217)

부르하르트의 기고문에 의하면, 일본군에 의해 학살된 재일조선인은 1만 5천여 명에 달하였다. 이는 『독립신문』에 의해 밝혀진 6,661명보다 두 배 이상 많은 수효이다. 이에 대해서는 적지 않은 논란이 있겠지만 앞으로 밝혀져야 할 부분이다.

부르하르트가 기고한 재일조선인 학살 기사를 확인한 유덕고려학우회는 곧바로 대응하였다. 먼저 유덕고려학우회는 1923년 10월 12일자로 부르하르트의 기사를 국한문으로 번역해 「한인학살(韓人虐殺)」이라는 제목으로

---

217) 이극로 저, 조준희 역, 『이극로 전집: 유럽편』, 소명출판, 2019, 28쪽; 『독일어 신문 한국관계 기사집(1904~1945.8)』, 독립기념관 한국독립운동사연구소, 2018, 136쪽.

전단지를 만들었다. 이를 유럽과 미주의 한인사회에 배포하는 한편 상하이에 있는 대한민국 임시정부에 전달하였다. 일본인의 만행과 기만성을 폭로한 전단지의 내용은 다음과 같다.

> 일. 왜병이 동포 1만 5천 명을 요코하마 군영에 가두고 학살하다.
> 일. 일본 인민은 지진 및 천재지변을 기회로 하여 우리 거주 동포를 도처 살육하다.
> 일. 일본 정부는 자기 인민 및 군병의 만행에 대하여 조선 및 세계 이목을 엄폐하고자 무선전신 및 기타 일절 통신을 절금하다.
> 북경에 체류하던 독일인 부르하르트 박사가 9월 1일부터 금 8일까지 일본 지진의 진상을 목도하고 본국으로 돌아와 그 실제 기록을 때에 이르러 베를린 포시쉐 신문에 발표하여 게재된 바, 이에 그 한 구절을 번역하여 매 동포에게 고함.
> 기원 4256년(1923) 10월 12일 유덕고려학우회218)

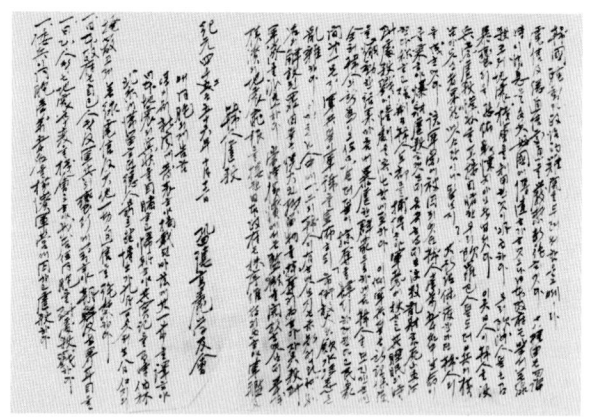

〈유덕고려학우회가 제작한 전단지〉

---

218) 「저맨인이 일본진시 한인학살을 목도하고」, 『신한민보』, 1923년 11월 15일자; 이극로 저, 조준희 역, 『이극로 전집: 유럽편』, 소명출판, 2019, 38쪽. 재일조선인 학살에 대한 내용은 부르하르트의 기고문을 번역한 것으로 본문에서는 생략하였다.

유덕고려학우회는 보다 구체적인 재일조선인들의 피해 상황과 진상을 알아보기 로 하고, 1923년 10월 18일 고일청(高一淸)과 황진남(黃鎭南)을 대표로 파견하여 부르하르트와의 면담을 추진하였다. 그 결과 유덕고려학우회는 재일조선인의 피해와 학살이 사실이었음을 다시 한 번 확인하였다. 그리고 이를 대한민국 임시정부로 보냈다. 임시정부에서는 기관지 『독립신문』을 통해 부르하르트와의 면담 내용을 1923년 12월 16일과 1월 19일자에 걸쳐 두 차례 연재하였다.[219]

이를 계기로 유덕고려학우회는 세계 각국에 일본인의 재일조선인 학살 만행을 알리기 위한 선전 활동에 착수하였다. 이에 따라 1923년 10월 26일 베를린에서 '재독한인대회(The Great Meeting of Koreans in Germany)'를 개최하였다.[220] 유덕고려학우회는 이날 대회에서 관동대지진 당시 일본인의 만행으로 억울하게 죽임당한 한인들의 참상을 낱낱이 알리고 일제의 가혹한 식민통치의 실상을 맹렬히 규탄하였다.

유덕고려학우회는 재독한인대회에서 「한국에서 일본의 유혈통치」라는 전단지를 독일어(「Japanische Blutherrschaft in Korea」)와 영어(「Japans Bloody Rule in Korea」)로 번역하여 배포하였다. 전단지의 한 가운데는 한반도를 중심으로 한 동아시아의 지도가 크게 그려져 있고, 글 끝 부분에는 재독한인대회를 대표한 세 사람의 자필 서명이 들어 있다.[221] 이들 세 명은 이번 대회를 주관했던 핵심 인물로 이극로(Li Kolu), 김준연(C. Y. Kim), 고일청(Jh Tsing Kao) 등이다.[222] 이 전단지는 독일어 5,000부, 영어 2,000부로 특

- - - - -

[219] 「부박사 방문기(상·하)」, 『독립신문』, 1923년 12월 16일 및 1924년 1월 19일자.
[220] 「在德韓人大會의 通告」, 『독립신문』, 1923년 12월 26일자; 「在獨逸鮮人ノ排日宣傳ニ關スル件」, 1923년 1월 8일.
[221] 「在獨韓人會의 日本 植民統治 非難 記事: "Japans Bloody Rule in Korea"」, 독립기념관 소장자료, 자3861-128, 「在獨鮮人의 排日印刷物 排布에 關한 件」, 자2861-221.
[222] 이극로 저, 조준희 역, 『이극로 전집: 유럽편』, 소명출판, 2019, 43~44쪽

별히 인쇄해 해외 한인사회는 물론 각국의 주요 정부와 기관, 그리고 국민들에게 배포하였다.

유덕고려학우회가 배포한 전단지는 크게 세 부분으로 이루어졌다. 첫째는 오랜 역사를 가진 한국의 독립된 역사의 전통과 이를 침해한 일본의 침략과 식민통치, 여기에 저항해 전개한 3·1운동과 대한민국 임시정부의 수립, 이를 잔인하게 박해하고 탄압한 일제 식민통치의 잔인성 등을 고발하였다. 둘째 부분은『보시쉐 자이퉁』지 10월 9일자에 게재한 부르카르트 박사의 기사 내용을 담아 관동대지진 당시 일제가 저지른 한인 참상의 증거를 소개하였다. 그리고 셋째는 한국 독립의 열망을 밝히고 독립을 위한 조선인들의 투쟁을 각국 정부와 국민들이 적극 지지해줄 것을 호소하였다.223)

---

223) 홍선표,「관동대지진 때 한인 학살에 대한 歐美 한인세력의 대응」,『동북아역사논총』43, 동북아역사재단, 2014.

제4장
관동대지진과 의연금 모금

제4장
관동대지진과 의연금 모금

제1절 『매일신보』를 통해 본 의연금 모금

1923년 9월 1일 일본에서 관동대지진이 일어난 직후 식민지 조선에 전해지면서 9월 3일 『매일신보』, 『동아일보』, 『조선일보』 등 당시 식민지 조선에서 발행되는 신문에 대대적으로 보도되면서 그 피해 실태가 알려졌다. 이에 신문사에서는 '의연금'을 모금하는 한편 이를 보도하였다. 의연금 모금은 『매일신보』가 가장 발 빠르게 주도하였다.

『매일신보』는 관동대지진을 보도한 다음날인 9월 4일자에 「이재민을 위하여 본사에 동정금 수백 원을 다투어 보냈다」라는 기사에서 일본인 사삿기(佐佐木香造), 아키야마(秋山林平) 등 10여 명이 수백 원을 동정금으로 기부하였다. 이는 『매일신보』가 신문사 차원에서 의연금을 모금하기로 결정하기도 전이었다. 이를 계기로 『매일신보』는 여타 신문보다 먼저 의연금 모금을 시작하는 한편 모금 운동과 관련된 기사와 광고를 게재하였다. 이처럼 『매일신보』가 의연금 모금을 적극적으로 한 것은 『매일신보』가 조선총독부의 기관지라는 것뿐만 아니라 식민지 모국에 대한 구호 차원이었다. 이러한 인식은 이후 이와 관련된 보도에서 잘 드러나고 있다.

우선 경성부에서 의연금을 모금하는 것을 기사로 게재할 뿐만 아니라 광고까지 게재하였다. 그 내용을 보면 다음과 같다.

> 금번 동경(東京) 횡빈(橫濱) 부근의 유사 이래란 대진재에 대하여 조선 각지는 물론이고 해외의 타국에서도 힘자라는 대로 동정을 하려는 중이라는데, 경성부 당국에서도 재작일 부협의회원 간담회를 열고 그 의연금(義捐金) 모금에 대하여 비공식 협의를 한 결과 부비(府費)로부터는 특히 금 이만 원을 지출하기로 하고 또 그 취지를 일반 시민에게 주지케 하여 힘자라는 데까지 동정하기 위하여 의연금취지서(義捐金趣旨書)를 일반에게 배부하게 되었는데, 그 출금액은 이원 이상으로 의연금을 (중략) 시내에 거주하는 내지인 중에는 당국의 권유를 기다리지도 않고 재작일 벌써 의연금을 시내 일반 신문사 또는 관청에 송부한 자가 있다는데, 경성부청에 도착한 의연금만 벌써 일천 팔백 팔십 원에 달한다더라.[1]

> 帝都地方에 在한 災害는 實로 千古未曾有의 慘事로 府民 一齊히 天의 一隅를 望하고 日夜苦慮痛心하여 마지않는 바이라. 抑博愛衆에 及함에 人類의 大道요 患難相救함은 社會의 通義라. 殊히 我京城府는 特히 天眷을 承하여 前에는 西鮮의 水害에 不遇하고 今에는 內地의 殃禍를 不蒙하고 家家繁榮의 樂을 享함을 得하여 彼를 懷하고 此를 思하면 此不幸한 同胞를 위하여는 假令 衣를 解하고 食을 推하되, 何히 苦痛이라 謂하리오. 故로써 府는 茲에 府費로부터 約 二萬圓을 支出할 計劃을 立하고 尙히 府民 各位의 同情에 訴하여 大히 義捐을 募하여 此를 災害地方에 贈呈하여써 些少하나 救援의 一助됨이 있게 하랴 하는지라. 但 此事는 實로 焦眉의 急에 屬하여 若日을 遷延하면 誠意도 其效를 失하여 悔를 後日에 貽함에 至할지라. 府內에 義勇人士

- - - - -

[1] 「경성부에서 의연모금」, 『매일신보』 1923년 9월 5일자.

는 旣히 率先하여 出捐하는 者 不少한지라. 願하노니 速히 奮力하여 應分의 醵出을 爲하여써 博愛의 至情을 發揮하시압.2)

경성부는 9월 4일 비공식 협의를 한 결과 의연금으로 2만 원을 지출하기로 하고, 그 취지를 알리기 위해 앞에서 살펴본 '의연금 모금 취지서'를 배포 및 광고를 하였다. 경성부에서 일반인에게 배부한 취지서는 '공존공영은 인류의 대도', '환난상구는 사회의 대도', '박애의 지정을 발휘'라는 명분으로 의연금을 모금하고자 하였다.

이를 통해 경성부민의 참여를 유도했는데, 의연금은 2원 이상으로 9월 30일까지 모금하기로 하였다.3) 이에 따라 경성부는 의연금 모금액은 10만 원으로 정하고 매호마다 방문하여 모금하기로 하였는데,4) 이는 사실상 반강제적이라 할 수 있다. 그렇지만 불과 10여 일 만인 9월 12일

----

2) 「동경지방 진재의연금 모집」, 『매일신보』 123년 9월 6일자. 이 광고는 『동아일보』에도 게재되었는데, 그 내용은 『매일신보』의 광고와는 약간의 차이를 보이고 있다.
 "아. 慘憺하다. 帝都의 災害, 慘憺하다. 橫港의 殃禍여, 天柱는 折하고 地維는 缺하여 大廈高樓는 炭爐에 歸하고 邸第園囿는 焦土로 化하고 父母가 죽어도 葬할 수 없고 子息이 傷하여도 求할 수 없으며 居處에 家屋이 無하여 飮食에 食糧이 無하여 繁繁히 荒墟에 彷徨하는 者-幾十萬人인지 其數를 不知로다. 참으로 이것이 現世의 修羅場이 아니고 무엇이뇨. 吾人은 멀리 山海를 隔하여 아득히 一報를 得할 때마다 其慘狀을 想見하고 懊惱痛苦로 高枕安息하며 好飮座食할 수 바이 없도다. 大抵 共存共榮은 人類의 大道요, 患難相求는 社會의 道義라. 어지 同胞된 者-晏然坐視할 바이리오. 하물며 我京城은 特히 天眷을 承하여 前에는 西鮮에의 水害가 없고 後에는 內地의 震災가 없이 家家團樂의 幸福을 享得함에 있으리오. 假令 衣服을 벗어주고 飮食을 나누어준들 어찌 足히 果라 할 바이리오. 玆에 京城府에서는 府費로 約 二萬圓을 支出할 計劃을 立하고 또한 府民 各位의 同情에 訴하여 義捐을 募集하여 二市에 增途하여써 아울러 救援의 一助를 하고자 합니다. 方今 일이 매우 急한지라 만일 空然히 遷迫하면 誠意가 效를 失하고 마침내 轍府를 枯魚의 肆에 見함과 如한 後悔를 不免할지라. 此를 아직 廣布치 아님에 不拘하고 自進하야 巨額을 提供하는 者-不少합니다. 願하건데 迅速敏活大奮하여 可能한 바를 모두 出捐하여서 博愛의 至情을 發揮하시기를."(『동아일보』1923년 9월 7일자)
3) 「京城府에서 義捐 募集」, 『조선일보』 1923년 9월 6일자.
4) 「경성부민에 10만원」, 『매일신보』 1923년 9월 9일자.

까지 15만 원,5) 14일까지 20만 원6)을 모금할 정도로 호응이 높았다. 이러한 호응은 대체적으로 일본인의 참여가 높았기 때문인 것으로 볼 수 있다.

또한 일본인이 많이 거주하고 있는 인천에서도 관민 합동으로 '진재 구제연구' 즉 구제활동에 대해 논의하였다.7) 그 결과 인천부는 9월 4일부터 관민 합동으로 의연금을 모금하기로 하였다.8) 뿐만 아니라 일본적십자사 및 애국부인회 조선본부 등 관변단체의 의연금 모금활동도 적극적으로 기사로 다루고 있다.9) 특히 대표적인 친일 인물인 이완용은 2천 원을 기부하였는데,10) 이를 '인류애'라는 명분을 적절하게 활용하였다.

『매일신보』는 경성부 등 관 주도의 의연금 모금 외에도 기독교 등 종교단체와 각지의 의연활동에 대해서도 보도하였다. 특히 기독교계의 의연활동을 비교적 자세하게 다루고 있다.

중앙기독교청년회의 신흥우와 조선회중기독교의 유일선은 아리요시(有吉) 정무총감을 찾아가 정중하게 위문을 하는 한편 "이번 진재에 대하여 그 이재민 구제에 힘 믿는 데까지 양 교회"에서 의연금을 모금하기로 하였다, 우선 신흥우는 청년회원과 학생들에게 의연금을 모금하기로 하고 가난한 호주머니에서 푼푼이 모은 16원을 기부하기도 하였다.11) 또한

- - - - -
5) 「15만원 경성부이 모집」, 『매일신보』 1923년 9월 13일자.
6) 「義金雲集」, 『매일신보』 1923년 9월 15일자.
7) 『조선일보』 1923년 9월 5일자.
8) 「인천에서도 의연금 모집」, 『매일신보』 1923년 9월 5일자; 「인천도 의연 모집」, 『조선일보』 1923년 9월 6일자.
9) 「적십자, 부인회 의연모집」, 『매일신보』 1923년 9월 5일자; 「애국부인회도 의류를 모집 중」, 『매일신보』 1923년 9월 8일자; 「위문품 답지」, 『매일신보』 1923년 9월 8일자; 「애부 모집 금액」, 『매일신보』 1923년 9월 12일자; 「애국부인 활동」, 『매일신보』 1923년 9월 14일자.
10) 「이완용후 2천원 기부」, 『매일신보』 1923년 9월 12일자.

양 교회는 기도와 의연으로 구제활동을 하기로 하고 다음과 같이 결의하였다.

> 一. 今番 日本 罹災民에 대하여 우리 기독교인은 盡力 동참할 事
> 二. 각 교파에 교섭하여 교회마다 가급적 최근한 主日을 구제일로 守하고 其日에 이재민을 위하여 기도하고 의연금을 모집할 事
> 三. 모집되는 금액은 일본적십자사 본사 又는 東京에 특별히 조직된 구제 본부에 송금할 事
> 四. 此를 조선 내 각 교회에 보급케 하기 위하여 각 신문에 게재할 事[12]

이와 같은 기독교계는 구제활동을 『매일신보』는 "이것이 구주의 정신이다"라고 하여, 매우 종교적으로 표현하였다.

이처럼 『매일신보』가 기독교계의 의연과 구제활동을 집중적으로 보도한 것은 종교적인 측면도 있지만, 일본 지배정책에 우호적인 조선회중기독교회의 활동을 알리는 한편 기독교계와의 관계를 우호적으로 유지하기 위한 것이라고 할 수 있다.

『매일신보』는 각지에서 전개하고 있는 의연활동에 대해서도 비교적 많이 보도하였는데, 이를 정리하면 〈표 21〉과 같다.

- - - - -

11) 「양교회가 협력하여 힘자라는 데까지 구조하겠소」, 『매일신보』 1923년 9월 6일자. 그런데 이와 관련된 기사는 『동아일보』와 『조선일보』에는 보이지 않고 있다.
12) 「기도와 의연으로 진재민 구제활동」, 『매일신보』 1923년 9월 8일자. 기독교의 협의 사항에 대해 『조선일보』 1923년 9월 8일자는 다음과 같이 보도하였다.
"一. 이번 일본 이재민에 대하여 우리 기독교인은 종족(種族)과 국계(國界)를 분별치 아니하고 지성 동정할 일.
二. 각 교파에 교섭하여 교회마다 가급적으로 최근 한 주일을 구제일로 작하고 그날은 이재 인민을 위하여 기도도 하고 의연도 모집할 일.
三. 모집되는 금액은 일본적십자회 본부나 또는 동경에 특별히 조직되는 구제회 본부에 보낼 일."

제4장 관동대지진과 의연금 모금   251

〈표 21〉『매일신보』에 게재된 지방의 의연활동 기사

날짜	기사 제목	비고
9.6	인천에서도 의연모집	인천부청, 상업회의소
9.8	부산의 진재의연	부협의회원, 학교조합원, 은행 회사 대표 등
9.9	평양부의 구제 의연금 모집	평양부청
	동척 사원의 미거	동척 대구지부
	전주 관민의 노력	전주 관민 유지 100여 인
	면장이 협의	대전면사무소
	유지제씨의 협의	개성 군내 유지 다수
9.10	청주면장 협의회 진재의연금 모집 협의차	청주군청과 면협의회
	亥角 지사 분망	전북도청
9.11	동경진재 구제로 백미 천 석	군산
	유지 일동의 발기	강경
	평양상공회의소	
	오군수의 진력	함평
	개성 면장협의	
	군산부의 협의회	
9.12	송도면의 진력	개성
	각 대표자의 집합	함흥
9.13	청주에서 5천 원	
	평양에 구제회	박경석
	각 단체 궐기	光州
	의연 속속 발송	전북도청
	물품은 기위 발송	대전
9.14	내선관민 협력	청주
9.15	광주 현씨의 특지	현준호
	불하 4, 5천 원	보은군수의 노력
9.16	성진 관민 의거	일련종, 본원사
	도청 문전에 산적	애국부인회, 수양단 등
	담양 음악대회	관동대지진과 서선수해
	장성군의 진력	관공서장, 내선 유지
	김천군의 의연	관내 유지의 발기로 구제회 조직
9.17	전북의 의연 호적	전주, 군산, 정읍, 남원, 옥구
	무안 의연 모집	상애상구를 위해 각 면장에게
	구조품 적재선	전북도청
	전남의 구제책	구제방침 결의
	애부 전북지부	애국부인회
	개성군의 의연	
	부안의 구제 협의	부안군청

	일요학교 미거	인천 예수교 일요학교
	순천 유림 독지	평남 순천
	평양교회 활동	미 감리교회
9.18	의연 발표 방법	光州
	전남도청 의연	1,200여 원
	함흥 진재 의연	지역별 모금
	괴산의 진재 구제	군청
	애국부인 활동	해주
9.19	해주의 진재 의연	囚人도
	백군수의 노력	담양군수
	수원면의 노력	면장과 각 이장
9.20	상하 관민의 활동	강원도청
9.21	대전의 진재 의연	
	애국부인의 활동	춘천
	강릉 진재의연	보통고등학교기성회, 발의문
9.23	군수 이하의 노력	곡성군수
	안동군의 의연	각 면별로 모금, 4천 원 이상
	조선 부인의 의거	진천, 군청과 면사무소와 협력하여 위문대 조직
9.24	진재 피난의 민	대구에 무료시절 설치
	인천 의연 발송	인천부, 25,035원 총독부로
	강릉 유지의 의연	군수와 유지, 면별로 모금
	황해의 진재 의연	군별 모금액
	각교 진재 의연	안주공립보통학교, 대동공립보통학교 학생 모금
9.25	보성 각단의 의연	군직원, 경찰서, 일본인, 학생 등
	청수씨의 의연	충주 일본인 사업가
	개성 진재 의연	각 정별, 단체서 모금
9.28	장성 청년의 발기	보화면 청년회
	재동경 이재조선인에게 동정금품이 답지한다	상애회구호소
10.3	의연의 취지 선전	평남 미감리교회
	장성 서장의 친절	유학생 가족 위문
10.4	진재의연금 작일 체절	경성부
	인천부 의연금	인천부
10.6	유지 일동의 의거	함남 안변군
	양양의 진재 위문	관민 유지
10.7	진천의 의연 모집	관민 협력
	전북도 의연금	관민협력 일지
10.8	동정금품 모집	일본 丸之內의 주식회사
10.10	강원 의연 모집	철원, 춘천, 강릉의 관공리 등
	무안의 진재 의연	관민일치

10.13	충북의 의연금	청주, 보은 옥천, 영동, 진천, 괴산, 음성, 충주, 제천, 단양의 관민단체
10.20	화천의 진재 위문	관민일치로
	홍천의 진재 위문	관민 유지
	문경 진재 의연	관민의 동심 협력

〈표 21〉은 『매일신보』에 게재된 각 지방에서의 의연활동이다. 『매일신보』에 보이는 의연활동 관련 기사는 관동대지진이 발생한 직후 이를 보도한 9월 3일부터 10월 20일까지 지속되었다. 『매일신보』에 나타난 의연활동은 크게 두 가지 특징을 가지고 있다. 하나는 '관 주도'라는 점이고, 다른 하나는 '관민일치'라는 점이다.

관 주도의 의연활동은 도청, 부청, 군청, 면사무소, 경찰서 등 관공서와 애국부인회 등 관변단체가 중심이었다. 이외에 일본인을 포함한 지역유지, 보통학생들이 의연금 모금에 참여하였다. 이러한 관 주도의 의연활동은 '관민일치', '관민상화'라고 하여 지배정책으로 활용하고자 하는 의도가 적지 않았다.

조선총독부 아리요시 정무총감은 각 도지사에 보낸 통첩에 따르면, "罹災者의 窮狀에 同情하여 同胞想愛에 誠을 進하라"라고 하여, 부화뇌동하지 말고 의연금 모금에 적극 참여해 줄 것을 당부하였다.[13] 이와 같은 통첩에 대해 재단법인 보린회 이사 이각종[14]은 "인사상으로나 경제상으로나 우리

- - - - -

[13] 「동포상애의 성을 진하라」, 『매일신보』 1923년 9월 7일자.
[14] 이각종은 1888년 대구 출신으로 1904년 관립 한성고등보통학교, 1908년 보성전문학교 법률과를 졸업하였다. 1909년 대한제국 학부위원으로 임명되었으며 일본 와세다 대학 문학과에 교외생으로 입학하였다. 1911년부터 1917년까지 조선총독부 학무과 속(屬)으로 근무하였으며 1912년부터 1915년까지 보성전문학교 법률과 강사로 재직하였다. 1917년 경기도 김포 군수로 임명되었으며 3·1운동 당시 만세시위 같은 추악한 투쟁과 쓸데없는 희생이 반복되어서는 안 된다고 판단한 뒤부터 이를 막기 위해 나머지 생애를 바치기로 결심하였다. 1920년 6월 병으로 군수직을 사임하였다. 1921년 병에서 회복된 뒤 조선총독부 내무국 제2과 촉탁으로 부임하였다. 1922년부터 1930년까지 조선총독부 내무국 사회과 촉탁으로

조선과 관계가 매우 밀접한 터인즉 일본 측 손해뿐만 아니라 우리도 對岸火事로만 越視할 수 없다. 근일 우리 유지들은 모두 민족적 감정을 초월하여 진정한 인류애 정신으로 일본의 불행에 동정하려는 경향은 매우 忻快한 일이니, 우리 조선인도 이같이 하여 세계의 대세에 순응하여 정의인도를 이해하는 고등민족인 것을 표명할 수 있는 것이 아닌가"15)라고 하여, 조선총독부에서 추진하고 있는 구제활동에 적극 참여할 것을 권유한 바 있다. 이와 같은 분위기에서 조선총독부를 정점으로 관공서에서 추진한 의연금 모금운동을 일사불란하게 면 단위까지 확대되었다.

『매일신보』는 관동대지진이 발생하자 가능한 한 제국일본이 피해국이라

· · · · ·
활동하는 한편 강연을 하고 글을 발표하면서 황민화 운동에 앞장섰다. 1912년 일본 정부로부터 한국 병합 기념장, 1928년 쇼와 대례 기념장을 받았으며 1937년 조선총독부 학무국 촉탁으로 있을 때 '황국신민서사'의 문안을 만들었다. 1925년 6월부터 1930년대 초 중반까지 잡지 『신민(新民)』의 발행 겸 편집인을 맡았다. 1936년 2월 전향자 출신 인사들이 결성한 황국신민화 단체인 백악회(白岳會)를 조직했고 같은 해 7월에는 백악회를 확대 개편한 단체인 대동민우회를 조직하였다. 1937년부터 1939년까지 조선총독부 학무국 사회교육과 촉탁과 경성보호관찰소 촉탁보호사를 겸직하는 한편 1937년 이후부터 시국강연회, 시국대응강연회, 시국유지원탁회의 등에 참석하여 국민정신총동원과 내선일체를 적극 주장하였다. 1938년 조선방공협회 경기도 연합지부 평의원, 국민정신총동원조선연맹 이사를 역임했으며 1939년 국민정신총동원조선연맹 상무이사, 발기인, 참사, 1940년 대동일진회 고문, 국민정신총동원조선연맹 참사, 평의원을 역임하였다. 1941년 8월 25일에 열린 임전대책협의회 좌담회에서 '황도정신과 총력'이라는 주제의 글을 발표했으며 같은 해 9월 7일 임전대책협의회가 결성한 채권가두유공대 남대문대원으로 활동하였다. 1941년 10월 조선임전보국단 발기인과 평의원을 역임했고 같은 해 11월에는 대동민우회 회장으로 선임되었다. 1942년 국민총력조선연맹 방위지도부 참사, 의례개선조사위원, 1943년 국민총력조선연맹 후생부 후생위원회 위원을 역임하였다. 태평양 전쟁 종전 후인 1949년에 반민족행위처벌법에 따라 서울에서 반민특위에 체포되었다. 그러나 재판 과정에서 일본의 패망 이후에 생긴 충격으로 정신이상 상태가 된 것으로 판정이 나면서 풀려났다. 2002년 민족정기를 세우는 국회의원모임이 발표한 친일파 708인 명단의 기타 부문과 2008년 민족문제연구소에서 친일인명사전에 수록하기 위해 정리한 친일인명사전 수록예정자 명단에 선정되었다. 2005년 고려대학교 교내 단체인 일제잔재청산위원회가 발표한 '고려대 100년 속의 일제잔재 1차 인물' 10인 명단, 2009년 친일반민족행위진상규명위원회가 발표한 친일반민족행위 705인 명단에도 들어 있다(https://ko.wikipedia.org/wiki/).

15) 「민족감정을 초월하여 인류애의 정신으로 동정하라」, 『매일신보』 1923년 9월 10일자.

는 것을 강조하였다. 그리고 이를 통해 식민지 조선에서 '민족문제'가 발생하지 않도록 논조를 유지하였다. 이러한 기조에서 관동대지진으로 인해 야기할 수 있는 재일조선인 문제에 대해서는 최대한 안전을 강조하였으며, 의연금 모금과 관련된 구제활동을 강조하였다.

제2절 중앙의 구제 조직과 의연금 모금

1. 경성과 인천지역의 의연금 모금

1923년 9월 1일 도쿄를 비롯하여 일본 관동지역 일대에 관동대지진이 발생하자 조선총독부에도 그 소식을 전달되었다.16) 그렇지만 조선총독부는 3·1운동이 일어난 지 불과 4년밖에 되지 않은 상황에서 무엇보다도 '조선인의 폭동설'에 대해 민감하게 반응하였다. 이는 '문화통치'로 비교적 안정화되어가는 상황에서 민족적 감정을 자극할 우려를 피하고 싶었던 것이다. 때문에 조선총독부는 일본에서 귀환하는 재일조선인을 영접하거나 문안하는 등 위무하는 조치를 보다 적극적으로 대응하였다. 뿐만 아니라 관동대지진으로 피해를 입은 이재민을 독자적으로 조사하여 유족들에게 1인당 1백 엔의 조의금을 지급하는 한편 지방관으로 하여금 유가족을 위무하도록 조치하였다.17)

- - - - -

16) 조선총독부에 관동대지진 소식이 전달된 것은 1923년 9월 1일 오후 6시 30분경 조선호텔 연회장이었다. 그러나 통신이 두절되어 더 이상 소식이 전달되지 않았다가 9월 3일 신문 보도를 통해 자세하게 알게 되었다고 한다(九山鶴吉, 『五十年とところどころ』, 講談社, 1934; 허광무, 『일본제국주의 구빈정책사 연구』, 선인, 201, 208쪽).
17) 강덕상, 『關東大震災』, 中公新書, 1975, 153쪽; 허광무, 앞의 책, 211쪽.

예나 지금이나 한해나 수해 등 큰 재해가 있으면 어김없이 구제활동이 자발적으로 전개되었다. 1923년 관동대지진이 일어났을 때도 일본에 거주하거나 동포들을 위한 구제활동이 전개되었다.

그런데 관동대지진이 일어나기에 앞서 1923년 8월 평안도와 황해도 등 서선지역에서 대규모의 수해가 일어나면서 이재민이 적지 않게 발생하였다. 이에 서선지역 수해에 대한 구제활동이 중앙뿐만 아니라 각지에서 활발하게 전개되고 있었다.[18] 때문에 관동대지진 구제활동은 서선지역 수해 구제활동에 비해 관심도 떨어졌고 성금액이 적었다. 그럼에도 불구하고 관동대지진 구제활동은 전국적으로 활발하게 전개되었다.

구제활동에 대한 관심은 관동대지진 보도 초기부터 동포들의 '안부여하'에 대한 우려에서 이미 비롯되었지만, 가장 먼저 관심을 갖고 대응한 것은 관동대지진이 보도된 지 불과 하루 뒤인 9월 4일이었다. 일본인이 많이 거주하고 있는 인천에서 관민 합동으로 '진재구제연구' 즉 구제활동에 대해 논의하였다.[19] 그 결과 인천부는 9월 4일부터 관민 합동으로 의연금을 모금하기로 하였다.[20]

이와 때를 같이 하여 京城府도 의연금 모금에 나섰다. 경성부는 『동아일보』에 「東京橫濱震災 義捐金 募集 趣旨書」를 광고하면서, 官 주도의 구제활동을 시작하였다. 경성부의 의연금 모집 취지서의 내용은 다음과 같다.

- - - - -

[18] 당시 서선수해는 평양 대동강의 범람으로 이재민이 1만 명에 달할 정도였다. 이에 천도교에서 1백 원 기부를 필두로 구제활동이 시작되었고, 평양과 서울에서 각각 수해구제회가 조직되어 조직적인 구제활동을 전개하였다.
[19] 『조선일보』 1923년 9월 5일자.
[20] 「인천에서도 의연금 모집」, 『매일신보』 1923년 9월 5일자; 「인천도 의연 모집」, 『조선일보』 1923년 9월 6일자.

아. 慘憺하다. 帝都의 災害, 慘憺하다. 橫港의 殃禍여, 天柱는 折하고 地維는 缺하여 大廈高樓는 炭爐에 歸하고 邸第園囿는 焦土로 化하고 父母가 죽어도 葬할 수 없고 子息이 傷하여도 求할 수 없으며 居處에 家屋이 無하여 飮食에 食糧이 無하여 繁繁히 荒墟에 彷徨하는 者 - 幾十萬人인지 其數를 不知로다. 참으로 이것이 現世의 修羅場이 아니고 무엇이뇨. 吾人은 멀리 山海를 隔하여 아득히 一報를 得할 때마다 其慘狀을 想見하고 懊惱痛苦로 高枕安息하며 好飮座食할 수 바이 없도다. 大抵 共存共榮은 人類의 大道요, 患難相救는 社會의 道義라. 어지 同胞된 者 - 晏然坐視할 바이리오. 하물며 我京城은 特히 天眷을 承하여 前에는 西鮮에의 水害가 없고 後에는 內地의 震災가 없이 家家團樂의 幸福을 享得함에 있으리오. 假令 衣服을 벗어주고 飮食을 나누어준들 어찌 足히 累라 할 바이리오. 玆에 京城府에서는 府費로 約 二萬圓을 支出할 計劃을 立하고 또한 府民 各位의 同情에 訴하여 義捐을 募集하여 二市에 增送하여써 아울러 救援의 一助를 하고자 합니다. 方今 일이 매우 急한지라 만일 空然히 遷迫하면 誠意가 效를 失하고 마침내 轍府를 枯魚의 肆에 見함과 如한 後悔를 不免할지라. 此를 아직 廣布치 아님에 不拘하고 自進하야 巨額을 提供하는 者 - 不少합니다. 願하건데 迅速敏活大奮하여 可能한 바를 모두 出捐하여서 博愛의 至情을 發揮하시기를.21)

• • • • •

21) 『동아일보』 1923년 9월 7일자. 이 취지서는 『매일신보』 9월 6일자에도 광고했는데, 내용이 조금 다르다. 『매일신보』에 게재된 내용은 다음과 같다.
"帝都地方에 在한 災害는 實로 千古未曾有의 慘事로 府民 一齊히 天의 一隅를 望하고 日夜苦慮痛心하여 마지않는 바이라. 抑博愛衆에 及함에 人類의 大道요 患難相救함은 社會의 通義라. 殊히 我京城府는 特히 天眷을 承하여 前에는 西鮮의 水害에 不遇하고 今에는 內地의 殃禍를 不蒙하고 家家繁榮의 樂을 享함을 得하여 彼를 懷하고 此를 思하면 此不幸한 同胞를 爲하여는 假令 衣를 解하고 食을 推하되, 何히 苦痛이라 謂하리오. 故로써 府는 玆에 府費로부터 約 二萬圓을 支出할 計劃을 立하고 尙히 府民 各位의 同情에 訴하여 大히 義捐을 募하여 此를 災害地方에 贈呈하여써 些小하나 救援의 一助됨이 있게 하랴 하는지라. 但 此事는 實로 焦眉의 急에 屬하여 若日을 遷延하면 誠意도 其效를 失하여 悔를 後日에 貽함에 至할지라. 府內에 義勇人士는 旣히 率先하여 出捐하는 者 不少한지라. 願하노니 速히 奮力하여 應分의 醵出을 爲하여써 博愛의 至情을 發揮하시압."

이 취지서는 '공존공영은 인류의 대도', '환난상구는 사회의 대도', '박애의 지정을 발휘'라는 명분으로 의연금을 모금하기로 하였다.

경성부는 9월 4일 비공식 협의를 한 결과 의연금으로 2만 원을 지출하기로 하고, 그 취지를 알리기 위해 앞에서 살펴본 '의연금 모금 취지서'를 배포 및 광고를 하였다. 이를 통해 경성부민의 참여를 유도했는데, 의연금은 2圓 이상으로 9월 30일까지 모금하였다.[22] 경성부는 모금액은 10만 원으로 정하고 매호마다 방문하여 사실상 반강제적으로 모금하기로 하였다.[23] 그렇지만 불과 10여 일 만인 9월 12일까지 15만 원,[24] 14일까지 20만 원[25]을 모금할 정도로 호응이 높았다.

이처럼 초기 인천부와 경성부가 의연금 모금에 적극적으로 나선 것은 식민지 조선인보다는 일본인의 피해를 먼저 우려했던 것으로 추정된다. 이러한 점은 관동대지진 직후 일본인을 중심으로 '동정금'을 기부하는 사례에서도 확인할 수 있다.[26] 뿐만 아니라 일본적십자사 및 애국부인회 조선본부 등 관변단체에서도 의연금 모금에 적극 참여하였다. 대표적인 친일 인물인 이완용은 2천 원을 기부하기도 한 바 있다.[27] 이는 '인류애'라는 명분을 적절하게 활용하였다고 보여진다.

이러한 분위기에 기독교가 동참하였다. 기독교인들은 9월 6일 종로중앙기독교청년회관에 모여 기도와 의연금 모금 등 구제활동을 협의하였다. 기

- - - - -

[22] 「京城府에서 義捐 募集」, 『조선일보』 1923년 9월 6일자.
[23] 「경성부민에 10만 원」, 『매일신보』 1923년 9월 9일자.
[24] 「15만 원 경성부의 모집」, 『매일신보』 1923년 9월 13일자.
[25] 「義金雲集」, 『매일신보』 1923년 9월 15일자.
[26] 「이재민을 위하여 본사에 동정금」, 『매일신보』 1923년 9월 4일자. 일본인 佐佐木香造 등은 동경대지진이 발행하였다는 신문보도를 보고 동정금으로 수백 원을 기부한 바 있다. 조선군사령부도 군량 식품을 일본으로 수송하기로 하였다.
[27] 「이완용후 2천원 기부」, 『매일신보』 1923년 9월 12일자.

독교인들은 "종족(種族)과 국계(國界)를 분별"치 아니하고 구제활동을 하기로 하고 모금한 의연금은 일본적십자본부 또는 일본에 조직되는 구제회에 전달하기로 하였다.28) 기독교의 이러한 조치는 종교적이라는 인도적 차원에서 전개한 것으로 보인다. 보천교도 간부인 이상호와 문정삼을 경무국장과 경기도청에 각가 보내 의연금 2백 원을 전달하기도 하였다.29)

이에 비해 또 다른 기록에는 기독교인들은 '진재구제회'를 개최하고 3개 항을 결의하였는데, 그 내용은 다음과 같다.

　　一. 유길 정무총감과 일본인 측 교회에 대표자가 가서 위문의 정을 표할 일.
　　二. 시내 각 예배당에서 각각 진재기도회를 열고 교도의 기부를 받아 경성부를 경유하여 재린민에게 보낼 일.
　　三. 지방에도 역시 일곱 명의 위원을 파견하여 제2항의 조건을 이행할 일.30)

기독교계는 일본에서 관동대지진으로 많은 이재민이 발생하자 아리요시 정무총감과 일본인 기독교계 대표를 찾아가서 위문할 것, 기도회를 개최할 것, 기부금을 모금할 것 등을 결의하였고 기부금은 경성부로 전달하기로 하였다.

이 두 기록은 같은 날 기독교계의 대응이지만 그 주체가 각각 다른 것으

・・・・・
28) 「기독교인의 구제협의」, 『조선일보』 1923년 9월 8일자. 구제 협의내용은 다음과 같다.
　　一. 이번 일본 이재민에 대하여 우리 기독교인은 종족(種族)과 국계(國界)를 분별치 아니하고 지성 동정할 일.
　　二. 각 교파에 교섭하여 교회마다 가급적으로 최근 한 주일을 구제일로 작하고 그날을 아지 인민을 위하여 기도도 하고 의연도 모집할 일.
　　三. 모집되는 금액은 일본적십자의 본부나 동경에 특별히 조직되는 구제회 본부에 보낼 일.
29) 「보천교도 미거」, 『매일신보』 923년 9월 11일자.
30) 「야소교의 진재구제회 기도회를 연다」, 『동아일보』 1923년 9월 8일자.

로 보인다. 전자는 조합교회 등 일본계 기독교, 후자는 조선인 중심의 기독교로 추정된다.[31]

그렇지만 본격적인 구제활동은 관동대지진이 일어난 지 5일 후인 9월 6일부터였다. 이미 8월 초부터 서선수해에 대한 구제회가 각 지역에서 조직되어 활동하기 있었기 때문에 관동대지진 구제활동은 크게 관심을 받지 못하였다.

이와 같은 상황에서 관동대지진 구제활동을 널리 알리고 확산시킨 것은 언론의 역할이 컸다. 우선 『동아일보』는 9월 6일 사설에 「遭難同胞를 懷함」이라는 사설에서 '동포야 구제하러 일어날지어다'라고 하여 전 국민적 구제활동을 촉구하였다.

> (전략) 東京에 在留하는 男女學生 二千餘人 中에 夏期休暇로 歸國하였다가 다행이 아직 本國에 있는 이도 있으나, 그것은 9월 10일 이후에 開學하는 專門學校 이상의 學生들 뿐이오. 그밖에는 9월 1일 이전에 이미 東京에 돌아갔을 것인즉, 이번 災變을 東京에서 당한 우리 留學生만 하여도 一千五六百 이상은 될 것이다. (중략)
> 東京, 橫濱에서 災難을 당한 英米人을 위하여서는 벌써 각기 本國에서 혹은 軍艦을 派遣하고 혹은 救濟品을 수송하였다 한즉 민간에서도 벌써 구제의 운동이 起하였을 것이다. 同族을 愛護하는 情誼는 마땅히 이러할 것이다.
> 동포여 이국에서 만고의 미증유하던 대재해를 당한 동포를 金之의 아들, 李之의 딸이라 하랴. 아니다. 우리 각 사람의 아들이요 딸이요 아우요 누이다. 국내에 있을 때에 더욱 그러하다. 同族을 愛護하는 情誼는 마땅히 이러 할지다. 이러한 수백만 生靈이 큰 災變을 당한 때에 소수의 제 동족의 구제만을 생각하는 우리의 심리를 狹하다 말라. 그

- - - - -

31) 전자는 경성 내의 기독교와 회중기독교의 주요 교역자들이 모여 결의한 내용이다(「기도와 의연으로 진재민 주제활동」, 『매일신보』 1923년 9월 8일자).

네에게는 큰 힘이 있거니와 우리에게는 힘이 없다. 우리 四五千의 遭難同胞를 구제하는 것도 우리 힘에는 비치는 일이다. 최후에 우리는 저 재난동포의 부모친족에게 懇曲한 위문의 人事를 드리고 그네의 사랑하는 자녀가 건재한 보도를 일각이라도 속히 그네에게 전할 수 있기를 빈다.32)

사설에 따르면, 영국과 미국 등에서는 자국민을 구제하기 위해 국가 또는 민간에서 활동하였을 것이므로, 우리도 당연히 구제를 해야 한다는 것이다.

『조선일보』는 이보다 5일 후인 9월 11일자 사설 「罹災한 在外同胞를 구제하라」를 통해 의연금 모금에 적극 참여할 것을 촉구하였다.33) 이에 앞서 조선일보는 하루 앞선 9월 10일 「急告」를 통해 의연금 모금을 전개하였다.34) 「급고」에 의하면, '凶濤에 生命을 犧牲'이라 하여, 조선인 학살에 대한 암시를 하고 있다. 그리고 의연금 모금의 구체적인 방법으로 모금기한은 9월 말일까지, 모금장소는 조선일보사 내, 의연금 처리방법은 도쿄지방이재조선인구제회에 위임키로 하였다.

- - - - -

32) 「재난동포를 회함」, 『동아일보』 1923년 9월 6일자.
33) 「罹災한 재외동포를 구제하라: 在內同胞의 同情을 促함」, 『조선일보』 1923년 9월 11일자.
34) 「急告」, 『조선일보』 1923년 9월 10일자. 急告의 내용은 다음과 같다.
   "今回 東京, 橫濱附近一帶에 未曾有한 震災를 인하여 다한 우리 동포가 烈焰과 凶濤에 生命을 희생할 뿐 아니라 불행히 浮萍같은 蹤迹으로 形影이 孤單한 그네들이 赤條條한 肉身으로 曠野에 徘徊하게 되었으니 그 慘酷한 情形과 恐怖한 事機를 想像하면 血이 繼하도록 淚를 揮할 바이며, 聲이 嘶하도록 哭할 바가 아닌가. 同胞이신 諸位가 誰라도 認悉하시는 바이지만은 現今 京濱一帶는 戒嚴令으로 因하여 個人의 出入을 絕對禁止하므로 旣往에 死亡한 者는 勿論이나 生存한 人의 習世野兵舍에 收容한 者 이외에도 모두 拘禁과 無異한 困境에 處하였으나 幾日後에 時局이 稍히 整頓될진대, 勞動同胞와 學生同胞를 勿問하고 다같이 難關을 脫出할 터이나 自今 事勢로 忖度하면 何日何時에 何人이 幾個나 飢餓에 泣하는지, 何人이 幾個나 死亡하는지 도무지 消息이 茫然하니, 우리가 그들을 救援하려 하여도 今日을 過하면 다음날에는 비록 黃金塔이 有하더라도 效用이 無할지라. 同胞諸位는 血誠과 親愛를 傾倒하여 隨力捐補하여 瀕死한 同胞를 救濟하시기를 懇望하나이다."

2. '조선인구제회'와 '의연금조성회' 조직과 활동

경성부 및 인천부, 그리고 두 언론사가 의연금 모금에 앞장서자, 경성에서는 유지들을 중심으로 도쿄진재의연금무금조성회(東京震災義捐金募金助成會, 이하 의연금조성회)와 도쿄지방이재조선인구제회(東京地方罹災朝鮮人救濟會, 이하 조선인구제회)가 각각 조직되었다.

먼저 의연금조성회는 9월 8일 오후 2시 종로기독교청년회관에서 박영효, 한상룡, 민대식 등이 중심이 되어 조직되었고, 기독교의 이상재 등 15명을 위원으로 선정하였다. 의연금조성회는 경성 시내 중산층 이상의 인사들에게 의연금 모금에 참여할 것을 권유하는 통지서를 보내 9월 말일까지 의연금을 모아 경성부에 전달하기로 하였다.[35] 의연금조성회에 대한 구체적인 활동은 없지만 9월 20일까지 9,363원 10전을 모금한 바 있다.[36]

의연금조성회 발기인은 윤치호 외 62명이었으며,[37] 위원장은 이상재, 위원은 한상룡, 유성준, 민대식, 신광묵, 채기두, 방지훈, 이진호, 김한규, 이상필, 유문O, 최진, 어윤적, 예종석, 원진상 등 14명으로 구성되었다.[38] 이들 발기인 또는 위원 중에는 이상재 등 민족주의계도 있지만 이완용, 예종석 등 친일인사도 적지 않게 참여하였다.

- - - - -

35) 「이재동포를 위하여 시내유지 분기」, 『동아일보』 1923년 9월 8일자; 「동경진재에 대하여 의연금 모금조성회, 시내 유지의 발기로 성립」, 『동아일보』 1923년 9월 10일자.
36) 「동경진재의연금 모금액」, 『조선일보』 1923년 9월 21일자.
37) 주요 발기인은 朴泳孝, 李軫鎬, 韓相龍, 俞星濬, 閔大植, 申廣興, 蔡在斗, 方之勳, 金愼圭, 李相弼, 崔麟, 魚允迪, 元眞常, 尹往席, 趙東洵, 韓相龍, 尹致昊, 張斗鉉, 韓寬哲, 尹泰秉, 張薰, 宋鎭禹, 白完赫, 李完用, 南宮熏, 白寅堅, 李夏榮, 嚴柱益, 朴承稷, 鎭, 方台榮, 趙鎭泰, 劉文O, 劉鈺, 崔奎東, 金漢圭, 閔泳瑞, 吳兢善, 金潤秀, 閔丙奭, 李重載, 金性洙, 柳秉載, 金溶洙, 芮宗錫, 朴熙道, 金性珪, 白瀅洙, 李範昇, 李庸徹, 姜仁澤, 姜大連, 金聖旭, 金永杰, 鄭民和, 尹寬憂, 劉鎭泰, 申龍麟, 朴炳哲, 申興雨, 朴性黙 등이다.
38) 「關東震災義捐金募集助成會의 ノ件」, 1923년 9월 8일자.

한편 조선인구제회는 의연금조성회와 마찬가지로 경성 유지 50여 명이 중심이 되어 9월 8일 천도교 중앙대교당에서 조직되었다. 조선인구제회 조직에 앞서 7일 오후 8시 천도교당에서 임시구제회 발기회를 개최한 바 있는데 조선일보와 동아일보의 언론계, 천도교와 보천교·기독교의 종교계, 청년연합회의 청년계, 조선인상조회 등의 사회단체, 휘문학교 등 교육계, 변호사 등에서 참여하였다.39) 임시발기회는 21명이 참여하였는데, 발기인당 4, 5명의 발기인을 추천하도록 함에 따라 다음날 8일에는 발기인이 92명으로 늘어났다. 조선인구제회는 사무실을 경운동 천도교중앙총부의 개벽사에 두는 한편 9월 말일까지 의연금을 모금하기로 하고 신문에 꾸준히 광고를 하였다.40) 모금액은 『조선일보』와 『동아일보』를 통해 공개되었다. 조선인구제회에 참여한 주요 인물은 다음과 같다.

발기인: 金圭源 외 91명
위원장: 俞星濬
위　원: 高元勳 李範昇 朴勝彬 張友植 洪泰賢 金炳喜 趙南駿 李潤載 李仁 宋鎭禹
상무위원: 辛泰嶽 崔麟 任政鎬
회　계: 張斗鉉41)

•••••

39) 「在東京罹災朝鮮人臨時救濟會發起會ノ件」, 1923년 9월 8일자. 임시발기회 참여인물은 조선일보의 김병○·홍덕유·김정국, 창문사자장 유성준, 보천교의 이순택·김윤수, 법학강습원 김달호, 기독교처연회의 이대위·정현모, 휘문교장 임경재, 소작인상조회 유병룡, 동아일보의 최원순·장평종, 청년연합회의 김철수·신태악, 경성도서관 이범승, 보성법률전문학교장 고원훈, 동아부인상회 심명섭, 변호사 김용무·이인, 천도교의 최린, 개벽사의 김기전 등 21명이었다.
40) 『동아일보』 1923년 9월 11일자.
41) 「東京地方罹災朝鮮人救濟會開催ノ件」, 1923년 9월 8일자; 「참화에 죽어가는 동포를 위하여 동경지방이재조선인구제회 성립」, 『동아일보』 1823년 9월 10일자; 「구제회의 구체적 조직」, 『조선일보』 1923년 9월 10일자.

조선인구제회의 발기인의 구성을 살펴보면 당시 경성 유지급 인사를 포함하여 종교단체, 사회사업단체의 대표들이 참여하였다. 주요 인물로는 기독교계의 이상재를 비롯하여 이대위·유성준 등, 천도교계는 최린을 비롯하여 이종린·김옥빈·김기전·방정환 등이, 불교계에서는 한용운 등이 참여하였다. 법조계에서는 이인·박승빈 등이, 유학생으로는 한위건을 비롯하여 이옥 등이, 사회주의계로는 김철수·허헌·여운홍 등이 참여하였다. 이외에도 친일 인물로 알려진 한상룡, 민대식, 원덕상 등도 참여하였다. 이런 점에서 볼 때 조선인구제회는 민족주의와 사회주의세력뿐만 아니라 이른바 친일세력까지도 참여한 범사회적 단체라고 할 수 있다.

조선인구제회가 조직되자 『동아일보』는 사설을 통해 "最善의 努力을 다하여 滿天下 同胞의 期待에 不負할 것을 確信하노라. 그러나 在內同胞는 一刻을 다투어 그 安危를 知코자 하며, 또 一萬有餘의 罹災同胞에 대하여 僅히 二千五百圓의 物資로서는 到底히 應急의 處置에도 酬應키 難할 것은 勿論이로다. 그럼으로 今番의 東京在留朝鮮人同胞救濟會가 發起케 되어 廣히 義捐의 募集에 着手케 되었으니, 赴急救難의 同胞感에 鑑하여 翕然한 同情과 集中이 되기"⁴²⁾를 바라면서, 조선인구제회의 활동이 잘 이루어지기를 기대하였다.

한편 조선인구제회는 발기인회에서 선출된 위원들을 중심으로 이끌어갔는데, 이들 중 유성준은 안동교회를 설립한 인물로 조선물산장려회, 민립대학설립기성회 등이 참여하고 있었다. 고원훈은 보성전문학교장, 조선체육회 이사장 등으로 활동 중이었고, 박승빈과 이인은 변호사였다. 송진우는 동아일보 사장, 최린은 천도교 중진으로 활동하는 등 저명한 인사들이 적지 않게 참여하였다.

・・・・・
42) 「동경지방이재동포구제회 발기: 구급의 의연모집」, 『동아일보』 1923년 9월 10일자.

조선인구제회는 9월 11일 위원회를 개최하고 구제활동을 보다 적극적으로 추진하기 위해 조선인유학생학우회에서 활동 중인 한위건과 이옥을 위원으로 추가 선정하는 한편 이날부터 의연금 모금을 착수하였다.[43] 한위건과 이옥을 추가 선정한 것은 이들이 일본유학생 신분으로 일본의 상황을 잘 알고 있을 뿐만 아니라 관동대지진의 현장을 직접 확인할 수 있었기 때문이다. 한위건은 관동대지진이 일어나자 도쿄로 돌아가 이재민 구호활동을 전개하였다. 조선인구제회는 이재동포를 위해 일차적으로 모금한 의연금 4천 원은 도쿄, 3백 원은 부산으로 각각 전달한 바 있다.

그런데 조선총독부는 종로경찰서를 통해 조선인만을 구제하기 위한 조선인구제회의 활동을 방해하였다. 이는 조선인과 일본인을 구별하지 않고 구제활동을 하는 의연금조성회 때문이었다. 의연금조성회가 이재민 구제를 내세워서 조선인과 일본인을 구별하지 않았지만, 구제회는 이재조선인 구제활동을 목적으로 했기 때문에 민족의식을 은연중에 고취시킨다고 보아서 구제회의 의연금 모금 활동을 금지시키고 해산까지 종용하였다.[44]

이와 같이 일제의 방해가 있자 조선인구제회는 우선 유성준, 박승빈, 이범승 3인을 교섭위원으로 선정하여 종로경찰서 당국과 교섭하기로 하였다.[45] 그 결과 조선인구제회는 기부금 모금을 할 수 있는 기부원은 취하하고 동정금만 받기로 하였다.[46] 즉 "기부금 신청은 중지하기로 함, 발기인 간에 동정금을 진력 출연하여 금월 20일 내로 수집할 것, 수익금의 다소를

- - - - -

[43] 「이재구제회 이원을 더 늘이고 의연금 수집 착수」, 『동아일보』 1923년 9월 12일자.
[44] 「조선인구제회는 해산? 조선인 구제를 따로 함이 불가타고」, 『조선일보』 1923년 9월 14일자. 당시 『조선일보』는 동경진재의연금모금조성회를 후원하였고, 『동아일보』는 동경지방 이재조선인구제회를 각각 후원하였다. 그래서 조성회의 의연금은 『조선일보』에, 구제회의 의연금 모금 상황은 『동아일보』에 게재되었다.
[45] 「구제회의 금후 방침」, 『조선일보』 1923년 9월 15일자.
[46] 「이재조선인구제회」, 『조선일보』 1923년 9월 17일자.

불구하고 최초의 목적을 실행하기로 함" 등 3개항을 결의하였다.[47] 이는 일반인을 대상으로는 의연금을 모금할 수 없고, 발기인끼리만 의연금을 모금할 수 있다는 것이다. 다만 자발적인 기부금은 모금할 수 있어 자발적 의연금은 환영하기로 하였다. 이에 따라 조선인구제회는 답지되는 의연금을 그때그때 『동아일보』에 게재하여 자발적 의연을 유도하였다.

이처럼 조선총독부는 관동대지진으로 인한 구제활동에서도 조선인을 위한 구제회의 활동을 방해하거나 탄압하였는데, 이는 일본에서의 조선인 학살에 대한 예민한 반응과 구제의연금 모금을 통해 민족의식을 다시 고양시키는 것을 최대한 막고자 하였다. 이는 4년 전에 전개되었던 범민족적 3·1운동과 같은 대규모의 시위를 막기 위한 것으로 풀이된다.[48] 뿐만 아니라 관동대지진 구제활동을 통해 '관민일치'를 통해 일선융화를 도모하고자 하였음을 알 수 있다. 이는 결국 식민지배의 일환으로 활용하고자 하였던 것이다.[49]

제3절 지방의 구제 조직과 의연금 모금

1. 중소 지방의 구제회 조직

관동대지진 당시 구제활동은 중앙뿐만 아니라 지방에서도 활발하게 전

・・・・・
[47] 「동경지방진재동포구제회는」, 『동아일보』 1923년 8월 18일자.
[48] 조선총독부 경무국, 「震災關係警戒取締に關する重要通牒」, 『朝鮮の反應』, 8쪽.
[49] 관동대지진이 발생하자 조선총독부는 3·1운동과 같은 대규모의 시위가 일어나지 않을까 적지 않게 우려하였다. 이로 인해 각지의 동향을 파악하는 데 주력하였다. 그리고 이를 식민지배정책에 적절하게 활용하였다. 이에 대해서는 다음 기회에 집중적으로 고찰해보고자 한다.

개되었다. 지방의 구제활동은 경성이나 인천 등 중앙보다는 늦었지만 중앙보다 더 다양한 방법으로 구제활동을 추진해나갔다. 경성과 인천을 제외한 지방에서 처음으로 관동대지진 구제활동을 전개한 곳은 대구였다. 당시 지방에서도 서선수해에 대한 구제활동이 전반적으로 이루어지고 있는 상황에서 대구지역에서는 9월 5일 공직자와 유지 등이 관동대재해대구원회를 조직하고 10일까지를 제1기로 정하고 町總代에게 통지하여 의연금을 모급하기로 하였다.[50] 대구지역의 구제활동은 공직자와 유지들이 중심이었다는 점에서 관 주도 형태의 구제활동이라고 할 수 있다.

이어 부산에서도 구제활동을 위해 부협회원, 학교조합의원, 은행회사 대표, 종교단체 대표 재향군인회 간부, 신문기자 등 150여 명이 모여 의연금 모집방법을 협의하였다. 협의한 내용은 부산부, 시상업회의소, 부산일보사, 조선시보사를 발기자로 하고 부산부청에 사무소를 둘 것, 50전 이상으로 의연금을 모집하되 1원 이상은 양 신문에 게재할 것, 모집기한은 9월 6일부터 15일까지 10일간으로 할 것, 의연금 처분은 내무대신에게 일임할 것, 모집방법은 각정 총대, 재향군인회에 위임할 것 등이었다.[51] 부산지역 역시 관 주도 형태의 구제활동을 하였음을 알 수 있다.

평양부에서도 50전 이상씩 의연금을 모집하였다.[52] 전주에서는 이보다 앞선 9월 4일 전북지사가 관민 유지 1백여 명을 소집하여 구제활동을 협의하고, 도내에서 현금 4만 원 이상 모집, 백미 1천 석 이상을 기부하기로 하였다. 그리고 의연금 모집은 주로 적십자사, 애국부인회, 재향군인회, 소방조, 수양단, 청년회 등이 담당하기로 하였다.[53]

• • • • •
50) 「대구에 구원회 조직」, 『동아일보』 1923년 9월 8일자.
51) 「부산의 진재의연」, 『매일신보』 1923년 9월 8일자.
52) 「평양부의 구제」, 『매일신보』 1923년 9월 9일자.
53) 「전주관민의 노력」, 『매일신보』 1923년 9월 9일; 「亥角지사 분망」, 『매일신보』 1923년

이처럼 대구와 부산, 평양, 전주 등 주요 도시에서 먼저 관 주도의 형태로 구제활동을 전개한 것은 이들 지역에 일본인이 많이 거주하였기 때문이었다. 이후 다른 지방에서도 구제회가 조직되거나 구제활동이 전개되었는데, 그 상황을 정리하면 〈표 22〉와 같다.

〈표 22〉 각지에 조직된 관동대지진 구제단체 및 구제활동 관련 현황

명칭/지역	주도계층	내용	비고
관동대재해대구구원회(대구)	공직자 및 유지	9월 10일까지 1기로 각정 총대에게 통지하여 의연금 모집	동아 1923.9.8
부산	부협의회원, 학교조합의원, 기타 관민 등 150명	의연금 모집 협의	매일 1923.9.8 조선 1923.9.9
전주	도지사, 관민 유지	의연금 4만 원 이상으로 백미 1천 석 이상 기부키로	매일 1923.9.9
대전	면장, 구장	의연금 15일까지 모집, 여학생도 동원	매일 1923.9.9
개성	군청, 지역유지	구제방침 협의	매일 1923.9.9
천안	천안청년회, 천안군청, 천안면사무소	위문품으로 의복, 모포류 모집 백제회사 지배인 송창한 40원 기부	조선 1923.9.10
동경이재동포구제회(영동)	영동야소교장로회, 영동청년회, 동아일보 영동분국	회원 1원 이상 의연, 9월 25일까지 모금	동아 1923.9.10
청주	면장	면당 2백 원 이상, 학생에게는 10전 이상 모금키로	매일 1923.9.10
일본유학생회(평양)	유학생 및 학부모 등	유학생 조사 구제	동아 1923.9.11
재동경마산인고학생구제회(마산)	유학생	의연금 모집, 구호원 파견	동아 1923.9.11
진재구제협의회(마산)	부협의원, 학교조합의원, 학교평의원 등 10여 명	구제금 5백 원 등 모금	동아 1923.9.11
동래	유지 60여 명	조선인, 일본인 측에서 의연금 모금, 9월 20일까지	조선 1923.9.11

• • • • •

9월 10일자.

진위	진위군청	구제금 모집	조선 1923.9.11
동경재류인천친족회(인천)	동경재류동포 친척	동정금 모금, 동아일보 위탁	동아 1923.9.12
재동경유학생조사회(평양)	학부모형	특파원 파견 동정	동아 1923.9.12
무주	군수, 면장 등 지역 유지	의연금 모금	조선 1923.9.12
재동경이재군산유학생구제회(군산)	군산학생학우회, 지역 단체 등	의연금 모금, 조사반/상무반 설치	조선 1923.9.12
부안	군청, 면장 등	2천 원 모금	동아 1923.9.12
신의주	부협의원, 최창조 등 유지	모집임원 조직	동아 1923.9.12
일본진재동포구제회(진주)	회장 박재호, 부회장 정상진 등	의연금 모금, 찬성회원 50원 이상, 특별회원 20원 이상, 정회원 5원 이상, 통상회원 1원 이상	동아 1923.9.13
전주	도지사 발기, 관민 50여 명 유지	4만 원 이상 모금키로	동아 1923.9.13
	전주청년회, 동경유학생	489원 모금	
동경진재상황조사회(창원)	창원유학생향우회/창원학우회	의연금 모금, 청원 출신 유학생 조사, 특파원 파견	조선 1923.9.13, 동아 1923.9.23, 조선 1923.10.1
구제협의회(예천)	군수 등	의연금 1,500원 이상 모금	조선 1923.9.13
재동경고창유학생이재구제회(고창)	고창청년회, 동아일보지국	9월 말까지 회비 1원 이상으로 의연금 모금	조선 1923.9.13
동경진재구제연주회(군산)	군산 각 단체	모금을 위한 연주회 개최, 군산 기생 참여	조선 1923.9.13
예산	조선 및 일본인 등 관민	2,500원 이상 모금키로	조선 1923.9.13
	예산청년회, 동아일보지국, 조선일보지국	224원 모금, 반액 진재, 반액 수해로 전달	동아 1923.10.9
재류동포이재구제연주회(목포)	기생	3일간 공연, 의연금 모금	조선 1923.9.13
재동경이재동포구급회(진해)	면장, 이장 등 유지	면민대회 개최, 의연금 모금, 특파원 손대권 김시영 선정	조선 1923.9.13, 동아 1923.9.14
진해	재향군인회, 청년회, 각종사원, 각구장 등 유지	의연금 2천 원 모금키로	조선 1923.9.13
	불교동지회, 진해청년회, 중초진성회	52원 34전 모금	동아 1923.10.13

光州	각 단체 대표, 유학생 학부모	동경파송위원 선정, 의연금 모금	동아 1923.9.14
관동지방진재구제회(평양)	위원장 박경석, 위원 김능원 손수경 한원한 황석환 박상조 백윤식 최재학 정규현 홍재기	의연금 모금	동아 1923.9.14
구제회(대구)	상업회의소 주최	14,146원 94전 모금	동아 1923.9.14
구제회(원산)	지역 유지, 상무위원 안정협, 위원 조중구 등	구제금품 모집, 위문원 파견	동아 1923.9.14
	사립 해성보통학교 소년단	음악회 개최 의연금 모금	동아 1923.9.23
光州	관민 1백여 명	9월 20일까지 의연금 4천 원 모금	동아 1923.9.14
동경지방진재선천구제회/일본관동진재구제회(선천)	관민 유지 30여 명	구역별 모금위원 선정, 각 구 담당 위원이 호별 방문하여 의연금 모금, 982원 모금	동아 1923.9.14. 조선 1923.9.14. 동아 1923.9.21. 조선 1923.9.22
동경이재동포구제회(삼랑진)	동아일보 지국	9월 25일까지 회원 1원 이상 모금 의연금 모집	동아 1923.9.14 동아 1923.10.8
일본진재구제회(안주)	관민 유지	동정금 모집위원 10인 성정, 20일까지 모금	조선 1923.9.14
진남포	부청, 상업회의소, 일본적십자회, 애국부인회 등 발기	9월 20일까지 의연금 모집, 3천여원 모금	조선 1923.9.14. 동아 1923.9.17
고창	관공리 및 지역 유지	의연금 모금 협의 3천 원 모금키로 4,024원 50전 모금	조선 1923.9.14. 동아 1923.9.20 조선 1923.9.26
안성	면장 발의	주민 737원 45전 모금 (주민 73,745명으로 평균 1전)	동아 1923.9.15
		10월 4일까지 조선인유지 128원 10전, 일본인유지 189원, 관공리 300원 17원	동아 1923.10.9
順天		유학생 조사위원 파송, 의연금 모금	조선 1923.9.15
재령	군수 발의, 유지 20여 명	의연방법 논의, 면별 의연금 할당 총 3,390원	조선 1923.9.15. 동아 1923.9.21
평강	유도천명회 지회	의연 취지서 작성, 면당 2명씩 모금 원 파송	조선 1923.9.15
연천	지역 유지	호별 방문으로 의연금 모금	조선 1923.9.15
부안	관공리, 지역 유지 100여 명	모금위원 수십 명 선정, 15일까지 의연금품 모집	조선 1923.9.15

		취지서 각 방면에 선전	조선 1923.9.15
예천	각 단체	관공리 거출 32원, 애국부인회 22원, 일본적십자 1,826원 55전(민간 측)	조선 1923.10.3
광주 송정리	군수, 면장	면장회의에서 의연 강조, 22일까지 모금	조선 1923.9.15
영미(박천)	애국부인회	13일부터 의연금 모금	동아 1923.9.17
동경이재조선인구제회(강경)	동아일보 및 조선일보 지국, 강경청년회	동정금 모금	조선 1923.9.16
고양(경기)	면민, 동척대표	1인 1원 이상 의연, 28일까지 모금	조선 1923.9.16
이원	일본유학생회	조사위원 파견키로, 동정금 모금위원 선정	동아 1923.9.18
군산	부청, 경찰서	일본인 측 15,108원, 중국 측 362원, 조선인 측	조선 1923.9.17
	보성예기조합(기생)	동정금 모집을 위한 연주회 개최	조선 1923.9.22. 동아 1923.9.23
		2만 원 예상에 19,133원과 5,177점 모집	조선 1923.10.3
철원	조선인 및 일본인 유지	일본인 측 1만 원, 조선인 측 1,500원 이상 모금키로	동아 1923.9.18
남원	관공리 및 지역 유지	조선인 4천 원, 일본인 1천 원 모금키로, 9월 20일까지	동아 1923.9.18
제주	島廳과 경찰서	1,200원 모금, 진재에 1천 원, 서선수해에 2백 원 기부	조선 1923.9.18
이천(강원)	지역유지, 조선일보지국 후원	서선수해와 함께 의연금 모집	조선 1923.9.18
안주		의연 물품 모집, 면장회의에서 동정금 모금 협의	동아 1923.9.19
연기	면사무소 주최, 진흥회 후원	서선수해와 함께 순회모금	동아 1923.9.19
	금남청년진목회	133원 구호금 송금	동아 1923.10.24
동서재해구원회(북청)	유지 일동	서선수해와 함께 동정금 모금	조선 1923.9.19
금산	군청	동정금 모금	조선 1923.9.19
갑산	군청	의연금 1,500원 20일까지 모금키로	조선 1923.9.19
정평	군청, 면협의회	매호당 50전씩 의연금 배당/부내면 풍교리에서 부당하다고 반발	동아 1923.9.20
박천	군수, 면장, 주재소장 등 50여 명	의연금 3,500원 모금키로 하고 면별로 배당, 25일까지 모금키로	동아 1923.9.20
담양	지역 유지	구제금 모금을 위한 연극 개최, 동정금 모금	동아 1923.9.20
초계(합천)	초계기독청년회	동정금 모금	동아 1923.9.20

송화	군수 등 유지 30여 명	의연금 모금	조선 1923.9.20
		9월 25일까지 3,646원 모금	동아 1923.10.3
			조선 1923.10.1
벽제(고양)	동척유민, 면내 유지	의연금 6백여 원 모금키로	조선 1923.9.20
남천(평산)	군청직원, 면장, 순사 등	배당된 6백여 원 모금	조선 1923.9.20
동경재류동포 및 서선이재민구제회(이원)	이원청년회연합회, 이원기독청년회연합회, 이원천도교청년회, 이원군상무회, 조선일보지국, 동아일보지국	10월 말일까지 의연금 모금	동아 1923.9.21
장연	은율군수 발기	동정금 모집	동아 1923.9.21
동진서해구제회(거창)	거창기독청년회, 거창청년회, 조선일보 및 동아일보 지국	동정금 모집, 집행위원 등 선정, 2백 원 모금	동아 1923.9.21. 조선 1923.9.21. 조선 1923.9.24
거창	군	총액 3,600원 모금	조선 1923.10.3
사리원		시내재산가 1천 원, 일본인 1천 원, 시외부호가와 회사 1천 원, 기타 일반 3천 원 총 6천 원 모금키로	조선 1923.9.21
아산	아산청년회, 조선일보지국	서선수해와 함께 의연금 모금	조선 1923.9.21
상주	상주예기조합(기생)	연주회 개최, 9월 26일 연주회 개최	조선 1923.9.22, 조선 1923.10.1
	관민 합동	2,596원 모금	조선 1923.9.24
장성	장성면 금천리수양회	위문대 120개	조선 1923.9.23
	노동공제회	동정금 모금	조선 1923.9.224
	관공리 및 일반인	관공리 봉급의 5%, 일반주민 의연 등 2천여 원 모금	조선 1923.9.25
	북이면 모현리 청년회	구제회 조직, 의연금 모금	동아 1923.9.30
제천	관민	의연금 1천 원	조선 1923.9.23
오산	오산공립보통학교 후원회	진재의연금 20원, 수해의연금 5원	조선 1923.9.23
신창(북청)	청년 10여 명	의연금 모집 집행위원 선정 한태율 외, 구제금 모금	조선 1923.9.23
		면에 324원 배당, 구제회 조직, 집행위원 선정, 6백 원 모집	동아 1923.10.3
여수	여수청년회, 여수소년회	4,812원 모금	동아 1923.9.23
		동정금 모금	동아 1923.10.4
구제회(은율)	야소교회, 은율상회, 동아일보지국	회금 1원 이상 모금, 25일까지 모금	동아 1923.9.24

은율		조선인 4,255원 98전, 일본인 629원 20전, 관공리 198원 90전, 적십자가 626원, 애국부인회 191원 24전/총 5,801원 32전	동아 1923.10.24
이재동포구제회 (포항)	송라청년회(송라면)	의연금 모금 순회위원 선정, 면별로 순회 모금	조선 1923.9.24
영변	관민합동	각 면당 1백 원 이상 모금 할당, 3,336원 모금 예상	조선 1923.9.25
울산	중남면 노동야학회연합회	17원 기부	조선 1923.9.27
금천	군수, 경찰서장	진재의연금 3,030원 15전, 수해의연금 5백 원 50전	조선 1923.9.27
숙천	군내 유지, 애국부인회	의연금 모금	동아 1923.9.27
개천	군청	각면 의연금 배정	동아 1923.9.27
개성		6,827원 25전 모금	조선 1923.9.28
정주	면장, 유력자 등 50여 명	면별 배당, 2천 원 모금키로	동아 1923.9.30
함안	군수, 면장	면장에게 위탁하여 9얼 22일까지 1천 원 모금	동아 1923.9.30
용문(안악)		동정금 1,206원 모금	동아 1923.10.1
마산		9월 28일 모금 마감, 7,377원 모금	동아 1923.10.3
경주	면협의회	4,733원 83전 모금	동아 1923.10.5
맹산	면장, 유생회	3,300원 모금	동아 1923.10.5
광양	일본인	300원 모금	조선 1923.10.5
모도(인천)	모도소년회	20원 30전 모금	동아 1923.10.9
목포		1차 19,165원, 후속 360원 23전 추가 모금	동아 1923.10.9
창녕		각면에 배당, 1,399원 85전, 758인 참여	동아 1923.10.11
인천		1차 35,000원 모금, 223원 70전 추가 모금	조선 1923.10.7
신막	지역 유지	10월 4일부터 소인극	조선 1923.10.9
진해			
괴산	군수, 면장	면별 배정, 4,605원 모금	동아 1923.10.14
영주	시천교종무원	동정금 10원 모금	조선 1923.10.14
아산		286원 모금	조선 1923.10.16
보성	면장, 유지	510원 모금	조선 1923.10.18
능주	능주청년회	모금 연주회 개최, 78원 96전 모금	동아 1923.10.15
태천		1,539원 30전 모금	동아 1923.10.16
평양		16,538원 78전 모금	동아 1923.10.17
원산		767원 35전 모금	동아 1923.10.19
강경	금강관 요리점 예기 (기생)	모금을 위한 순회공연	동아 1923.10.23
해주		12,480여 원 모금	동아 1923.10.29

2. 지방 의연금 모금 활동과 특성

〈표 22〉에 따르면, 관동대지진 발생으로 각지에서 구제활동이 이루어졌음을 알 수 있다. 이들 구제활동을 살펴보면 다음의 특징을 확인할 수 있다.

첫째는 지방의 구제의연금 역시 주로 관 주도 형태였다는 점이다. 식민정책을 충실히 수행하는 부윤이나 군수 등 지방 관리들은 관동대지진을 '일선융화의 장'으로 삼으려고 하였다. 특히 면장회의에서 일본인과 조선인을 구별하지 말고 의연금을 모아 전달하자는 것을 강조하였다. 그리고 의연금 모금을 '인류애'로 포장하고자 하였다.[54] 뿐만 아니라 지방의 의연금 모금은 대부분이 '관민일치'를 대의명분으로 내걸었다. 충북의 경우 청주군에서는 군수·경찰서장·군내 유력자, 청주면은 관민유력자, 각군은 군수·관청의 장·민간유력자를 도쿄지방진재의연금 모집 발기인으로 참여하도록 지시하였다. 이에 따라 충북은 박중양 도지사를 비롯하여 유력 일본인과 조선인이 발기인으로 참여하였다.[55] 이와 같은 관 주도 형태의 도뿐만 아니라 군, 면에까지 영향을 미쳤다. 강경면은 면장과 유지들이 동경진재 및 서선수해구제회를 조직하고 의연금과 위문품을 모집하였다.[56] 이 외에도 관변단체인 애국부인회, 재향군인회, 조방조 등이 구제활동에 동원되었다. 이와 같은 관과 관변단체 주도로 전개되는 구제활동은 『매일신보』에서는 "內鮮官民協力",[57] "相愛相救",[58] "上下官民"[59]이라고 보도하는 등

・・・・・
54) 「동경진재 구제금」, 『조선일보』 1923년 9월 21일자.
55) 「인류의 당연한 의무」, 『매일신보』 1923년 9월 10일자.
56) 「유지 일동의 발기」, 『매일신보』 1923년 9월 11일자.
57) 「내선관민협력」, 『매일신보』 1923년 9월 13일자.
58) 「무안 의연 모집」, 『매일신보』 1923년 9월 15일자.

'일선융화'를 도모하고자 하였다.

둘째, 관 주도의 모금은 면 단위로 의연금을 배정하였다는 점이다. 예를 들어 박천군은 3천 5백 원을 모금하기로 하고 박천면은 550원, 동면과 서면, 청룡면은 4백 원, 가동면과 용계면은 3백 원, 덕안면·북면·가산면은 250원, 남면·가남면은 2백 원씩 각각 할당하였다.[60] 또 남원의 경우처럼 조선인 측은 4천 원, 일본인 측은 1천 원으로 나누어 모금액을 할당하기도 하였다.[61] 북청군 신창면은 면에 배당된 모금액은 324원이었지만 청년들이 구제회를 조직하고 집행위원을 선정하는 등 활동으로 6백 원의 의연금을 모으기도 하였다.[62]

이처럼 관 주도로 하다 보니 적지 않은 문제점이 발생하기도 하였다. 여수에서는 학생들에게도 의연금을 부과했는데, 서선수해 의연금은 거두지 않고 관동대지진 의연금만 모금한다고 부당함을 지적하기도 하였다.[63] 하동에서는 의연금을 적게 낸다고 얼굴을 때리거나 발로 차기도 하였다.[64] 고양군에서는 자신에게 부과된 동정금 30원이 많다고 진정하였다가 면장으로부터 면박을 받고 5일간 구류에 처해지기도 하였다.[65] 이러한 것은 자발적인 것보다는 할당을 함에 따른 부작용으로 나타난 현상이었다. 특히 여수 학생의 경우에는 서선수해와 관동대지진이라는 비교를 통한 민족의식이 밑바탕에 있었다고 보여 진다.

・・・・・

[59] 「상하관민의 활동」, 『매일신보』 1923년 9월 20일자.
[60] 「재해구제협의회」, 『동아일보』 1923년 9월 20일자.
[61] 「진재의연금 모집」, 『동아일보』 1923년 9월 18일자.
[62] 「신창의 구제금 모집」, 『동아일보』 1923년 10월 3일자. 신창의 의연금 모금은 서선수해 의연금과 함께 모집하였다.
[63] 「진재동정만은 偏僻된다고」, 『동아일보』 1923년 9월 26일자.
[64] 「진재의연을 적게 한다고」, 『조선일보』 1923년 9월 28일자.
[65] 「간난을 진정하다가 구류」, 『조선일보』 1923년 10월 6일자.

셋째, 관 주도가 아닌 자발적인 의연금 모금도 적지 않았다는 점이다. 영동군의 영동기독교장로회와 영동청년회는 회원은 1원 이상 의연하기로 하였고,66) 고창청년회도 9월 말일까지 회원은 1원 이상 의연하기로 하였다.67) 이들 청년회는 신문지상에 광고까지 하면서 적극적으로 모금 활동을 하였다. 뿐만 아니라 기생들도 관동대지진 의연금 모금에 참여하는 사례도 없지 않았다. 군산의 보성예기조합은 9월 16일과 17일 조선일보지국의 후원으로 군산좌에서 도쿄진재구제연주회를 개최한 바 있고,68) 상주예기조합은 9월 26일부터 5일간 상주 시내를 순회하면서 공연을 하면서 의연금을 모금하였다.69) 강경에서도 금강관의 기생들이 연극단을 만들어 논산과 공주 일대를 순회공연하면서 의연금을 모금하기도 하였다.70) 의연금 모금에는 이처럼 관공서나 사회단체뿐만 아니라 개인적으로 참여하는 사례도 있었다. 함안군의 조봉규는 서울에서 개최하는 부업공진회에 참가하려고 하였으나 이를 취소하고 경비 33원 중 20원을 관동대지진 의연금으로 기부하였다.71) 이처럼 자발적인 구제활동은 주로 청년단체, 언론사 지국 등으로 조선인 중심으로 전개되었다는 특징을 보여주고 있다.

넷째, 관동대지진 구제활동은 관 주도였든 자발적 주도였든 '거국적'으로 이루어졌다는 점이다. 수해나 한해 등 이재민을 위한 대부분의 구제활동이 그러하듯이 관동대지진 구제활동도 전군(全郡), 전면(全面) 지역의 주민들이 참여하였다. 관 주도의 경우 반강제적으로 참여할 수밖에 없는 점도 있

· · · · ·

66) 『동아일보』 1923년 9월 10일자.
67) 『동아일보』 1923년 9월 14일자.
68) 「구제 연주 후보」, 『조선일보』 1923년 9월 22일자.
69) 「상주에 구제연주회」, 『조선일보』 1923년 10월 1일자.
70) 「구제연극단래공」, 『동아일보』 1923년 10월 23일자.
71) 「관광 여비로 동정」, 『동아일보』 1923년 9월 28일자.

지만 자발적인 참여도 적지 않았다. 특히 면 단위로 할당한 의연금은 가구당 배정하였기 때문에 누구든 참여할 수밖에 없는 상황이었다. 이로 인한 부작용도 앞에서 언급하였듯이 적지 않았음을 알 수 있다.

다섯째, 조선인과 일본인이 별도로 의연금을 모집하였다는 점이다. 구제활동의 주체가 어디냐에 따라 이러한 모습은 확연하게 나타났다. 비록 관 주도로 의연금을 모집하였다 하더라도 대부분은 조선인과 일본인을 구별하여 의연금을 배당하였다. 대부분 지방에서는 조선인이 많았기 때문에 조선인에 대한 모금액이 많았다. 함평군의 경우 조선인 측은 함평청년회와 신문사 지국에서, 일본인 측은 학교조합에서 각각 모금하였다.[72] 개성군 송도면은 조선인 측은 4천 원, 일본인 측은 1천 원을 각각 모금하기로 하였다.[73]

여섯째, 구제활동 참여계층이 다양하였다는 점이다. 구제활동의 참여는 경성부와 인천부, 그리고 군청, 면사무소 등과 같은 관공서로부터 면협의회, 애국부인회, 재향군인회, 소방조 등 친일적 관변단체, 청년단체, 종교단체, 사회단체, 언론기관, 지역 유지 등이 참여하였다. 함흥의 경우 의연금과 위문품을 적십자사 함흥지부, 애국부인회 함흥지부, 함흥면, 함남신문사, 소방조, 불교회, 함흥청년회, 함흥여자청년회, 함흥메소지스트부인회, 함흥기독교청년회, 함흥기독교여자청년회 등 11개 단체가 참여하였다.[74] 함남 이원도 이원청년회연합회, 이원기독청년연합회, 이원천도교청년회, 이원군상무회, 조선일보지국, 동아일보지국 등 참가한 사회단체가 다양하였다.[75] 전남 광주도 군청 직원, 면사무소 직원, 학교조합 의원, 각 신문사

• • • • •
[72] 「오군수의 진력」, 『매일신보』 1923년 9월 11일자.
[73] 「송도면의 진력」, 『매일신보』 1923년 9월 12일자.
[74] 「각 대표자의 집합」, 『매일신보』 1923년 9월 12일자.
[75] 「동경진재동포 급 서선이재민 구제회」, 『동아일보』 1923년 10월 30일자.

사원, 재향군인회, 소방조, 청년회, 노동공제회, 적십자사, 애국부인회, 도평의원, 학교평의원, 면협의원, 구장정 총대, 보통학교 학무위원, 시내 유지 등이 참여할 정도로 다양한 계층으로 구성되었다.[76] 학생들도 참여한 사례가 적지 않았는데, 경성여자고등학보통학교 여학생 3백여 명은 기증할 의복을 만들어 제공하기도 하였다.[77] 뿐만 아니라 해주에서는 형무소에 복역 중이던 수인(囚人)들이 자신들이 가지고 있던 돈을 구제의연금으로 기부하기도 하였다.[78]

한편 의연금은 일반적으로 9월 20일을 전후하여 9월 말일까지 모금하였다. 9월 이후에도 계속해서 모금한 곳도 없지 않았는데, 이원지역의 사회단체는 10월 말일까지 모금하였다.[79] 조선야소교장로회 수재진재구제부는 1924년 3월까지 모금한 1,432원 61전 중 320원을 일본 내무성 부흥국에 전달한 바 있다.[80]

이상으로 관동대지진 당시 국내의 구제활동에 대하여 살펴보았다. 관동대지진은 식민지 모국 일본에서 발생하였지만 국내에도 적지 않은 영향을 미쳤다. 조선총독부에서는 조선인 학살이라는 전대미문의 사건이 일어남에 따라 3·1운동과 같은 대규모의 민중봉기가 일어날 것을 염려하였다. 조선총독부는 민족 간 갈등을 최소화하고자 하였다. 때문에 조선총독부는 관 주도 아래 구제활동을 적극적으로 추진하였다. 이에 따라 경성부는 의연금 모금 취지를 각 신문에 광고를 하는 한편 '博愛의 至情을 發揮'할 것을 호소하였다.

- - - - -

[76] 「각 단체 총 궐기」, 『매일신보』 1923년 9월 13일자.
[77] 「기증의복을 재봉」, 『매일신보』 1923년 9월 13일자.
[78] 「해주의 진재 의연」, 『매일신보』 923년 9월 19일자.
[79] 「동경진재동포급서선이재민구제회」, 『동아일보』 1923년 10월 30일자.
[80] 「수진재 동정금」, 『동아일보』 1924년 4월 8일자.

경성여자고등보통학교 여학생들이 의복을 만들어 위문품으로 전달하였다
(『매일신보』 1923년 9월 12일자)

　경성부의 의연금 모금으로 시작된 구제활동은 언론을 통해 중앙과 지방으로 확산되었다. 중앙인 경성에서는 의연금조성회와 조선인구제회가 각각 조직되었다. 조성회는 조선인과 일본인을 구분하지 않았지만 구제회는 조선인만을 위해 의연금을 모금하였기 때문에 일제로부터 적지 않은 방해와 탄압을 받았다. 이는 식민지 조선인이 구제활동도 간섭과 통제를 통해 분열시키고자 하는 의도가 엿보이고 있다. 이 두 조직의 구성원은 상당히 겹치고 있지만 각각 꾸준히 의연금 모금을 전개하였고, 모금된 구제의연금을 신문 지상을 통해 공표하여 일반인의 참여를 적극 유도하였다.
　중앙의 구제활동은 지방으로 확산되었는데, 일본인이 많이 거주하는 대구, 부산, 마산 등지에서 먼저 구제활동이 시작되었다. 이후 전국적으로 의연금 모금이 확대되었다. 지방의 의연금 모금의 구제활동은 첫째 지방의 구제의연금 역시 주로 관주도 형태였다는 점, 둘째 관주도의 모금은 면 단위로 의연금을 배정하였다는 점, 셋째 자발적인 의연금 모금도 적지 않았다는 점, 넷째 관동대지진 구제활동은 거국적으로 이루어졌다는 점, 다섯째 조선인과 일본인이 별도로 의연금을 모집하였다는 점, 여섯째는 구제활동 참여계층이 다양하였다는 점 등이 특징이라고 할 수 있다.

국내의 관동대지진 구제활동은 다른 수해나 한해 등의 구제활동과는 달리 인도적 차원보다는 식민지배정책의 일환으로 적지 않게 이용되었다는 점이다. 조선총독부는 관동대지진 구제의연음을 모금하는 과정에서 '관민일치'를 내세웠지만 이는 '일선융화'라는 통치이념을 그대로 보여준 것이라 할 수 있다. 그러한 가운데서도 적지 않은 지역에서 청년단체나 언론기관 등이 자발적으로 전개한 구제활동은 인도적인 점도 있었겠지만 식민지 모국에서 차별받고 있는 동포들의 현실을 반영한 민족주의적인 성격이 담겨져 있다고 판단된다.

제5장

결 론

제5장

결론

 관동대지진은 비록 식민지 모국 일본에서 일어났지만 당시 식민지 조선도 그 영향에서 벗어날 수가 없었다. 관동대지진이 일어난 직후부터 재일조선인은 '적국의 국민'이었다. 재일조선인의 폭동설과 각종 유언비어가 난무하면서 피난민으로서가 아니라 적대적 감정으로 학살이라는 만행이 자행되었다. 이와 같은 상황에서 재일조선인은 안전이 무엇보다도 중요하였다. 때문에 식민지 조선의 언론인『동아일보』,『조선일보』,『매일신보』는 경쟁적으로 관동대지진 현지의 상황과 재일조선인에 대한 기사를 제공하였다.

 관동대지진 이후 재일조선인에 대한 기사는 9월 3일부터 10월 9일까지 게재되었다. 이들 기사는 크게 네 가지로 분류할 수 있다. 첫째는 재일조선인의 폭동설이라는 '유언비어'에 대한 기사이다. 재일조선인 폭동설은 관동대지진이 일어난 다음날인 9월 2일부터 유포되었다. 이 폭동설에 대해 국내 언론에도 초기에 많이 기사화되었는데, 주로 일본 정책 책임자 즉 야마모토(山本) 수상, 후쿠다(福田) 계엄사령관, 마루야마(丸山) 경무국장 등의 담화들이다. 이들 담화는 재일조선인 폭동을 일으키는 것처럼 일본 정부에 의해 왜곡된 기사가 많았다. 관동대지진으로 민심이 흉흉한 틈을 타 재일조선인이 폭동을 일으키거나 일부이지만 실제 일어났으며 이로 인해 조선인과 일본인과의 적대적 관계로 만들었다. 나아가 제국일본의 식민통치론인 '일선융화'에도 적지 않은 영향을 미치며 뿐만 아니라 재일조선인의 폭동은 '전 인류의 소외'라는 반인류적 행동이라고 부추기기까지 하였다. 그러나 점차 시간이 지남에 따라 폭동설과 유언비어는 사실이 아님이 밝혀졌지만 그래도 일부에서는 '불령선인'으로 조선인과 일본인의 감정이 없지 않았음을 강조하고 있다.

둘째는 재일조선인 학살에 대한 기사이다. 그러나 일본과 마찬가지로 식민지 조선의 언론은 실제적으로 재일조선인 학살과 관련되어 구체적으로 기사화되지 못하였다. 이는 조선총독부의 언론통제 때문이었다. 때문에 관동대지진 당시 자행된 재일조선인 학살은 '학살'이라는 표현이 아닌 '참화' 또는 'ㅇㅇ'이라고 하였다. 기사에서는 '학살'이라고 표기는 할 수 없었지만 재일조선인이 일본에서 학살을 당하고 있음을 암시하였음을 알 수 있다.

셋째는 유학생을 비롯하여 재일조선인이 안전하게 보호를 받고 있다는 기사이다. 재일조선인의 폭동설, 유언비어 등으로 재일조선인과 일본인의 감정이 격화되고 있지만, 일본정부는 재일조선인을 안전하게 보호하고 구제를 하는 것이다. 이러한 내용의 기사는 앞서 언급한 폭동설이나 학살과 관련된 기사보다 그 게재량이 훨씬 많다는 점이다. 이와 같은 기사는 『동아일보』나 『조선일보』보다 조선총독부 기관지인 『매일신보』가 보다 많이 게재하였다. 그리고 이와 같은 기사의 주체는 수상, 계엄사령관 등 식민통치 담당자들의 말을 대변하고 있다는 점이다. 이는 '내선융화'라는 식민지배 기조에서 그대로 유지하기 위한 방편이라고 할 수 있다.

넷째는 재일조선인의 안부와 관련된 내용이다. 관동대지진이 일어나자 무엇보다도 가장 위급한 것은 재일조선인의 생사여부 즉 안부였다. 때문에 이와 관련된 기사를 가장 많이 할애하였다. 유학생대회, 유학생친족회 등 중앙뿐만 아니라 지방에서도 일본 유학생이 있는 곳이면 재일조선인의 안부를 특파원을 파견하여 생사를 확인하고자 하였다. 이에 조선총독부는 생존 재일조선인을 파악하여 제공하였고 이를 각 언론에서는 게재하였다. 그리고 각 언론사는 특파원을 파견하여 독자적으로 재일조선인을 생존 여부를 확인하여 보도하였다.

한편 관동대지진 이후 재일조선인의 귀환도 적지 않았다. 그러나 일본 정부의 귀환 제한으로 인해 적지 않은 어려움이 따랐다. 9월 7일 한승인과 이주성의 첫 귀환으로 시작된 재일조선인의 귀환은 10월까지 이어졌으며, 2만 5천 명에 달하였다. 이는 단일 시기 해방 전 가장 많은 재일조선인이 귀향한 것이다. 관동대지진으로 일본으로의 도항 역시 철저하게 통제되었다. 9월 5일부터 제한된 도항은 10월 초순 관공리, 유학생, 일부 상인에게 제한적으로 허용되었지만 여전히 통제되었다. 이후 1년이 지난 1924년 6월에 가서야 전면적으로 도항이 해제되었다.

관동대지진이 일어나자 일본 정부는 재일조선인을 통제하였다. 재일조선인은 '보호'라는 명문으로 임시수용소를 만들어 강제로 수용되었으며, 이를 안전하다고 기사화하였다. 그러나 이러한 보호조치는 '내선융화'라는 식민통치의 일환으로 추진되었던 것이다. 뿐만 아니라 관동대지진으로 인한 귀환과 도항마저도 식민통치의 일환으로 활용하였다고 할 수 있다.

한편『독립신문』의 관동대지진과 관련된 기사는 국내에서 발행된『동아일보』,『조선일보』,『매일신보』보다 훨씬 그 게재 수에 비해 미치지 못하고 있다. 그렇지만『독립신문』은 국내의 신문보다 재일조선인 학살에 대해서는 보다 많은 기사를 할애하였다. 기사의 내용도 재일조선인 학살만 보도한 것이 아니라 이를 통해 민족적 감정과 민족운동의 투쟁심을 좀 더 고취시키고자 하였다. 때문에 『독립신문』은 관동대지진으로 위기에 처한 일본을 인도적으로 인식하기보다는 '적지' 또는 '적국'이라고 하여 투쟁의 대상으로 인식하였다. 이를 계기로 식민지에서 벗어나 독립을 향한 적기의 기회로 보았다. 관동대지진의 지역에서 일어난 재일조선인의 활동을 '독립운동'으로 인식하고자 하였다고 할 수 있다. 그러나 무엇보다도 『독립신문』에 게재된 바 있는 학살당한 재일조선인 수는 그동안 많은 연구자에게 중요한 자료로 제시되었고, 앞으로도 많은 과제를 남기고 있다.

뿐만 아니라 재일조선인 학살을 식민지 조선뿐만 아니라 전 세계에 알리고자 노력하였다. 일본 정부에 제출한 재일조선인 학살 항의서가 대표적이라 할 수 있다. 그럼에도 불구하고 『독립신문』에 보도된 관동대지진 관련 기사는 식민지 조선에는 전달되지 못하였다.

관동대지진은 식민지 모국 일본에서 발생하였지만 국내에도 적지 않은 영향을 미쳤다. 조선총독부에서는 조선인 학살이라는 전대미문의 사건이 일어남에 따라 3·1운동과 같은 대규모의 민중봉기가 일어날 것을 염려하였다. 조선총독부는 민족 간 갈등을 최소화하고자 하였다. 때문에 조선총독부는 관 주도 아래 구제활동을 적극적으로 추진하였다. 이에 따라 경성부는 의연금 모금 취지를 각 신문에 광고를 하는 한편 '박애의 지정을 발휘'할 것을 호소하였다.

경성부의 의연금 모금으로 시작된 구제활동은 언론을 통해 중앙과 지방으로 확산되었다. 중앙인 경성에서는 의연금조성회와 조선인구제회가 각각 조직되었다. 조성회는 조선인과 일본인을 구분하지 않았지만 구제회는 조선인만을 위해 의연금을 모금하였기 때문에 일제로부터 적지 않은 방해와 탄압을 받았다. 이는 식민지 조선인이 구제활동도 간섭과 통제를 통해 분열시키고자 하는 의도가 엿보이고 있다. 이 두 조직의 구성원은 상당히 겹치고 있지만 각각 꾸준히 의연금 모금을 전개하였고, 모금된 구제의연금을 신문 지상을 통해 공표하여 일반인의 참여를 적극 유도하였다.

경성과 인천 등 중앙에서의 구제활동은 지방으로 확산되었는데, 일본인이 많이 거주하는 대구, 부산, 마산 등지에서 먼저 구제활동이 시작되었다. 이후 전국적으로 의연금 모금이 확대되었다. 지방의 의연금 모금의 구제활동은 첫째 지방의 구제의연금 역시 주로 관주도 형태였다는 점, 둘째 관주도의 모금은 면 단위로 의연금을 배정하였다는 점, 셋째 자발적인 의연금 모금도 적지 않았다는 점, 넷째 관동대지진 구제활동은 거국적으로 이루어졌다는 점, 다섯째 조선인과 일본인이 별도로 의연금을 모집하였다는 점, 여섯째는 구제활동 참여계층이 다양하였다는 점 등이 특징이라고 할 수 있다.

식민지 조선의 관동대지진 구제활동은 다른 수해나 한해 등의 구제활동과는 달리 인도적 차원보다는 식민지배정책의 일환으로 적지 않게 이용되었다는 점이다. 조선총독부는 관동대지진 구제의연금을 모금하는 과정에서 '관민일치'를 내세웠지만, 이는 '일선융화'라는 통치이념을 그대로 보여준 것이라 할 수 있다. 그러한 가운데서도 적지 않은 지역에서 청년단체나 언론기관 등이 자발적으로 전개한 구제활동은 인도적인 점도 있었겠지만 식민지 모국에서 차별받고 있는 동포들의 현실을 반영한 민족주의적인 성격이 담겨져 있음을 확인할 수 있다.

관동대지진은 1923년 당시에는 국내에서 구제활동과 추모행사 등 많은 관심을 가졌지만, 1년 후인 1924년부터는 사실상 잊힌 사건이었다. 이러한 점은 식민지 모국과 달리 민족의식을 고취시킬 수 있다는 인식 아래 조선총독부의 철저한 통제에서 비롯되었다고 할 수 있다. 또한 관 중심의 구제활동은 인류애라는 보편적 사랑을 명분으로 내세웠지만 실제적으로는 일선융화를 바탕에 둔 식민지배정책의 일환으로 추진되었다고 할 수 있다.

이제 관동대지진 100년을 앞두고 있어 보다 연구의 심화가 이루어져야 하지 않을까 한다. 관동대지진 당시 재일조선인 학살은 도쿄, 요코하마, 치바, 사이타마, 군마 등 광범위한 지역에서 자행되었다. 각 지역별 연구는 도쿄의 경우 강덕상에 의해 많은 연구성과를 축적되어 왔고, 요코하마의 경우는 이마이 세이치(今井淸一)를 중심으로 활발하게 이루어졌다. 사이타마와 군마의 경우는 야마다 쇼지(山田 昭次)를 중심으로, 그리고 치바의 경우는 최근 중견 연구자로서 활발하게 활동하고 있는 다나카 마사타카(田中正敬)를 중심으로 이루어고 있다.

이외에도 각 지역 시민단체에 의한 자료조사와 그와 병행된 현장답사, 목격 및 경험자 발굴, 증언 채록 등이 1970년대 이후 진행되어 많은 성과물이 축적되어 있다. 이러한 지역별 학살 특징을 살피는 것은 학살의 흐름을 보여주는 것이기도 하고, 재일조선인 학살을 총체적으로 정리하는 데 기본 자료가 되기 때문에 매우 중요한 연구방법이다.

그러나 관련 자료에 대한 분석과 각 지역별로 축적된 선행연구, 조사 결과물의 비교, 분석, 정리를 통해 각 지역에 있어서의 조선인 학살의 특징과 구체적인 실상을 찾아내는 것은 간단한 일이 아니다. 앞으로도 꾸준히 지속되어야 할 뿐만 아니라 한국의 연구자와 시민운동가들의 활동도 매우 중요하다.

재일조선인 학살 관련자 공판기록에 의하면, 9월 1일 단계에서 유언비어가 발생한 사실이 확인되고, 이를 확산하는 데 가장 앞장 선 곳은 내무성 등 일본 정부 기관이었다. 또 각 지역에 따라 경찰이 재일조선인에 대한 경계를 적극적으로 선동하기도 하였다. 일본 정부는 관동대지진 발생 직후 유언비어 전파와 더불어 군으로 하여금 치안유지 목적의 치안을 담당하게 하였다. 이어 9월 2일 오후 6시에는 도쿄부와 그 주변 지역에 계엄령을 선포하였고, 3일에는 도쿄부와 가나가와현, 4일에는 치바현과 사이타마현에까지 확대하였다. 그리고 계엄령 하에서 군와 경찰, 지역 주민에 의한 재일조선인 학살이 발생하였다. 이로 볼 때 재일조선인 학살은 일본 군·경·민에 동시다발적으로 참여하였다는 것과 직업이나 남녀노소를 묻지 않고 무차별적으로 학살이 자행되었다는 특징을 지니고 있는 '제노사이드'라고 할 수 있다.

가장 많은 인적, 물적 피해가 있었던 도쿄와 요코하마의 경우 재일조선인 학살은 9월 1일부터 발생하였는데, 도쿄와 그 주변에 주둔하고 있던 고노에(近衛) 사단과 제1사단 소속의 병사가 이와 관련되어 있다. 이후 일반인과 병사들은 이른바 '관민일체'의 형태로 학살을 자행하였고, 9월 1일부터 5일에 걸쳐 군에 의한 재일조선인 학살이 확인되었다. 사이타마의 경우 9월 4일 츄잔도로(中山道路) 연변의 구마가야(熊谷)에서 57명, 혼죠에서 88면, 진보하라에서 42명의 재일조선인이 학살당하였다. 경찰이 인솔하여 재일조선인을 트럭에 태우거나 걷게 하면서 군마현 방면으로 이송하는 과정에 연도 지역 자경단으로부터 습격당하여 발생한 사건들이었다. 이 사건의 경우는 특히 사이타마현청을 경유한 내무성의 통첩에 따라 조직된 자경단이 그 중심에 있었다. 치바현에서는 후나바시에서 9월 4일에 38명의 재일조선인 피학살자가 발생하였다. 호쿠소철도(北總鐵道. 현, 東部野田線) 건설공사의 조선인 노동자가 집단을 이루어 수용소 방면으로 이동하는 도중에 자경단의 습격을 받아 발생한 사건으로, 이는 치바 해군 무선송신소장이 지역 주민에게 무기를 나누어 준 것이 사건의 원인으로 파악되고 있다. 사이타마현과 치바현의 재일조선인 학살이 도쿄보다 늦은 9월 4일에 발생한 것은 재일조선인에 대한 유언비어나 위로부터의 자경단 조직 종용이 도쿄보다 늦어졌던 때문으로 판단된다.

사이타마, 치바 지역과 도쿄 등에서의 학살 양태가 크게 다른 것은, 앞의 기술에서 확인되듯이, 사이타마현과 치바현의 사례에서는 군대가 학살에 가담하지 않았고, 학살이 대지진 직후에 발생한 것이 아니라는 점을 들 수 있다. 이처럼 조선인 학살은 도쿄, 요코하마 지역에서 먼저 발생하여, 9월 4일을 전후하여 대지진의 피해가 적은 사이타마, 군마현 등으로 퍼져갔음을 알 수 있다.

한편 기존의 선행 연구는 역사적인 접근 방법과 그를 근거로 한 법률적 분석과 정리 등을 통해 매우 다각적인 관점에서 이루어져 왔다. 그렇지만 선행연구에 대한 비교, 검토 작업이 남아 있다. 또한 간행된 자료집 속에서 보다 소중한 내용들을 찾아내어 분석, 정리하는 작업이 남아 있다. 2014년 야마다 쇼지에 의해 발간된 재일조선인 학살 관련 판결문은 현재 개인정보보호법과 문서보관기간법 등으로 그 존재를 찾기 어려운 상황 속에서 매우 귀중한 자료로서의 의미를 갖는다. 판결문은 그 자체가 지니는 공적 성격 때문에 더욱 소중한 자료이다. 따라서 이에 대한 분석, 연구도 관심을 가져야 할 것이다. 이와 더불어 많은 연구자들이 관심을 가지고 연구할 수 있도록 이들 자료에 대한 한국어 번역작업이 먼저 이루어져야 할 것이다.

해방 이후 그동안 오랜 시기에 걸쳐 재일조선인 학살 관련 연구가 진행되었지만 여전히 해결되지 못한 과제가 남아 있다. 재일조선인 수용소, 각 수용소의 조선인 수와 그 신원의 비교 및 검토, 재일조선인 학살지, 유해 이장 장소, 재일조선인 학살 수효, 학살된 재일조선인의 신원, 수용소 재일조선인의 그 후의 생사 확인, 유족 관계 규명 등이 해결해야 할 과제이다. 그런데 이러한 연구 과제는 매우 실체적, 현실적인 성격의 것으로 객관성이 담보되지 않으면 자칫 연구 내용 자체가 부정될 수 있는 한계를 안고 있다.

더욱이 일본 정부가 관련 정보 공개하지 않는다면 보다 객관적인 조사, 비교, 정리는 어렵다. 현재 일본 정부가 공문서 보존 기간이 지난 것과 개인정보보호법 등을 이유로 관련 정보 공개를 거부하고 있는 상황에서, 향후 이와 관련된 연구는 일본 정부가 문제를 제기할 수 없을 정도의 철저한 객관성을 담보로 하고 이루어지지 않으면 안 된다. 그러한 의미에서 '일변협의 보고서'는 앞으로의 연구 방법론을 제시해 주고 있다고 볼 수 있다.

그동안 재일조선인을 수용하였던 각 수용소에 대한 연구는 이루어진 바가 없는데, 각 수용소의 재일조선인 신원을 확인할 수 있는 자료가 존재한다. 각 수용소의 재일조선인 신원 비교, 검토, 정리를 통하여 그들의 그 후 귀국 등 행적을 확인하거나 유족을 찾게 되면 일부나마 확실한 피해 사실이 규명될 것이다. 이 작업 역시 개인 연구자로서는 불가능한 부분으로 한국 정부의 적극적인 지원이 필요하다. 2013년 11월에 발견된 「일본 진재 시 피살자 명부 사본」 속의 인명과의 비교를 통해 적어도 신원 확인 작업은 가능할 것 같다. 각 수용소의 재일조선인 수 확인은 당시 관동 지역에 어느 정도의 조선인이 거주하고 있었는지를 보다 명확하게 규명할 수 있는 기회가 될 것이다. 이는 학살된 재일조선인 수효를 보다 명확하게 규명하는 기초 자료가 될 것이다.

재일조선인 학살 현장에 대해서는 그동안 판결문, 신문기사, 구술조사 등을 통해 어느 정도 확인되었지만 여전히 종합적인 정리가 필요한 상태이다. 미국에서 국제적십자사가 파견된다는 정보를 접한 일본 정부는 학살된 재일조선인의 유해를 매장 장소에서 파내어 늪, 강, 바다 등에 버리거나 다른 곳에 이장하였다는 자료와 구술 자료가 있다. 이에 대한 비교, 검토뿐만 아니라 보다 객관적인 자료조사, 수집이 절실하게 필요하다, 이는 첫 매장 장소와 함께 이장 장소, 또한 현지 조사를 통해 발굴되어야만 한다. 이 부분 역시 한일관계라는 어려운 외교문제가 얽혀 있어 현 상황 속에서는 그 가능성을 가늠하기 어렵다.

앞에서도 언급하였지만 학살된 재일조선인의 수효, 그리고 학살된 재일조선인의 신원 규명은, 일본 정부로부터 단 한 구의 유해도 고국으로 봉환되거나 유족에게 전해진 바가 없는 현재의 상황에서 반드시 구명해야 할 과제 중 하나이다. 일본 곤코부사(金剛峯寺. 和歌山県 伊都郡 高野町) 영패당 지하에 보존되어 있던 『관동대진재앙사자명부(関東震災殃死者名簿)』 속에 학살된 재일조선인이 있는지 조사 연구할 필요가 있다.

 관동대지진 100주년을 앞두고 선행 연구가 남겨 놓은 향후 연구 방향성, 즉 연구 주제는 이처럼 많은 어려움을 안고 있다. 그러나 이상의 과제는 1923년 9월 1일 오전 11시 59분에 발생한 대지진이라는 자연재해를 빙자하여 자행된 타민족 학살을 '제노사이드' 관점에서 명확하게 규명할 책임을 우리는 가지고 있다. 이를 위해 보다 객관적인 연구가 필요한 것 또한 사실이다. 따라서 일본변호사협회 보고서가 제시하는 방법론을 기초로, 공문서 조사, 발굴을 중심으로 가능성, 개연성, 사실에 가까운 정황 등에 대한 조사, 비교, 분석, 정리를 통해 보다 객관적인 사실들을 규명해야만 한다. 이는 관동대지진 재일조선인 학살 100주년을 위한 과제임을 다시 한 번 되새겨본다.

참고문헌

『동아일보』,『조선일보』,『시대일보』,『매일신보』,『국민보』,『삼천리』.

姜德相·琴秉洞 編,『現代史資料 6: 關東大震災と朝鮮人』, みすず書房, 1987.
강덕상, 「1923년 관동대지진(關東大地震) 대학살 진상」,『역사비평』45, 역사문제연구소, 1998.
강덕상, 「관동대지진 조선인 학살을 보는 새로운 시각: 일본 측의 '3대 테러사건' 사관의 오류」,『역사비평』47, 역사문제연구소, 1999.
야마다 쇼지,『관동대지진 조선인 학살에 대한 일본국가와 민중의 책임』, 논형, 2008.
강덕상·야마다 쇼지,『관동대지진과 조선인 학살』, 동북아역사재단, 2013.
노주은, 「관동대지진과 일본의 재일조선인 정책: 일본정부와 조선총독부의 '진재처리' 과정을 중심으로」, 연세대학교 대학원 석사학위논문, 2007.
홍선표「관동대지진 때 한인 학살에 대한 歐美 한인세력의 대응」,『동북아역사논총』43, 동북아역사재단, 2014.
강효숙, 「관동대진재 당시 피학살 조선인과 가해자에 대한 일고찰」,『관동대지진과 조선인학살사건』, 동북아역사재단, 2013.
山田昭次,『關東大震災時と朝鮮人虐殺とその後: 虐殺の國家責任と民衆責任』, 創史社, 2011.

강덕상 지음, 김동수, 박수철 옮김, 『학살의 기억, 관동대지진』, 역사비평사, 2005.
山田昭次 저, 이진희 역, 『관동대지진 조선인 학살에 대한 일본 국가와 민중의 책임』, 서울, 논형, 2008.
田中正敬, 「関東大震災はいかに伝えられたか」, 『歷史地理教育』 657, 2003.
申載洪, 「관동대지진과 한국인 대학살」, 『史學硏究』 38호, 1984.
이진희, 「관동대지진을 추도함: 일본제국의 '불령선인'과 추도의 정치학」, 『아세아연구』 131호, 2008.
박경하, 「1930년대 한 조선청년의 구직 및 일상생활에 대한 일고찰: '晉判鈺日記'(1918~1947)를 중심으로」, 『역사민속학』 31호, 2009.
이 연, 「관동대지진과 언론통제: 조선인 학살사건과 보도통제를 중심으로」, 『언론학보』 27. 1992.
김인덕, 「재일운동사 속의 1923년 조선인 학살」, 『순국』(32), 1993. 9.
노주은, 「관동대지진과 조선총독부의 재일조선인 정책: 총독부의 '震災處理' 과정을 중심으로」, 『한일민족문제연구』 12호, 2007.
노주은, 「관동대지진 조선인학살 연구의 성과와 과제: 관동대지진 85주년에 즈음하여」, 『學林』 29집, 연세대학교 사학연구회, 2008.
이형식, 「중간내각 시대(1922.6-1924.7)의 조선총독부」, 『東洋史學硏究』 113집, 2010.
김인덕, 「재일조선인과 관동대지진에 대한 연구 및 서술 경향」, 『한일역사쟁점논집: 일본 역사교과서 대응 논리』, 동북아역사재단, 2010. 12.
노주은, 「동아시아 근대사의 '공백': 관동대지진 시기 조선인 학살 연구」, 『역사비평』 (104), 2013. 8.
장세윤, 「관동대지진 때 한인 학살에 대한 『독립신문』의 보도와 그 영향」, 『사림』 (46), 2013. 8.
강덕상 외 지음, 『관동대지진과 조선인 학살』, 동북아역사재단, 2013. 12.
이지형, 「마사무네 하쿠초(正宗白鳥) '살인을 저질렀지만'(人を殺したが)의 풍경: 살인의 추억 그리고 관동대지진」, 『일본문화연구』 10집, 2004.
이지형, 「관동대지진과 시마자키 도손(島崎藤村): '아들에게 보내는 편지'(子に送る手紙)를 중심으로」, 『일본문화연구』 13집, 2005.
성해준, 「日帝期 한국 신문을 통해 본 大杉榮」, 『일본문화연구』 24집, 2007.
조경숙, 「아쿠타카와 류노스케와 관동대지진」, 『일본학보』 77, 한국일본학회, 2008.

김흥식, 「관동대지진과 한국문학」, 『한국현대문학연구』 29호, 2009.
김지연, 「다케히사 유메지와 관동대지진 그리고 조선: 회화와 사상성」, 『아시아문화연구』 21집, 가천대 아시아문화연구소, 2011.
도미야마 이치로(富山一郎), 「계엄령에 대하여: 관동대지진을 상기한다는 것」, 『일본비평』 7호, 서울대 일본연구소, 2012.
황호덕, 「재난과 이웃, 관동대지진에서 후쿠시마까지: 식민지와 수용소, 김동환의 서사시 '국경의 밤'과 '승천하는 청춘'을 단서로」, 『일본비평』 7호, 2012.
松尾尊兌, 「關東大震災下の朝鮮人暴動流言に關する二・三の問題」, 『朝鮮研究』 33, 日本朝鮮研究所, 1964.
성주현, 「1923년 관동대지진과 국내의 구제활동」, 『한국민족운동사연구』 81, 한국민족운동사학회, 2014.
성주현, 「식민지 조선에서 관동대지진의 기억과 전승」, 『東北亞歷史論叢』 48, 동북아역사재단, 2015.
허광무, 『일본제국주의 구빈정책사 연구』, 선인, 2011.
수요역사연구회 편, 『식민지 조선과 매일신보, 1910년대』, 신서원, 2002.
김진두, 「1910년대 매일신보의 성격에 관한 연구」, 중앙대학교 박사학위논문, 1995.
김규환, 『일제의 대한언론선전정책』, 이우출판사, 1979.

찾아보기

[ㄱ]

가나가와 15, 21, 96, 215, 290
가메이도 60, 99, 221
가메이도사건 20
가타야나기촌 22
각파유지연맹 202
간사이 49, 161, 222
개벽사 59, 60, 136, 154, 214, 264
경성일보 31, 32, 219, 225
계엄령 13, 35, 37, 40, 52, 53, 59, 73,
　　　 74, 77, 83, 107, 114, 119, 124, 132,
　　　 142, 172, 178, 192, 194, 215, 225,
　　　 233, 240, 290
고베 49, 156, 158, 161, 222
고베조선노동동맹회 220
고일청 243
고학생 55, 133

고학생형설회 223
고흥청년회 67
관동진재조선인학살추도회 223
관변단체 250, 254, 259, 275, 278
구마가야 21, 93, 99, 291
구미위원회 230
구제의연금 208, 267, 275, 279, 280,
　　　 281, 288, 289
국경지방 172, 182, 186, 190, 191, 204
군경 96, 97, 99, 142, 184
군마 14, 15, 21, 93, 96, 99, 290, 291,
　　　 292
군산청년회 68
기독교 179, 183, 184, 212, 223, 250,
　　　 259, 260, 261, 263, 264
기독교청년회 146, 213, 214, 215, 223
기독면려청년회 67
김기전 265

김의용 45, 47, 144, 146
김준연 243
김철수 265

[ㄴ]

나기노하라 21
나라시노 21, 45, 47, 75, 116, 153, 159, 215, 216, 217, 229, 238
내선융화 104, 108, 138, 149, 153, 168, 169, 192, 197, 200, 202, 203, 220, 286, 287
노동연맹회 178
노동자 15, 26, 44, 45, 54, 55, 56, 93, 133, 134, 137, 139, 140, 142, 143, 144, 146, 158, 159, 160, 161, 163, 164, 166, 167, 183, 184, 192, 211, 217, 219, 224, 291
노사공생회 223
노우비 34, 102, 132

[ㄷ]

다노군 99
대만총독부 43
대한매일신보 31, 32
대한민국 임시정부 6, 69, 85, 88, 92, 196, 205, 226, 242, 243, 244
대한인교민단 230, 236, 237, 238
대한인국민회 226
도치기 15, 21, 96

도쿄 13, 14, 25, 26, 33, 37, 49, 50, 53, 54, 56, 59, 60, 61, 63, 66, 67, 69, 75, 77, 81, 84, 103, 104, 105, 108, 109, 110, 112, 113, 121, 124, 125, 132, 134, 154, 155, 157, 158, 163, 165, 170, 171, 172, 187, 189, 191, 203, 205, 212, 214, 215, 218, 219, 220, 222, 224, 225, 234, 235, 256, 266, 290, 291, 292
도쿄조선노동동맹회 220, 223
도쿄조선노동조합 224
도쿄조선유학생학우회 215, 222
도쿄조선인대회 221
도쿄종리원 212, 213, 215
도쿄지방이재조선인구제회(조선인구제회) 214, 217, 262, 263, 264, 265, 266, 267, 272, 280, 288
도쿄진재의연금무금조성회(의연금조성회) 263, 264, 266, 280, 288
도쿠주마루 161
도항 155, 157, 164, 165, 166, 167, 169, 172, 181, 183, 192, 287
독립신문 6, 25, 69, 70, 72, 74, 75, 76, 77, 79, 81, 82, 83, 84, 85, 86, 88, 89, 90, 92, 93, 94, 96, 97, 99, 101, 205, 209, 226, 241, 243, 287, 288
동민회 202
동아일보 24, 25, 28, 35, 37, 39, 48, 49, 50, 51, 52, 53, 54, 55, 56, 57, 59, 61, 65, 66, 101, 103, 104, 110,

111, 112, 113, 114, 115, 116, 117,
118, 119, 120, 121, 126, 131, 132,
133, 134, 135, 136, 147, 148, 150,
152, 153, 155, 157, 160, 161, 164,
167, 168, 169, 176, 177, 178, 179,
180, 186, 187, 190, 191, 213, 214,
215, 218, 221, 225, 247, 257, 261,
264, 265, 267, 269, 270, 271, 272,
273, 285, 286, 287
동양척식주식회사 104, 108

민족연합전선운동 175

[ㅂ]

박달성 212, 213
박승빈 265, 266
반일운동자구원회 69
방정환 213, 265
백일규 228, 236
보천교 178, 260, 264
부르하르트 96, 240, 241, 242, 243
부산진구락부 67
부산항 49, 56, 138, 158, 159, 160, 161, 162
북경한교회 211
북성회 220, 222
불교청년회 222
불령선인 13, 138, 149, 163, 168, 171, 193, 286

[ㅁ]

매일신보 24, 25, 31, 32, 33, 34, 35,
36, 37, 38, 39, 40, 41, 42, 43, 45,
47, 48, 49, 50, 51, 101, 102, 103,
104, 106, 108, 109, 110, 111, 112,
120, 121, 126, 131, 132, 135, 136,
150, 153, 155, 157, 160, 167, 168,
173, 186, 187, 189, 191, 192, 195,
197, 200, 217, 247, 250, 251, 254,
255, 275, 280, 285, 286, 287
메구로 45, 153
무산자청년회 222
무산학우회 223
문화통치 14, 24, 26, 256
민대식 263, 265
민립대학설립운동 59, 113
민정사찰 26, 175, 176, 179, 181, 182, 183, 184, 185, 186, 187

[ㅅ]

사꾸라지마마루 163
사이타마 14, 15, 21, 22, 93, 96, 98, 99, 290, 291, 292
사회주의운동 174, 175
사회주의자 35, 42, 60, 98, 107, 119, 139, 144, 174, 175, 176, 177, 178, 186
삼일청년회 223

상애회 21, 44, 104, 108, 144, 146, 215, 217, 219, 220
생사존몰 54, 55, 133, 134
서선지역 27, 257
서울청년회 66, 67, 174, 175, 176
쇼케이마루 156, 161, 162
쇼후쿠마루 163
식민통치 6, 32, 106, 150, 152, 153, 168, 169, 171, 174, 182, 184, 200, 201, 202, 243, 244, 286, 287
신간회 도쿄지회 224
신한민보 226, 228, 231, 236
신흥우 250
신흥청년동맹 66, 67
쌀값 폭등 109
쓰나촌 99

[ㅇ]

아나키스트 112, 113, 119
아마카스사건 20, 119
언론통제 53, 54, 57, 61, 62, 84, 113, 119, 125, 151, 168, 217, 225, 240, 286
여운홍 265
여자학흥회 222, 223
여택회 165
오사카조선노동동맹회 220
오스기 사카에 98, 112, 113, 119, 211
요츠기바시 21

요코하마 14, 22, 55, 59, 60, 77, 81, 84, 85, 93, 96, 102, 105, 125, 132, 159, 170, 187, 206, 241, 242, 290, 291, 292
요코하마조선합동노동회 223
원덕상 265
유덕고려학우회 228, 239, 241, 242, 243, 244
유성준 263, 265, 266
유언비어 13, 15, 18, 19, 26, 41, 43, 44, 46, 70, 83, 84, 85, 92, 103, 104, 108, 119, 125, 137, 139, 140, 148, 149, 150, 151, 152, 162, 163, 164, 167, 168, 172, 173, 176, 180, 181, 184, 185, 186, 192, 193, 194, 200, 206, 207, 208, 214, 217, 221, 229, 230, 232, 233, 237, 239, 285, 286, 290, 291
유일선 193, 195, 196, 200, 250
유학생 15, 21, 26, 44, 45, 48, 49, 50, 54, 55, 56, 59, 60, 104, 123, 125, 133, 134, 137, 138, 139, 140, 141, 142, 143, 145, 147, 152, 153, 154, 155, 156, 157, 158, 159, 160, 162, 164, 165, 166, 168, 169, 180, 184, 186, 192, 212, 215, 217, 225, 239, 253, 265, 269, 270, 271, 286, 287
윤치호 263
의연활동 250, 251, 252, 254
의열단 204

이각종 195, 197, 199, 254
이극로 243
이대위 228, 236, 265
이바라키 14, 15, 21, 96
이상재 193, 263, 265
이상협 50, 55, 56, 146, 176
이완용 110, 145, 250, 259, 263
이재조선동포위문반 215
이재조선인 104, 108, 212, 214, 215, 216, 220, 253, 266
이주성 48, 49, 56, 137, 155, 156, 158, 159, 169, 180, 186, 225, 287
인천노동총동맹회 64, 65
일본노동총동맹 220
일선융화 15, 23, 27, 31, 47, 150, 168, 200, 267, 275, 276, 281, 286, 289
일월회 223

[ㅈ]

자경단 41, 46, 48, 62, 63, 84, 92, 96, 97, 98, 99, 119, 144, 156, 186, 225, 233, 234, 291
자유법조단 217
장건상 69
장인환 228, 236
재경유학생대회 59, 60
재독한인대회 243
재동경지방선인이재자위문회 204
재류동포친족회 60, 154

재일본조선노동자조사회 220
재일본조선인연맹 69
재일본청우간담회 64
재일조선인 6, 14, 15, 16, 17, 18, 19, 20, 21, 22, 23, 24, 25, 26, 27, 28, 37, 39, 40, 41, 42, 43, 44, 45, 46, 47, 48, 49, 50, 54, 55, 56, 59, 60, 61, 62, 63, 64, 65, 66, 67, 70, 75, 82, 83, 84, 85, 86, 88, 89, 90, 92, 93, 94, 96, 98, 99, 101, 104, 107, 108, 110, 112, 113, 115, 116, 117, 119, 120, 121, 124, 125, 126, 127, 131, 132, 134, 135, 136, 138, 141, 142, 143, 144, 148, 149, 150, 151, 152, 153, 154, 155, 157, 158, 160, 161, 162, 163, 164, 165, 167, 168, 169, 170, 172, 173, 174, 175, 176, 180, 181, 197, 199, 200, 201, 202, 203, 206, 208, 209, 210, 211, 212, 214, 217, 218, 219, 220, 221, 222, 223, 225, 228, 229, 230, 231, 232, 234, 235, 236, 237, 238, 239, 240, 241, 243, 256, 285, 286, 287, 288, 290, 291, 292, 293, 294, 296
재일조선인 학살 5, 6, 7, 14, 15, 16, 17, 18, 19, 20, 21, 22, 23, 24, 25, 26, 27, 40, 41, 42, 43, 46, 56, 59, 60, 61, 62, 63, 82, 83, 84, 85, 86, 88, 90, 92, 93, 96, 99, 101, 107, 112, 113, 116, 119, 121, 124, 125,

135, 142, 151, 162, 165, 168, 172, 173, 174, 175, 180, 181, 199, 200, 201, 202, 203, 206, 208, 209, 210, 217, 218, 220, 221, 223, 225, 228, 229, 230, 231, 232, 234, 236, 237, 238, 239, 240, 241, 243, 286, 287, 288, 290, 291, 292, 293, 294

재학생친족회 154

재향군인회 46, 92, 268, 270, 275, 278, 279

적기단 210, 211

전조선청년당대회 175

전주청년회 67, 270

조선교육협회 178

조선기독교청년회 222

조선노동공생회 222

조선노동동맹회 144, 222

조선물산장려운동 59, 113

조선불교중앙종무원 65

조선인 폭동설 26, 41, 46, 217

조선인노우화합회 222

조선인단체협의회 224

조선인동지단 222

조선인박해사실조사회 214

조선인상조회 264

조선일보 24, 25, 50, 51, 52, 53, 54, 56, 57, 66, 101, 103, 120, 121, 122, 123, 124, 125, 126, 127, 132, 134, 135, 136, 150, 151, 153, 155, 157, 160, 167, 168, 180, 184, 187, 218, 247, 262, 264, 272, 273, 285, 286, 287

조선총독부 15, 17, 24, 25, 26, 31, 32, 41, 43, 46, 47, 50, 51, 54, 57, 63, 84, 103, 125, 144, 145, 146, 147, 151, 153, 155, 160, 162, 164, 165, 166, 168, 169, 170, 172, 174, 175, 176, 177, 178, 181, 184, 187, 189, 192, 195, 196, 197, 199, 200, 201, 202, 203, 204, 219, 225, 247, 254, 255, 256, 266, 267, 279, 281, 286, 287, 288, 289

조선헌병대 176, 186

조소앙 85, 207, 226

종로경찰서 50, 174, 175, 176, 177, 181, 185, 266

중국인 학살 62

[ㅊ]

천도교 67, 178, 183, 212, 213, 215, 264, 265

천도교청년당 175, 178

천도교청년회 146, 212, 213, 214, 215, 222, 223

청진청년회 68

최린 265

춘천경찰서 181

치바 14, 15, 21, 22, 75, 93, 96, 290, 291

[ㅋ]

키네가와바시 84

[ㅌ]

톰킨스 228, 234, 235

[ㅍ]

판의단 211

[ㅎ]

하와이 209, 229, 230, 236, 237, 238
하치오지 75, 92
한국친우회 234, 235
한상룡 191, 194, 263, 265
한승연 48
한용운 265
한위건 59, 212, 214, 265, 266
한인교민단 99
항의서 85, 86, 92, 101, 206, 207, 221, 228, 234, 235, 288
허헌 69, 265
혼조 93, 98
혼죠 21, 291
황진남 243
후나바시 21, 22, 93, 291
후세 다츠지 217, 218
후지오카 93, 231
후쿠다 22, 42, 60, 148, 168, 285

흑우회 222, 223

성주현

한양대학교에서 「천도교청년당(1923~1939) 연구」로 박사학위를 받았으며, 현재 숭실대학교 한국기독교문화연구원 HK연구교수 및 평택박물관연구소장으로 활동하고 있다. 주요 저서로는 『동학과 동학혁명의 재인식』(국학자료원, 2010), 『시선의 탄생: 식민지 조선의 근대관광』(공저, 선인, 2011), 『식민지시기 종교와 민족운동』(선인, 2013), 『일제하 민족운동 시선의 확대』(아라, 2014), 『근대 신청년과 신문화운동』(모시는사람들, 2019), 『동학과 동학농민혁명』(선인, 2019) 등이 있으며 논문으로는 「일제강점기 진위청년회의 조직과 활동」(『역사와 교육』 28, 2019), 「동학·천도교와 손병희의 이상과 현실」(『시민인문학』 37, 2019) 등이 있다.